더 멋진 내일 **Tomorrow** 을 위한 내일 **My Career**

내일 배우기

박은선 지음

컴퓨터활용능력

Ver. MS Office 2021

김앤북
KIM&BOOK

내일은 2급 실기
컴퓨터활용능력

초판1쇄 인쇄 2023년 12월 1일
초판1쇄 발행 2023년 12월 8일
지은이 박은선
기획 김응태, 정다운
디자인 서제호, 서진희, 조아현
판매영업 조재훈, 김승규, 문지영

발행처 ㈜아이비김영
펴낸이 김석철
등록번호 제22-3190호
주소 (06728) 서울 서초구 서운로 32, 우진빌딩 5층
전화 (대표전화) 1661-7022
팩스 02)3456-8073

ISBN 978-89-6512-859-5 13000
정가 22,000원

잘못된 책은 바꿔드립니다.

컴퓨터활용능력 2급 시험 정보

◆ 급수별 정보

등급	평가방법	평가과목	평가형태	평가시간
1급	필기	컴퓨터일반 스프레드시트(엑셀) 데이터베이스(액세스)	객관식 60문항 (과목별 20문항)	60분
	실기	스프레드시트(엑셀) 데이터베이스(액세스)	컴퓨터 작업형	90분 (과목별 45분)
2급	필기	컴퓨터일반 스프레드시트(엑셀)	객관식 40문항 (과목별 20문항)	40분
	실기	스프레드시트(엑셀)	컴퓨터 작업형	40분

◆ 자격증 관련 정보

응시자격	제한 없음
합격기준	필기 ≫ 각 과목 100점 만점 중 과목당 40점 이상이면서 평균 60점 이상 실기 ≫ 각 과목 100점 만점 중 모든 과목 70점 이상
자격 검정 수수료	필기 ≫ 19,000원 실기 ≫ 22,500원
응시 가능 프로그램	MS Office 2021
상공회의소 검정사업단	http://license.korcham.net
시험접수	홈페이지 또는 모바일 어플(코참패스)을 통해 상시 접수

◆ 자격증 일반 사항

질문1	자격 접수 시 중복 접수가 가능한가? ▶ 필기와 실기 모두 중복 접수가 가능합니다.
질문2	자격 응시 후 결과 발표는 언제인가? ▶ 필기는 응시 다음 날 오전 10시, 실기는 응시일로부터 2주 뒤 금요일
질문3	실기 응시 후 결과 발표 전에 재응시가 가능한가? ▶ 합격 여부를 확인하기 전이라도 재응시가 가능합니다.
질문4	여러 급수의 시험을 같은 날 접수하여 응시할 수 있는가? ▶ 급수가 다르다면, 1급과 2급 동시 접수 가능합니다.
질문5	1급 필기 합격 후 2급 실기 응시가 가능한가? ▶ 상위 급수 필기를 취득하면 하위 급수 실기 응시가 가능합니다.
질문6	필기 합격 후 실기 응시는 언제까지 가능한가? ▶ 필기 자격의 유효 기간은 합격일로부터 2년입니다.

스프레드시트 실기 작업별 구성

◆ 작업별 구성

컴퓨터활용능력 2급은 40분의 시험 시간동안 총 4가지 유형의 작업을 진행하게 됩니다. 100점 만점 중 70점 이상을 취득해야 합격이 확정되고, 제2작업인 계산작업과 제3작업인 분석작업을 제외하면 특별히 어려운 작업이 없습니다.
문제지에 제시된 배점들은 부분 점수가 없는 만큼 조급하게 작업하지 말고 차분하게 마무리하도록 합니다. 각 작업별 상세 내용은 아래와 같습니다.

작업구분	구성	점수
제1작업 기본작업	◆ 데이터 입력 (5점) : 데이터 입력 작업은 정확하고 빠르게 문제지에 제시된 내용들을 위치에 맞춰 입력합니다. 문제 해결을 위해 특별히 요구되는 능력이 없는 만큼 쉽게 점수를 취득할 수 있지만, 자판 입력 속도가 더딘 경우 전반적으로 작업 시간 조율이 어려워 질 수 있기 때문에 다른 작업을 먼저 수행하고 마지막으로 작업하는 것을 추천합니다. ◆ 셀 서식 (5문항*2점) : 입력 된 데이터에 서식을 적용하는 기능으로 총 5문항이 출제됩니다. 글꼴 변경, 셀 스타일 적용, 셀 병합, 노트 삽입, 특수문자 입력, 테두리 적용 등 자주 출제되는 유형이 정해져 있는 만큼 예제를 통해 반복하면 충분히 10점을 얻을 수 있는 문항입니다. ◆ 기본기능 (5점) : (자동/고급)필터, 조건부 서식, 그림 복사, 선택하여 붙여넣기, 외부데이터 가져오기, 텍스트 나누기 중 1문항이 무작위로 출제됩니다. 출제 빈도는 조건부 서식과 고급 필터가 높은 편이며, 간혹 난이도 높은 문제가 출제되기도 하니 예제를 통해 다양한 유형을 연습합니다.	20점
제2작업 계산작업	◆ 일반 함수 (5문항*8점) : 날짜와 시간 함수부터 찾기와 참조 함수까지 다수의 함수가 단일 또는 복수 형태로 조합되어 총 5문항이 출제됩니다. 감점이 가장 많이 발생하는 작업으로, 다양한 유형의 문항들을 풀어보며 함수의 사용법을 익히고 연습해야 합니다. 특히 수학/삼각, 논리, 데이터베이스 함수의 출제 빈도가 높은 편이며, 해당 작업에서 24점 이상을 취득해야 합격의 가능성이 높아집니다. Office 2021 이후 버전부터 출제되는 함수의 종류가 변화되었기에 새롭게 추가된 함수들의 활용법을 정확하게 숙지하도록 합니다.	40점

◆ 출제 함수 목록

범주	함수
날짜/시간	DATE, DATEVALUE, DAY, DAYS, EDATE, EOMONTH, HOUR, MINUTE, MONTH, NETWORKDAYS, NOW, SECOND, TIME, TODAY, WEEKDAY, WEEKNUM, WORKDAY, YEAR
논리	AND, FALSE, IF, IFS, IFERROR, NOT, OR, TRUE, SWITCH
데이터 베이스	DAVERAGE, DCOUNT, DCOUNTA, DMAX, DMIN, DSTDEV, DSUM
문자열	FIND, LEFT, LEN, LOWER, MID, PROPER, RIGHT, SEARCH, TRIM, UPPER
수학/삼각	ABS, INT, MOD, POWER, RAND, RANDBETWEEN, ROUND, ROUNDDOWN, ROUNDUP, SUM, SUMIF, SUMIFS, TRUNC
찾기/참조	CHOOSE, COLUMN, COLUMNS, HLOOKUP, INDEX, MATCH, ROW, ROWS, VLOOKUP
통계	AVERAGE, AVERAGEA, AVERAGEIF, AVERAGEIFS, COUNT, COUNTA, COUNTBLANK, COUNTIF, COUNTIFS, LARGE, MAX, MAXA, MEDIAN, MIN, MINA, MODE.SNGL, RANK.AVG, RANK.EQ, SMALL, STDEV.S, VAR.S

제3작업 분석작업	◆ 분석기능 (2문항*10점) : 정렬, 부분합, 시나리오, 통합, 목표값 찾기, 데이터 표, 피벗테이블 등의 기능이 단일 혹은 복수 형태로 조합되어 2문항이 무작위로 출제됩니다. 분석 기능의 가짓수가 많고 각 기능별로 여러 단계의 과정을 거치기 때문에 실수하지 않도록 주의해야 하며, 문항 당 배점이 높고 부분 점수가 없기 때문에 감점에 유의합니다. 부분합과 피벗테이블의 출제 빈도가 높은 편이며, 점차 난이도가 높아지는 추세이므로 주의가 필요합니다.	20점
제4작업 기타작업	◆ 차트 (5문항*2점) : 차트를 수정해서 제시된 그림과 동일하게 완성하는 기능으로 총 5문항이 출제됩니다. 차트 요소 추가/변경/제거, 글꼴 변경, 차트 스타일 적용, 요소별 서식 지정 등 자주 출제되는 유형이 정해져 있는 만큼 예제를 통해 반복하면 충분히 10점을 얻을 수 있는 작업입니다. ◆ 매크로 (2문항*5점) : 매크로는 지정된 범위에 서식을 적용하거나 수식을 작성하는 유형으로 총 2문항이 출제됩니다. 데이터의 표시 형식을 변경하거나 분석 기능을 적용하는 매크로를 작성하게 됩니다. 작성된 매크로는 도형을 삽입하여 연결하고, 오류 없이 실행되어야 합니다. 매크로는 사실상 편집에 어려움이 있기 때문에 순서에 맞춰 정확하게 작업하는 것이 무엇보다 중요합니다.	20점

도서구성

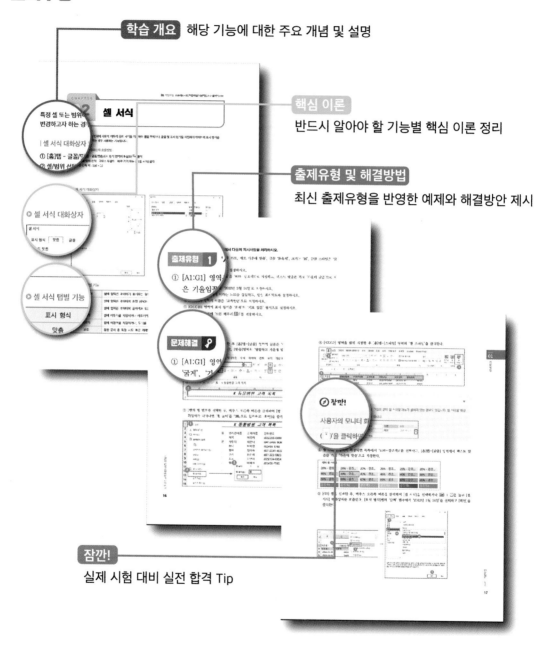

학습 개요 해당 기능에 대한 주요 개념 및 설명

핵심 이론

반드시 알아야 할 기능별 핵심 이론 정리

출제유형 및 해결방법

최신 출제유형을 반영한 예제와 해결방안 제시

잠깐!

실제 시험 대비 실전 합격 Tip

실전모의고사 및 해설
실제 시험과 동일한
실전모의고사와 자세한 해설

부록
함수사전 / 계산작업
실전유형연습

실습파일 & 자율학습 모의고사(PDF) 다운로드 → 김앤북(www.kimnbook.co.kr) 자료실

Contents

Spread
sheet

P A R T

01

기본작업

CHAPTER

01 데이터 입력

문제지에 제시된 내용을 위치에 맞춰 오타 없이 입력하는 작업입니다. 문제지에 제시된 내용들을 셀 서식을 사용하지 말고 정확하게 직접 입력해야 합니다. 기본적인 작업이므로 5분 이내에 작업을 마무리 할 수 있도록 연습합니다.

출제유형 1 '입력1' 시트에 다음의 자료를 주어진 대로 입력하시오.

	A	B	C	D	E	F
1	K 동물병원 고객 목록					
2						
3	고객코드	고객이름	반려견종류	주소지	전화번호	방문일자
4	QUR-2955	이정미	말티즈	마포구	(02)2235-0090	2025-04-19
5	VCL-4696	최한나	포메라니안	서대문구	(041)3456-9085	2025-05-17
6	ZAJ-1581	박미영	시바견	중구	(02)456-5765	2024-09-05
7	RTV-2393	김미숙	웰시코기	성북구	(031)2341-4532	2025-02-16
8	SCT-4265	황순미	달마시안	종로구	(051)322-5823	2025-01-12
9	EBS-3031	강연자	푸들	서대문구	(02)2134-6654	2025-02-06
10	FGH-1843	이혜원	웰시코기	중구	(02)456-7565	2025-03-04
11						

문제해결 🔑

① 고객코드 : 영문은 반드시 대문자로 입력하고 '–' 기호를 직접 정확하게 입력한다.
② 방문일자 : [F4] 셀에 '년-월-일' 형식에 맞춰 「25-4-19」와 같이 입력하면 '2025-04-19'와 같이 자동으로 표시 형식이 '날짜' 형식으로 전환된다.

출제유형 2 '입력2' 시트에 다음의 자료를 주어진 대로 입력하시오.

	A	B	C	D	E	F	G
1	㈜디지털 인터내셔널 직원 목록						
2							
3	사원코드	부서명	사원명	주민등록번호	경력	휴대전화	기본급
4	H-01	인사부	김시우	880521-1	66개월	010-6559-9557	1,350,000
5	S-02	영업부	성인모	820101-2	123개월	010-3598-5274	1,700,000
6	P-01	자재부	손국진	891019-1	77개월	010-3579-5175	1,400,000
7	D-02	기술부	김지택	850815-1	118개월	010-9988-6544	1,600,000
8	C-01	경리부	박효신	981225-2	25개월	010-6587-2247	1,150,000
9							

문제해결 🔑

① 사원코드 : 영문은 반드시 대문자로 입력하고 '−' 기호를 직접 정확하게 입력한다.

② 주민등록번호 & 휴대전화 : '−' 기호를 직접 정확하게 입력한다.

③ 기본급 : [G4] 셀에 「1,350,000」와 같이 천 단위 구분기호(,)를 함께 입력하면 자동으로 표시 형식이 '회계'로 전환된다.

출제유형 3 '입력3' 시트에 다음의 자료를 주어진 대로 입력하시오.

	A	B	C	D	E	F
1	학과별 취업율					
2						
3	학과코드	학과명	재학생수	조사기간	복수전공	취업률
4	ka-75163	경영정보학	140	5/1~5/7	52명	82.00%
5	cs-14568	컴퓨터공학	135	5/8~5/14	8명	57.00%
6	ba-64128	문헌정보학	110	5/15~5/21	16명	66.00%
7	fb-54211	식품영양학	120	5/22~5/28	27명	71.00%
8	ke-34792	유아교육학	115	5/29~6/3	3명	82.00%
9	sq-66371	사회복지학	105	6/4~6/10	7명	37.00%
10	le-29155	영어영문학	150	6/11~6/17	48명	79.00%
11						

문제해결 🔑

① 학과코드 : 영문은 반드시 소문자로 입력하고 '−' 기호를 직접 정확하게 입력한다.

② 조사기간 : '/'와 '~' 기호를 직접 정확하게 입력한다.

③ 취업률 : [F4] 셀에 「82.00%」과 같이 퍼센트 기호(%)를 함께 입력하면 자동으로 표시 형식이 '백분율' 형식으로 전환된다.

출제유형 4 '입력4' 시트에 다음의 자료를 주어진 대로 입력하시오.

	A	B	C	D	E	F
1	12월 제품 주문 현황					
2						
3	주문일	제품명	제품코드	단가	수량	할인율
4	2024-12-05	루이보스 티백	T-001	33,000	32개	3.0%
5	2024-12-07	캘리포니아 오렌지 주스	J-021	19,000	95개	5.0%
6	2024-12-09	이온음료	S-041	5,000	65개	5.0%
7	2024-12-15	아일랜드 밀크티	T-012	13,000	3개	0.0%
8	2024-12-22	아쌈 티백	T-025	9,000	30개	3.0%
9	2024-12-27	제주 감귤 주스	J-005	18,000	80개	5.0%
10	2024-12-30	베트남 콩 커피	C-062	9,000	5개	0.0%
11						

① 주문일 : [A4] 셀에 '년-월-일' 형식에 맞춰 「24-12-5」와 같이 입력하면 '2024-12-05'와 같이 자동으로 표시 형식이 '날짜' 형식으로 전환된다.

② 제품코드 : 영문은 반드시 대문자로 입력하고 '-' 기호를 직접 정확하게 입력한다.

③ 단가 : [D4] 셀에 「33,000」와 같이 천 단위 구분기호(,)를 함께 입력하면 자동으로 표시 형식이 '회계' 형식으로 전환된다.

④ 할인율 : [F4] 셀에 「3.0%」과 같이 퍼센트 기호(%)를 함께 입력하면 자동으로 표시 형식이 '백분율' 형식으로 전환된다.

CHAPTER

02

셀 서식

특정 셀 또는 범위에 채우기, 테두리 등의 서식을 지정하여 셀을 꾸미거나, 글꼴 및 표시 형식을 지정하여 데이터의 표시 방식을
변경하고자 하는 경우 사용하는 기능입니다.

| 셀 서식 대화상자 호출방법 |

① [홈]탭 - 글꼴/맞춤/표시 형식 영역의 화살표(↘)클릭
② 셀/범위 선택 - 마우스 우클릭 - 바로 가기 메뉴 중 [셀 서식] 클릭
③ 단축 키 : Ctrl + 1

● 셀 서식 대화상자

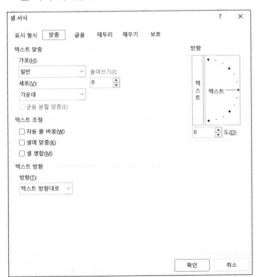
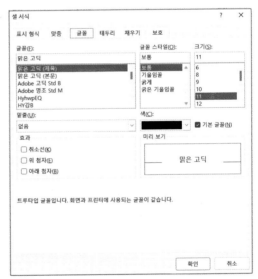

● 셀 서식 탭별 기능

표시 형식	셀에 입력된 데이터가 표시되는 형태를 변경할 수 있습니다.
맞춤	셀에 입력된 데이터의 정렬 방식과 방향을 결정하고, 다수의 셀을 병합할 수 있습니다.
글꼴	셀에 입력된 데이터의 글자색과 모양을 바꿀 수 있습니다.
테두리	셀에 테두리를 지정하거나 테두리의 모양과 색을 설정할 수 있습니다.
채우기	셀에 배경색을 지정하거나, 무늬를 적용할 수 있습니다.
보호	통합 문서 중 특정 시트 혹은 개체의 접근 및 변경을 할 수 없도록 설정할 수 있습니다.

① [A1:G1] 영역은 '셀 병합 후 가로, 세로 가운데 맞춤', 글꼴 '돋움체', 크기는 '16', 글꼴 스타일은 '굵은 기울임꼴'로 지정하시오.

② 1행의 '행 높이'를 '30'으로 설정하시오.

③ [A3:G3] 영역은 '셀 스타일'을 '40%-강조색2'로 지정하고, 텍스트 맞춤은 가로 '가운데 맞춤'으로 지정하시오.

④ [G2] 셀의 표시 형식을 '2012년 3월 14일'로 지정하시오.

⑤ [C9] 셀에 '수술예정'이라는 노트를 삽입하고, 항상 표시되도록 설정하시오.

⑥ [D4:D10] 영역의 이름을 '고객명단'으로 지정하시오.

⑦ [G4:G10] 영역의 표시 형식을 '회계'의 '기호 없음' 형식으로 설정하시오.

⑧ [A3:G10] 영역에 '모든 테두리(⊞)'를 적용하시오.

① [A1:G1] 영역을 범위 지정한 후 [홈]탭-[글꼴] 영역의 글꼴은 '돋움체', 크기는 '16', 글꼴 스타일은 '굵게', '기울임꼴'로 설정하고, [맞춤]영역의 '병합하고 가운데 맞춤'을 클릭한다.

② 1행의 행 번호를 선택한 뒤, 마우스 오른쪽 버튼을 클릭하여 [행 높이] 메뉴를 선택한다. [행 높이] 대화상자가 나타나면 '행 높이'를 「30」으로 입력하고 [확인]을 클릭한다.

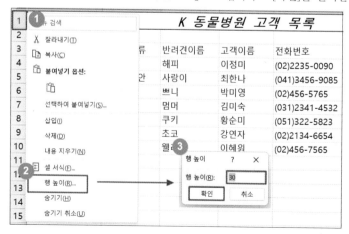

③ [A3:G3] 영역을 범위 지정한 후 [홈]탭-[스타일] 영역의 '셀 스타일'을 클릭한다.

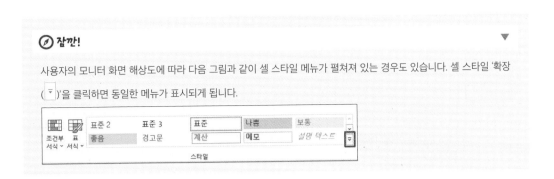

🧭 **잠깐!**

사용자의 모니터 화면 해상도에 따라 다음 그림과 같이 셀 스타일 메뉴가 펼쳐져 있는 경우도 있습니다. 셀 스타일 '확장(▾)'을 클릭하면 동일한 메뉴가 표시되게 됩니다.

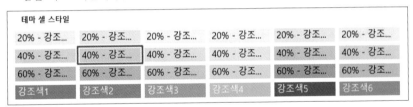

④ 셀 스타일 영역이 확장되면 목록에서 '40%-강조색2'를 선택하고, [홈]탭-[맞춤] 영역에서 텍스트 맞춤을 가로 '가운데 맞춤'으로 지정한다.

테마 셀 스타일

20% - 강조...	20% - 강조...	20% - 강조...	20% - 강조...	20% - 강조...	20% - 강조...
40% - 강조...	40% - 강조...	40% - 강조...	40% - 강조...	40% - 강조...	40% - 강조...
60% - 강조...	60% - 강조...	60% - 강조...	60% - 강조...	60% - 강조...	60% - 강조...
강조색1	강조색2	강조색3	강조색4	강조색5	강조색6

⑤ [G2] 셀을 선택한 후, 마우스 오른쪽 버튼을 클릭하여 [셀 서식]을 선택하거나 Ctrl + 1을 눌러 [셀 서식] 대화상자를 호출한다. [표시 형식]탭의 '날짜' 범주에서 '2012년 3월 14일'을 선택하고 [확인]을 클릭한다.

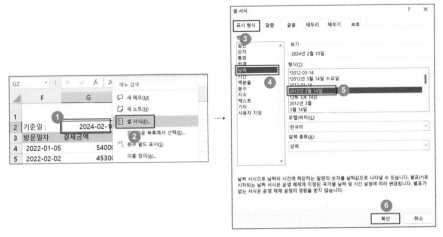

⑥ [C9] 셀을 선택한 후, 마우스 오른쪽 버튼을 클릭하여 [새 노트]를 선택한다. 메모가 삽입되면 「**수술예정**」이라 입력한다.

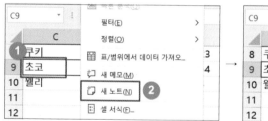

⑦ [C9] 셀을 선택한 후, 마우스 오른쪽 버튼을 클릭하여 [메모 표시/숨기기]를 선택한다.

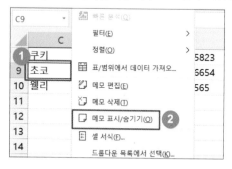

◈ 잠깐!

Microsoft Excel 주석의 작동 방식이 변경되었습니다. 이제 메모가 스레드(thread)되고 해당 내용에 대해 다른 사용자들과 의견을 공유할 수 있게 되었습니다. 기존의 메모 기능은 노트라는 이름으로 변경되었으며, 해당 셀과 관련된 부가적인 설명을 기록하는 주석을 작성하기 위한 기능입니다.

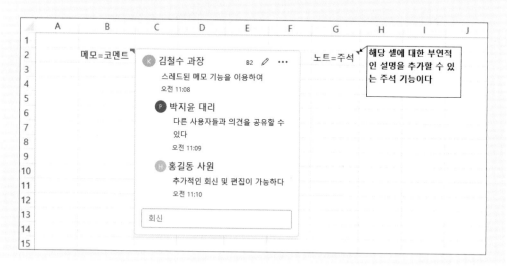

⑧ [D4:D10] 영역을 범위 지정한 후, '이름상자'에 「**고객명단**」이라 입력하고 [Enter]를 눌러 마무리한다.

⑨ [G4:G10] 영역을 범위 지정한 후, [홈]탭-[표시 형식] 영역의 '화살표(⬓)'를 클릭하여 [셀 서식] 대화상자를 호출한다. [표시 형식]탭의 '회계' 범주에서 '기호'를 '없음'으로 선택하고 [확인]을 클릭한다.

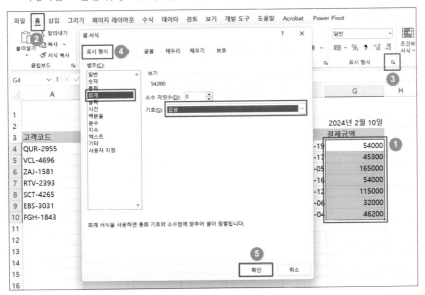

⑩ [A3:G10] 영역을 범위 지정한 후 [홈]탭-[글꼴] 영역에 '테두리'목록 중 '모든 테두리(⊞)'를 선택한다.

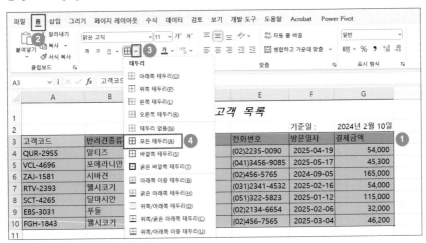

⑪ 최종결과

	A	B	C	D	E	F	G
1			*K 동물병원 고객 목록*				
2						기준일 :	2024년 2월 10일
3	고객코드	반려견종류	반려견이름	고객이름	전화번호	방문일자	결제금액
4	QUR-2955	말티즈	해피	이정미	(02)2235-0090	2025-04-19	54,000
5	VCL-4696	포메라니안	사랑이	최한나	(041)3456-9085	2025-05-17	45,300
6	ZAJ-1581	시바견	쁘니	박미영	(02)456-5765	2024-09-05	165,000
7	RTV-2393	웰시코기	멈머	김미숙	(031)2341-4532	2025-02-16	54,000
8	SCT-4265	달마시안	쿠키	황수미	(051)322-5823	2025-01-12	115,000
9	EBS-3031	푸들	초코	수술예정	4-6654	2025-02-06	32,000
10	FGH-1843	웰시코기	웰리		-7565	2025-03-04	46,200
11							
12							

◉ 사용자 지정 표시 형식

엑셀에서 기본적으로 제공하는 표시 형식 이외의 형식을 사용자가 직접 만들어서 사용하는 기능입니다. [셀 서식] 대화상자의 '표시 형식' 탭에서 범주를 '사용자 지정'으로 선택한 후 '형식'칸에 직접 서식을 입력합니다.

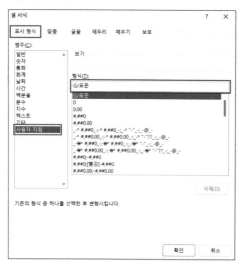

서식 기호	
#	임의의 숫자 형식. 유효하지 않은 0 무시
0	임의의 숫자 형식. 유효하지 않은 0 표시
,	천 단위 구분 기호 표시
@	임의의 문자 형식
[ ]	조건이나 색을 지정
m	m은 1~12, mm은 01~12로 '월'을 표시 mmm은 Jan~Dec로 '월'을 표시 mmmm은 January~December로 '월'을 표시
d	d는 1~31, dd는 01~31로 '일'을 표시 ddd는 Mon~Sun로 '요일'을 표시 dddd는 Monday~Sunday로 '요일'을 표시
a	aaa는 월~일로 '요일'을 표시 aaaa는 월요일~일요일로 '요일'을 표시
y	yy는 2자리 '년도'를 표시 yyyy는 4자리 '년도'를 표시

◉ 사용자 지정 표시 형식 - 천 단위 구분 기호 지정

숫자에 쉼표 스타일을 지정하여 표시하거나, 유효한 0 값의 표시 여부를 결정할 수 있습니다.

문제	원본	표시 형식	결과
천 단위 구분 기호 (0무시)	10000	#,###"원"	10,000원
	0		원
천 단위 구분 기호 (0표시)	10000	#,##0"원"	10,000원
	0		0원

◉ 사용자 지정 표시 형식 - 단위 생략 형식 지정

자릿수가 많은 숫자의 경우 천 단위 이하 또는 백만 단위 이하의 자릿수를 생략하여 표시할 수 있습니다. 자릿수가 생략되는 경우 값은 반올림되어 표시됩니다.

구분	원본	표시 형식	결과
유형1	1,100	#,"천원"	1천원
	1,900		2천원
유형2	1,200,000	#,,"백만원"	1백만원
	1,850,000		2백만원
유형3	1,854,800	#,###,"천원"	1,855천원
	1,854,200		1,854천원

출제유형 2 '서식2' 시트에서 다음의 지시사항을 처리하시오.

① [G2] 셀에 사용자 지정 서식을 이용하여 표시 예와 같이 날짜 형식을 지정하시오.
  ▶ 표시 예 : 2024-2-5 → 02월 05일

② [C4:C13] 영역에 사용자 지정 서식을 이용하여 문자 뒤에 "씨"를 붙여 표시하시오.
  ▶ 표시 예 : 김시우 → 김시우씨

③ [D4:D13] 영역에 사용자 지정 서식을 이용하여 문자 뒤에 "******"를 붙여 표시하시오.
  ▶ 표시 예 : 980521-1 → 980521-1******

④ [E4:E13] 영역에 사용자 지정 서식을 이용하여 숫자 뒤에 "개월"을 붙여 표시하시오.
  ▶ 표시 예 : 66 → 66개월

⑤ [G4:G13] 영역에 사용자 지정 서식을 이용하여 1000단위 구분 기호와 숫자 뒤에 '원'을 붙여 표시 예와 같이 표시하시오.
  ▶ 표시 예 : 1350000 → 1,350,000원, 0 → 0원

① [G2] 셀을 선택한 후, [홈]탭-[표시 형식] 영역의 '화살표(⤡)'를 클릭하여 [셀 서식] 대화상자를 호출한다. [표시 형식]탭의 '사용자 지정' 범주의 '형식'칸에 「mm"**월**" dd"**일**"」을 입력하고 [확인]을 클릭한다.

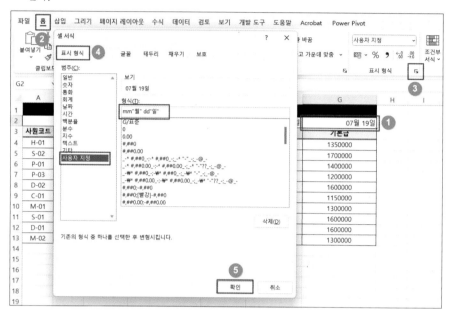

② [C4:C13] 영역을 범위 지정한 후 [홈]탭-[표시 형식] 영역의 '화살표(⤡)'를 클릭하여 [셀 서식] 대화상자를 호출한다. [표시 형식]탭의 '사용자 지정' 범주의 '형식'칸에 「@"**씨**"」를 입력하고 [확인]을 클릭한다.

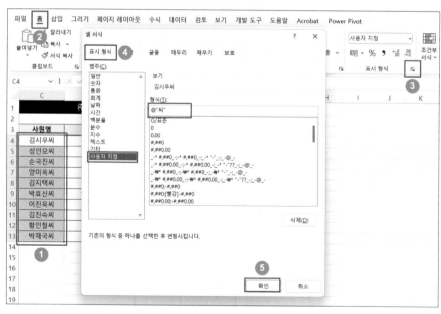

③ [D4:D13] 영역을 범위 지정한 후 [홈]탭-[표시 형식] 영역의 '화살표(⤢)'를 클릭하여 [셀 서식] 대화 상자를 호출한다. [표시 형식]탭의 '사용자 지정' 범주의 '형식'칸에 「@"******"」을 입력하고 [확인]을 클릭한다.

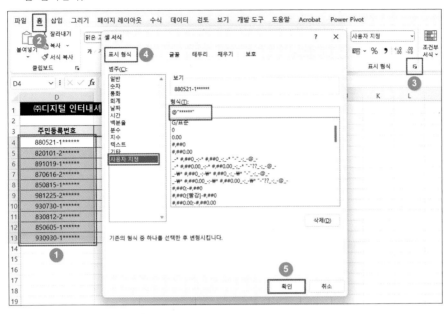

④ [E4:E13] 영역을 범위 지정한 후 [홈]탭-[표시 형식] 영역의 '화살표(⤢)'를 클릭하여 [셀 서식] 대화 상자를 호출한다. [표시 형식]탭의 '사용자 지정' 범주의 '형식'칸에 「0"개월"」을 입력하고 [확인]을 클릭한다.

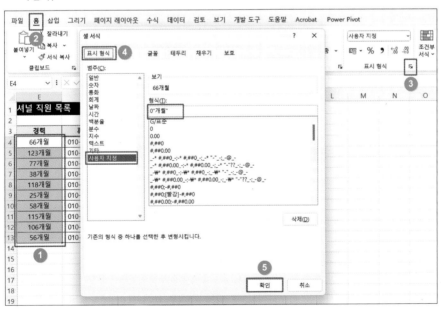

⑤ [G4:G13] 영역을 범위 지정한 후 [홈]탭-[표시 형식] 영역의 '화살표(⬎)'를 클릭하여 [셀 서식] 대화상자를 호출한다. [표시 형식]탭의 '사용자 지정' 범주의 '형식'칸에 「#,##0"원"」을 입력하고 [확인]을 클릭한다.

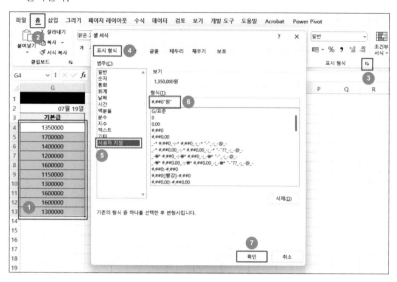

⑥ 최종결과

	A	B	C	D	E	F	G
1	㈜디지털 인터내셔널 직원 목록						
2						기준일:	09월 06일
3	사원코드	부서명	사원명	주민등록번호	경력	휴대전화	기본급
4	H-01	인사부	김시우씨	880521-1******	66개월	010-6559-9557	1,350,000원
5	S-02	영업부	성인모씨	820101-2******	123개월	010-3598-5274	1,700,000원
6	P-01	자재부	손국진씨	891019-1******	77개월	010-3579-5175	1,400,000원
7	P-03	자재부	양미옥씨	870616-2******	38개월	010-6845-2957	1,200,000원
8	D-02	기술부	김지택씨	850815-1******	118개월	010-9988-6544	1,600,000원
9	C-01	경리부	박효신씨	981225-2******	25개월	010-6587-2247	1,150,000원
10	M-01	기획부	이진욱씨	930730-1******	58개월	010-8534-7073	1,300,000원
11	S-01	영업부	김진숙씨	830812-2******	115개월	010-3543-1138	1,600,000원
12	D-01	기술부	황인철씨	850605-1******	106개월	010-9768-7512	1,600,000원
13	M-02	기획부	박재국씨	930930-1******	56개월	010-2134-5673	1,300,000원
14							

출제유형 3 '서식3' 시트에서 다음의 지시사항을 처리하시오.

① [A1:F1] 영역은 '병합하고 가운데 맞춤', 글꼴 '돋움체', 글꼴 크기 '16', 글꼴 스타일 '굵게', 밑줄 '이중 밑줄'로 지정하시오.

② [A4:A8], [A9:A11] 영역은 '병합하고 가운데 맞춤'을 지정하고, [A3:C3] 영역은 셀 스타일 '강조색6'을 적용하시오.

③ [C4:C11] 영역에 사용자 지정 서식을 이용하여 숫자 뒤에 "%"를 붙여 표시 예와 같이 표시하시오.
   ▶ 표시 예 : 30 → 30%

④ [E4:E6] 영역에 사용자 지정 서식을 이용하여 문자 뒤에 "점"을 붙여 표시 예와 같이 표시하시오.
   ▶ 표시 예 : 90~100 → 90~100점

⑤ [A3:C11] 영역에 '모든 테두리(⊞)'를 적용한 후 '굵은 바깥쪽 테두리(⬚)'를 적용하시오.

문제해결 🔑

① [A1:F1] 영역을 범위 지정한 후 [홈]탭-[글꼴] 영역의 글꼴은 '돋움체', 크기는 '16', 글꼴 스타일은 '굵게', 밑줄은 '이중 밑줄'로 설정하고, [맞춤]영역의 '병합하고 가운데 맞춤'을 클릭한다.

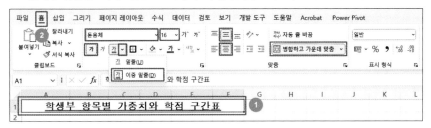

② [A4:A8]와 [A9:A11] 영역을 범위 지정한 [홈]탭-[맞춤]영역의 '병합하고 가운데 맞춤'을 클릭한다.

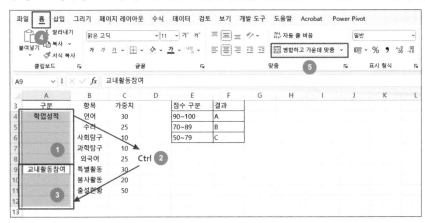

③ [A3:C3] 영역을 범위 지정한 후 [홈]탭-[스타일] 영역의 '셀 스타일'을 클릭한다.

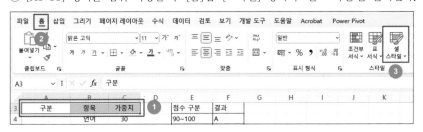

④ 셀 스타일 영역이 확장되면 목록에서 '강조색6'을 선택한다.

테마 셀 스타일					
20% - 강조...	20% - 강조...	20% - 강조...	20% - 강조...	20% - 강조...	20% - 강조...
40% - 강조...	40% - 강조...	40% - 강조...	40% - 강조...	40% - 강조...	40% - 강조...
60% - 강조...	60% - 강조...	60% - 강조...	60% - 강조...	60% - 강조...	60% - 강조...
강조색1	강조색2	강조색3	강조색4	강조색5	강조색6

⑤ [C4:C11] 영역을 범위 지정한 후, [홈]탭-[표시 형식] 영역의 '화살표(⤵)'를 클릭하여 [셀 서식] 대화 상자를 호출한다. [표시 형식]탭의 '사용자 지정' 범주의 '형식'칸에 「0"%"」을 입력하고 [확인]을 클릭한다.

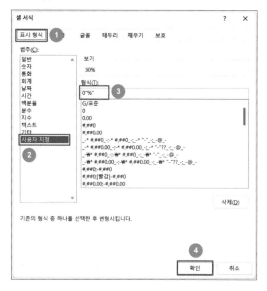

⑥ [E4:E6] 영역을 범위 지정한 후, [홈]탭-[표시 형식] 영역의 '화살표(⤵)'를 클릭하여 [셀 서식] 대화 상자를 호출한다. [표시 형식]탭의 '사용자 지정' 범주의 '형식'칸에 「@"점"」을 입력하고 [확인]을 클릭한다.

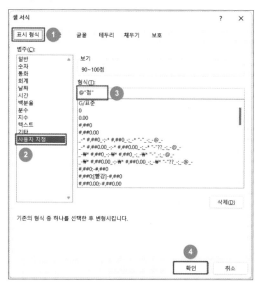

⑦ [A3:C11] 영역을 범위 지정한 후 [홈]탭–[글꼴] 영역에 '테두리'목록 중 '모든 테두리(⊞)'를 클릭하고, 연이어 '굵은 바깥쪽 테두리(⊞)'를 클릭하여 테두리를 적용한다.

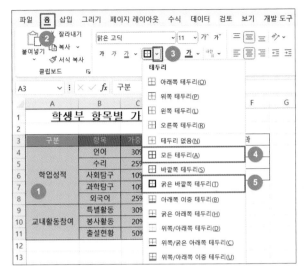

⑧ 최종결과

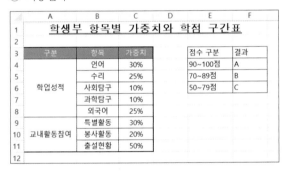

출제유형 4 '서식4' 시트에서 다음의 지시사항을 처리하시오.

① [A5:A7], [A8:A10], [A11:A13], [C3:D3], [E3:F3], [G3:H3] 영역은 '병합하고 가운데 맞춤'을 지정하고, [A3:I4] 영역은 셀 스타일 '황금색, 강조색4'를 적용하시오.

② [C14:I14] 영역은 사용자 지정 표시 형식을 이용하여 1000 단위 구분 기호를 표시 예와 같이 표시하시오.
  ▶ 표시 예 : 3750 → 3,750 , 0 → 0

③ [A1] 제목 문자열 앞뒤에 특수문자 '■'를 삽입하시오.

④ [I8] 셀에 '최대매출'이라는 노트를 삽입한 후 항상 표시되도록 설정하고, 메모 서식에서 맞춤 '자동 크기'를 설정하시오.

⑤ [A3:I14] 영역에 '모든 테두리(⊞)'를 적용한 후 '굵은 바깥쪽 테두리(⊞)'를 적용하시오.

① [A5:A7], [A8:A10], [A11:A13], [C3:D3], [E3:F3], [G3:H3] 영역을 Ctrl 을 이용하여 범위 지정한 후 [홈]탭-[맞춤]영역의 '병합하고 가운데 맞춤'을 클릭한다.

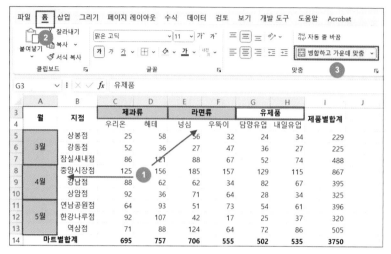

② [A3:I4] 영역을 범위 지정한 후 [홈]탭-[스타일] 영역의 '셀 스타일'을 클릭한다.

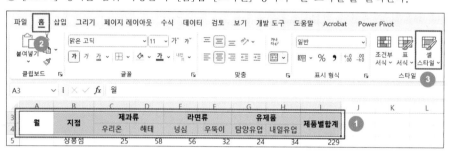

③ 셀 스타일 영역이 확장되면 목록에서 '황금색, 강조색4'를 선택한다.

④ [A1] 셀을 더블 클릭하여 편집 모드로 전환한 후 문자열 앞에 커서를 삽입한다.

⑤ 한글 자음 「ㅁ」을 입력하고 곧바로 [한자]를 눌러 특수 문자 입력창을 띄워준다. 하단 화살표를 클릭 하여 두 번째 페이지로 이동한 후 '■'선택한다. 문자열 뒤에도 동일하게 작업하거나 복사한다.

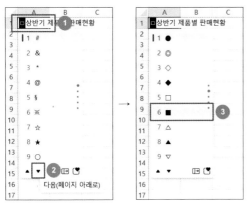

🧭 잠깐!

◉ 특수 문자 입력방법

① [삽입]탭 [기호]를 클릭

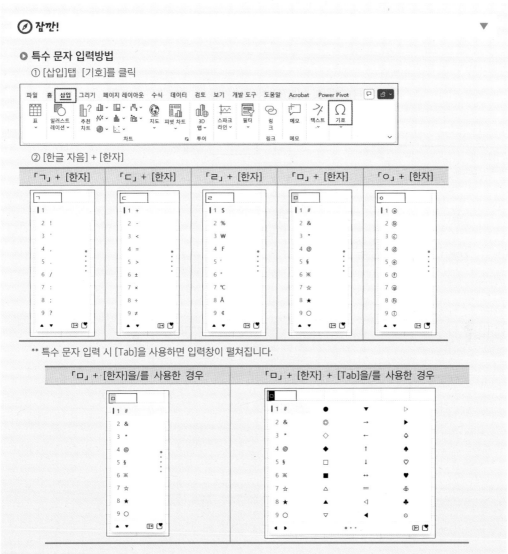

② [한글 자음] + [한자]

「ㄱ」 + [한자]	「ㄷ」 + [한자]	「ㄹ」 + [한자]	「ㅁ」 + [한자]	「ㅇ」 + [한자]

** 특수 문자 입력 시 [Tab]을 사용하면 입력창이 펼쳐집니다.

「ㅁ」 + [한자]을/를 사용한 경우	「ㅁ」 + [한자] + [Tab]을/를 사용한 경우

⑥ [I8] 셀을 선택한 후, 마우스 오른쪽 버튼을 클릭하여 [새 노트]를 선택한다. 메모가 삽입되면「**최대매출**」이라 입력한다.

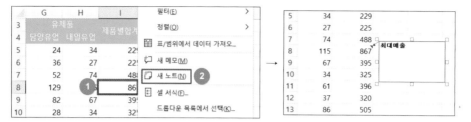

⑦ [I8] 셀을 선택한 후, 마우스 오른쪽 버튼을 클릭하여 [메모 표시/숨기기]를 선택한다.

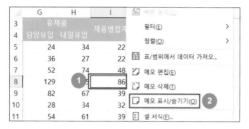

⑧ 삽입 된 메모가 선택된 상태에서, 마우스 오른쪽 버튼을 클릭하여 [메모 서식]을 선택한다.
⑨ [메모 서식] 대화상자가 나타나면 [맞춤]탭의 '자동 크기'를 선택한 후 [확인]을 클릭한다.

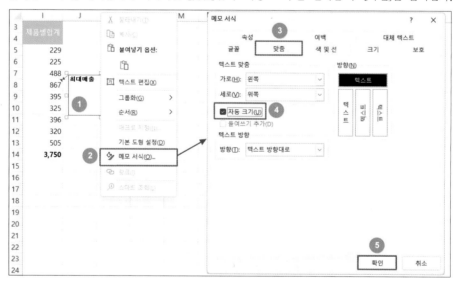

⑩ [A3:I14] 영역을 범위 지정한 후 [홈]탭-[글꼴] 영역에 '테두리'목록 중 '모든 테두리(⊞)'를 클릭하고, 연이어 '굵은 바깥쪽 테두리(⊞)'를 클릭하여 테두리를 적용한다.

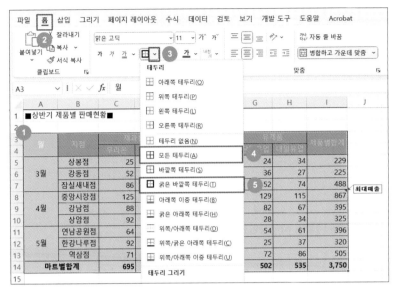

⑪ 최종결과

월	지점	제과류		라면류		유제품		제품별합계
		우리온	해태	넘심	우똑이	담엉유업	내일유업	
3월	상봉점	25	58	56	32	24	34	229
	강동점	52	36	27	47	36	27	225
	잠실새내점	86	121	88	67	52	74	488
4월	중앙시장점	125	156	185	157	129	115	867
	강남점	88	62	62	34	82	67	395
	상암점	92	36	71	64	28	34	325
5월	연남공원점	64	93	51	73	54	61	396
	한강나루점	92	107	42	17	25	37	320
	역삼점	71	88	124	64	72	86	505
마트별합계		695	757	706	555	502	535	3,750

최대매출

CHAPTER

03 자동필터

자동필터는 특정 필드에 조건을 지정하여 사용자가 원하는 데이터 목록만을 표시하는 기능입니다. 서로 다른 필드의 경우 AND (그리고) 조건만 설정할 수 있는 등의 제약이 있기는 하지만 간단한 조작으로 데이터를 필터링 할 수 있기 때문에 활용도가 높은 기능입니다.

출제유형 1 '자동필터1' 시트에서 다음의 지시사항을 처리하시오.

'쇼핑몰별 주문 내역 조회'에서 자동 필터 기능을 이용하여 '쇼핑몰'이 '인터넷파크' 이거나 'L마켓'인 주문 내역 중에서 '무이자할부'가 3~6인 데이터만 표시하시오.

문제해결 🔑

① 데이터 범위 내 임의의 셀을 선택한 뒤 [데이터]탭-[정렬 및 필터] 영역의 [필터]를 클릭한다.

② '쇼핑몰' 필드 제목[B3]의 필터 단추(▼)를 클릭한 후 목록에서 'L마켓'과 '인터넷파크'를 선택한 후 [확인]을 클릭한다.

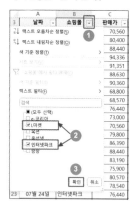

③ '무이자할부' 필드 제목[G3]의 필터 단추(▼)를 클릭한 후 [숫자 필터]–[해당 범위]를 선택한다. [사용자 지정 자동 필터] 대화상자가 나타나면 아래 〈그림〉과 같이 범위를 입력한 후 [확인]을 클릭한다.

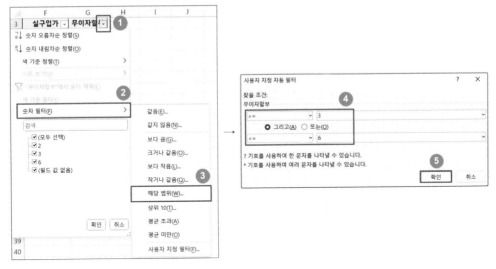

④ 최종결과

	A	B	C	D	E	F	G
1			쇼핑몰별 주문 내역 조회				
2							
3	날짜	쇼핑몰	판매가	부가세	배송료	실구입가	무이자할!
12	07월 13일	인터넷파크	68,570	6,857	-	75,427	3
17	07월 18일	인터넷파크	86,390		2,500	88,890	3
18	07월 19일	L마켓	88,440		3,000	91,440	6
20	07월 21일	L마켓	75,900	7,590	2,400	85,890	3
21	07월 22일	인터넷파크	80,570	8,057	2,500	91,127	3
23	07월 24일	인터넷파크	76,440		2,500	78,940	3
27	07월 28일	인터넷파크	88,260		-	88,260	6
28	07월 29일	L마켓	88,440		3,000	91,440	6
30	07월 31일	L마켓	75,900	7,590	2,400	85,890	3
31	08월 01일	인터넷파크	68,570	6,857	2,500	77,927	6
33	08월 03일	인터넷파크	76,440		2,500	78,940	3
34							

출제유형 2 '자동필터2' 시트에서 다음의 지시사항을 처리하시오.

'12월 제품 주문 현황'에서 자동 필터 기능을 이용하여 '매출'이 상위 30%에 해당하는 데이터만 표시하시오.

	A	B	C	D	E	F	G
1			12월 제품 주문 현황				
2							
3	주문일	제품명	지점	단가	수량	할인율	매출
5	2024-12-07	캘리포니아 오렌지 주스	합정	19,000	95	5%	1,714,750
11	2024-12-08	코코넛 버터 쿠키	종로	20,000	134	12%	2,358,400
17	2024-12-09	콘 플레이크	강남	25,000	76	5%	1,805,000
19	2024-12-09	콘 플레이크	분당	25,000	100	10%	2,250,000
22	2024-12-09	캘리포니아 오렌지 주스	종로	19,000	118	10%	2,017,800
25	2024-12-13	콘 플레이크	여의도	25,000	80	5%	1,900,000
26							

문제해결 🔑

① 데이터 범위 내 임의의 셀을 선택한 뒤 [데이터]탭-[정렬 및 필터] 영역의 [필터(▽)]를 클릭한다.

② '매출' 필드 제목[G3]의 필터 단추(▼)를 클릭한 후 [숫자 필터]-[상위 10]을 선택한다. [상위 10 자동 필터] 대화상자가 나타나면 아래 〈그림〉과 같이 설정한 후 [확인]을 클릭한다.

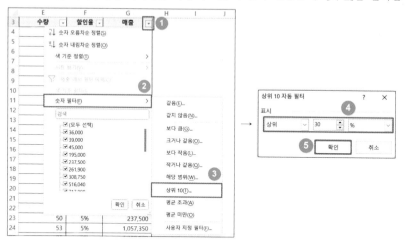

③ 최종결과

	A	B	C	D	E	F	G
1		12월 제품 주문 현황					
2							
3	주문일 ▼	제품명 ▼	지점 ▼	단가 ▼	수량 ▼	할인율 ▼	매출 ▼
5	2024-12-07	캘리포니아 오렌지 주스	합정	19,000	95	5%	1,714,750
11	2024-12-08	코코넛 버터 쿠키	종로	20,000	134	12%	2,358,400
17	2024-12-09	콘 플레이크	강남	25,000	76	5%	1,805,000
19	2024-12-09	콘 플레이크	분당	25,000	100	10%	2,250,000
22	2024-12-09	캘리포니아 오렌지 주스	종로	19,000	118	10%	2,017,800
25	2024-12-13	콘 플레이크	여의도	25,000	80	5%	1,900,000
26							

◉ 자동 필터 해제 방법

① 특정 필드에 대한 필터만 해제하려면 필드 제목의 필터 단추(▼)를 클릭하여 [필터 해제]를 선택합니다.

② 데이터 범위에 적용된 모든 필터를 해제하려면 [데이터]탭-[정렬 및 필터] 영역의 [필터]를 클릭하여 해제합니다.

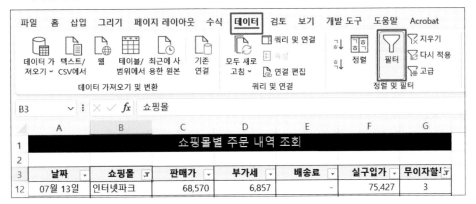

CHAPTER

04 고급필터

자동필터는 간단한 조작으로 조건을 지정하여 데이터를 편집할 수 있는 기능으로 적용과 해제가 편리합니다. 하지만 서로 다른 필드간의 AND(그리고)조건만 적용이 가능하고 원본 데이터 영역에 결과를 표시하기 때문에 비교하기에 불편함이 있습니다. 고급필터는 자동필터로는 해결 되지 않는 복잡한 형태의 조건을 함수와 연산을 사용하여 설정할 수 있습니다. 서로 다른 필드간의 AND(그리고)조건 뿐만 아니라 OR(또는)조건도 지정할 수 있으며, 데이터를 원하는 위치로 복사하여 표시하거나 표시 목록을 편집할 수도 있습니다.

| 고급 필터 조건 지정 방식 |
고급 필터는 좀 더 복잡한 형태의 조건을 AND 또는 OR 방식으로 지정하여 사용할 수 있습니다. 또한 조건 작성 시 연산자나 함수를 사용할 수 있으며 작업 시 아래 사항들을 주의해야 합니다.
① 지문에 '그리고~', '이면서~', '함께~' 등의 접속사가 보이면 AND조건을, '이거나~', '또는~', '혹은~' 등의 접속사가 보이면 OR 조건을 사용합니다.
② 고급 필터 조건에 수식을 사용하여 결과가 True/False로 표시되는 경우 조건의 필드명은 반드시 변경해야 합니다.

▶ AND 조건 : 조건을 '같은 행'에 입력합니다.

지역이 서울이면서 성별이 남자인 데이터

지역	성별
서울	남자

평균이 80점대인 데이터

평균	평균
>=80	<90

▶ OR 조건 : 조건을 '다른 행'에 입력합니다.

지역이 서울이거나 성별이 남자인 데이터

지역	성별
서울	
	남자

수학 또는 영어가 80점 이상인 데이터

수학	영어
>=80	
	>=80

▶ AND와 OR 복합 조건 : 하나의 필드에 여러 조건을 지정합니다.

지역이 서울 또는 인천이면서 성별이 남자인 데이터

지역	성별
서울	남자
인천	남자

반이 A이면서 수학 또는 영어가 80점 이상인 데이터

반	수학	영어
A	>=80	
A		>=80

'고급필터1' 시트에서 다음의 지시사항을 처리하시오.

[A3:G13] 영역에서 '부서명'이 '기술부' 또는 '자재부' 이면서 경력이 100개월 이상인 데이터를 표시하시오.

▶ 조건은 [A15:G17] 범위 내에 입력하시오.

▶ 결과는 [A20] 셀부터 표시하시오.

문제해결 🔑

① [B3] 셀과 [E3] 셀을 함께 선택한 후 Ctrl + C를 눌러 복사한다.

② [A15] 셀을 선택한 후 Ctrl + V를 눌러 복사한 내용을 붙여 넣는다. 또는 [A15] 셀에 「**부서명**」,
   [B15] 셀에 「**경력**」이라 입력한다.

	A	B	C	D	E	F	G
1				㈜디지털 인터내셔널 직원 목록			
2				Ctrl		기준일:	2023-09-05
3	사원코드	부서명	사원명	주민등록번호	경력	휴대전화	기본급
4	H-01	인사부	김시우	880521-1*******	66	010-6559-9557	1,350,000
5	S-02	영업부	성인모	820101-2*******	123	010-3598-5274	1,700,000
6	P-01	자재부	손국진	891019-1*******	77	010-3579-5175	1,400,000
7	P-03	자재부	양미옥	870616-2*******	138	010-6845-2957	1,200,000
8	D-02	기술부	김지택	850815-1*******	118	010-9988-6544	1,600,000
9	C-01	경리부	박효신	981225-2*******	25	010-6587-2247	1,150,000
10	M-01	기획부	이진욱	930730-1*******	58	010-8534-7073	1,300,000
11	S-01	영업부	김진숙	830812-2*******	115	010-3543-1138	1,600,000
12	D-01	기술부	황인철	850605-1*******	106	010-9768-7512	1,600,000
13	M-02	기획부	박재국	930930-1*******	56	010-2134-5673	1,300,000
14							
15	②						
16							

⚡ **잠깐!** ▼

◉ **조건 작업 시 필드명 입력방법**

① 원본 데이터에서 조건으로 사용될 필드명을 복사한 후 조건 범위에 붙여넣기 한다.

	A	B
14		
15	부서명	경력
16		

② 조건으로 사용될 필드명을 조건 범위의 첫 행에 원본 데이터와 동일하게 입력하여 사용한다.

	A	B
14		
15	부서명	경력
16		

③ 필드명에 맞춰 다음과 같이 조건을 입력한다.

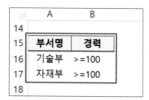

부서명	경력
기술부	>=100
자재부	>=100

④ [A3:G13] 영역을 범위 지정한 후 [데이터]탭-[정렬 및 필터] 영역의 [고급(🔽)]을 선택한다.

⑤ [고급 필터] 대화상자가 나타나면 목록 범위에 「$A$3:$G$13」, 조건 범위에 「$A$15:$B$17」, 복사 위치에 「$A$20」을 지정하고 [확인]을 클릭한다.

⑥ 최종결과

사원코드	부서명	사원명	주민등록번호	경력	휴대전화	기본급
P-03	자재부	양미옥	870616-2*******	138	010-6845-2957	1,200,000
D-02	기술부	김지택	850815-1*******	118	010-9988-6544	1,600,000
D-01	기술부	황인철	850605-1*******	106	010-9768-7512	1,600,000

출제유형 2 '고급필터2' 시트에서 다음의 지시사항을 처리하시오.

[A3:G13] 영역에서 '사원코드'가 'P' 또는 'D'로 시작하는 데이터의 '사원코드', '사원명', '경력', '기본급' 필드만을 순서대로 표시하시오.

▶ 조건은 [A15:G17] 범위 내에 입력하시오.

▶ 결과는 [A20] 셀부터 표시하시오.

문제해결 🔑

① [A3] 셀을 선택한 후 Ctrl + C를 눌러 복사한다.

② [A15] 셀을 선택한 후 Ctrl + V를 눌러 복사한 내용을 붙여 넣는다. 또는 [A15] 셀에 **「사원코드」**라 입력한다.

③ 필드명에 맞춰 다음과 같이 조건을 입력한다.

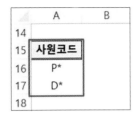

잠깐!

◎ 와일드 카드 사용

* : 모든 문자를 대표	? : 한 자리의 문자를 대표
- 김* : '김'으로 시작하는 문자열 - *김* : '김'을 포함하는 문자열	- 김? : '김'으로 시작하는 두 글자 문자열 - ?김 : '김'으로 끝나는 두 글자 문자열

④ [A3], [C3], [E3], [G3] 셀을 함께 선택하여 복사하고, [A20] 셀에 복사한 내용을 붙여 넣는다.

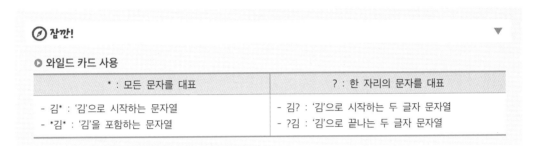

⑤ [A3:G13] 영역을 범위 지정한 후 [데이터]탭-[정렬 및 필터] 영역의 [고급(🏆)]을 선택한다.

⑥ [고급 필터] 대화상자가 나타나면 목록 범위에 「$A$3:$G$13」, 조건 범위에 「$A$15:$A$17」, 복사 위치에 「$A$20:$D$20」을 지정하고 [확인]을 클릭한다.

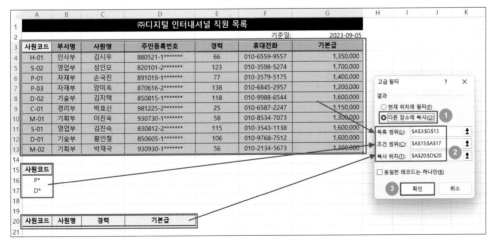

⑦ 최종결과

	사원코드	사원명	경력	기본급
15	**사원코드**			
16	P*			
17	D*			
18				
19				
20	**사원코드**	**사원명**	**경력**	**기본급**
21	P-01	손국진	77	1,400,000
22	P-03	양미옥	138	1,200,000
23	D-02	김지택	118	1,600,000
24	D-01	황인철	106	1,600,000
25				

출제유형 3 '고급필터3' 시트에서 다음의 지시사항을 처리하시오.

[A3:G25] 영역에서 '지점'이 '신사' 이거나, '단가'가 20,000이상 30,000이하인 데이터의 '주문일', '지점', '단가', '매출' 필드만을 순서대로 표시하시오.

▶ 조건은 [I3:L6] 범위 내에 입력하시오.

▶ 결과는 [I8] 셀부터 표시하시오.

문제해결 🔑

① [I3:K5] 영역에 다음과 같이 조건을 입력한다.

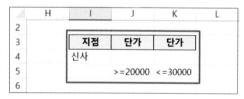

② [I8:L8] 영역에 다음과 같이 결과 필드명을 입력한다.

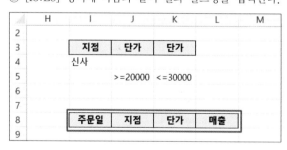

③ [A3:G25] 영역을 선택한 뒤, [데이터]탭-[정렬 및 필터] 영역의 [고급(🥽)]을 선택한다.

④ [고급 필터] 대화상자가 나타나면 목록 범위에 「$A$3:$G$25」, 조건 범위에 「$I$3:$K$5」, 복사 위치에 「$I$8:$L$8」을 지정하고 [확인]을 클릭한다.

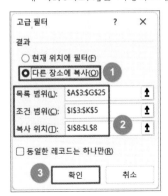

⑤ 최종결과

	지점	단가	단가		
3	지점	단가	단가	L	M
4	신사				
5		>=20000	<=30000		
6					
7					
8	주문일	지점	단가	매출	
9	2024-12-08	종로	20,000	2,358,400	
10	2024-12-08	신사	21,000	1,396,500	
11	2024-12-08	신사	19,000	516,040	
12	2024-12-09	강남	25,000	1,805,000	
13	2024-12-09	명동	20,000	717,800	
14	2024-12-09	분당	25,000	2,250,000	
15	2024-12-13	여의도	21,000	1,057,350	
16	2024-12-13	여의도	25,000	1,900,000	
17					

 잠깐! ▼

고급 필터는 반드시 조건 작업을 먼저 하고, 특정 필드만을 추출해야 한다면 복사 위치를 먼저 작업하고 필터 기능을 수행해야 하며, 필드명이 다르면 데이터가 추출되지 않으니 입력 시 오타에 주의해야 합니다.

CHAPTER

05 조건부 서식

조건부 서식은 특정 조건을 만족하는 셀 또는 범위에 사용자가 지정하는 서식을 적용하는 기능입니다. 셀에 입력된 데이터에 따라 막대, 아이콘 등을 표시할 수 있으며, 기준을 제시하거나 함수를 사용하여 복잡한 형태의 규칙을 지정할 수 있습니다.

● 조건부 서식 작성 시 유의사항

* 필드명을 제외한 데이터 범위만을 선택한 뒤 작업을 시작합니다.
* 조건에 함수 또는 연산자를 사용하는 경우 수식 앞에 「=」을 반드시 입력합니다.
* 수식 작성 시 셀 참조에 주의합니다.

출제유형 1 '조건부1' 시트에서 다음의 지시사항을 처리하시오.

[E2:E31] 영역에 '상위/하위 규칙'을 이용하여 평균을 초과하는 값에 대해 '진한 녹색 텍스트가 있는 녹색 채우기'를 적용하는 조건부 서식을 적용하시오.

문제해결 🔑

① [E2:E31] 영역을 범위 지정한 후 [홈]탭-[스타일] 영역의 [조건부 서식]을 선택한다. 조건부 서식 목록이 나타나면 [상위/하위 규칙]-[평균 초과]를 선택한다.

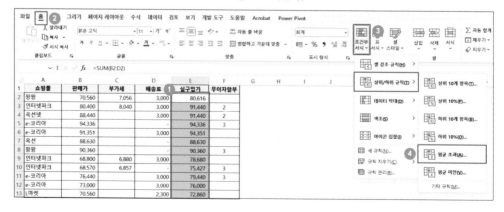

② [평균 초과] 대화상자가 나타나면 적용할 서식으로 '진한 녹색 텍스트가 있는 녹색 채우기'를 선택한
뒤, [확인]을 클릭한다.

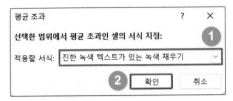

③ 최종결과

	A	B	C	D	E	F
1	쇼핑몰	판매가	부가세	배송료	실구입가	무이자할부
2	팡팡	70,560	7,056	3,000	80,616	
3	인터넷파크	80,400	8,040	3,000	91,440	2
4	옥션넷	88,440		3,000	91,440	2
5	e-코리아	94,336		-	94,336	3
6	e-코리아	91,351		3,000	94,351	
7	옥션	88,630		-	88,630	
8	팡팡	90,360		-	90,360	3
9	인터넷파크	68,800	6,880	3,000	78,680	
10	인터넷파크	68,570	6,857	-	75,427	3
11	e-코리아	76,440		3,000	79,440	3
12	e-코리아	73,000		3,000	76,000	
13	L마켓	70,560		2,300	72,860	
14	팡팡	79,800	7,980	2,500	90,280	6
15	인터넷파크	86,390		2,500	88,890	3
16	L마켓	88,440		3,000	91,440	6
17	팡팡	83,190		-	83,190	6
18	L마켓	75,900	7,590	2,400	85,890	3
19	인터넷파크	80,570	8,057	2,500	91,127	6
20	옥션넷	78,540	7,854	2,500	88,894	3
21	인터넷파크	76,440		2,500	78,940	3
22	팡팡	69,580	6,958	2,500	79,038	
23	e-코리아	66,610	6,661	3,000	76,271	3
24	팡팡	66,660	6,666	2,500	75,826	2
25	인터넷파크	88,260		-	88,260	6
26	L마켓	88,440		3,000	91,440	6
27	팡팡	83,190		-	83,190	6
28	L마켓	75,900	7,590	2,400	85,890	3
29	인터넷파크	68,570	6,857	2,500	77,927	6
30	옥션넷	66,540	6,654	2,500	75,694	3
31	인터넷파크	76,440		2,500	78,940	3
32						

◉ 조건부 서식 규칙 관리

① 특정 조건만 삭제하려면 범위 지정 후 [홈]탭-[스타일] 영역의 [조건부 서식]을 선택한 후, 목록에서 [규칙 관리]를 선택합니다. [조건부 서식 규칙 관리자] 대화상자가 나타나면 삭제하려는 규칙을 선택한 후, [규칙 삭제]를 클릭하여 제거한 후 [확인]을 클릭합니다.

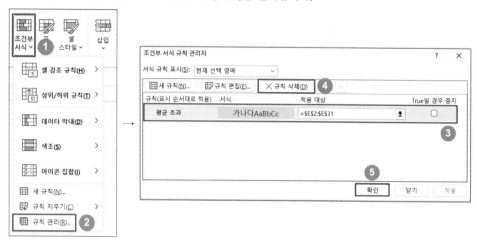

② 데이터 범위에 적용된 모든 조건을 삭제하려면 [홈]탭-[스타일] 영역의 [조건부 서식]-[규칙 지우기] 에서 원하는 항목을 선택합니다.

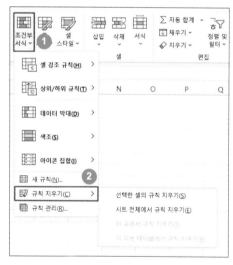

출제유형 2 '조건부2' 시트에서 다음의 지시사항을 처리하시오.

[A2:E16] 영역에서 '수량'이 2이면서 '공급가액'이 500,000이상인 행 전체에 대하여 글꼴 스타일을 '굵게', 글꼴 색을 '표준 색-파랑'으로 지정하는 조건부 서식을 작성하시오.

▶ 단, 규칙 유형은 '수식을 사용하여 서식을 지정할 셀 결정'으로 지정하고, 한 개의 규칙만을 이용하여 작성할 것

▶ AND 함수 사용

문제해결 🔑

① [A2:E16] 영역을 범위 지정한 후 [홈]탭-[스타일] 영역의 [조건부 서식]을 선택한다. 조건부 서식 목록이 나타나면 [새 규칙]을 선택한다.

② [새 서식 규칙] 대화상자가 나타나면 규칙 유형 선택을 '수식을 사용하여 서식을 지정할 셀 결정'으로 선택한다. 다음 수식이 참인 값의 서식 지정에 「=AND($C2=2,$E2>=200000)」을/를 입력하고 [서식]을 클릭한다.

③ [셀 서식] 대화상자의 [글꼴]탭에서 글꼴 스타일을 '굵게', 글꼴 색은 '표준 색-파랑'으로 지정하고 [확인]을 차례대로 클릭한다.

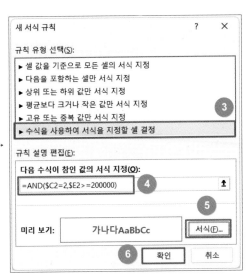

④ 최종결과

	A	B	C	D	E
1	주문처	품명	수량	단가	공급가액
2	창신글로벌	A2105-001	2	270,000	540,000
3	대주상사	A2105-002	2	49,000	98,000
4	서주무역	A2105-003	1	119,000	119,000
5	미주상사	A2105-004	2	119,000	238,000
6	극동무역	A2105-005	1	50,000	50,000
7	상동코페레이션	B2106-001	2	386,100	772,200
8	동광통상	B2106-002	2	70,070	140,140
9	현국무역	B2106-003	1	170,170	170,170
10	아주상사	B2106-004	2	170,170	340,340
11	인현Inc	B2106-005	1	71,500	71,500
12	대주상사	C2107-001	2	324,000	648,000
13	극동무역	C2107-002	2	58,800	117,600
14	현국무역	C2107-003	1	142,800	142,800
15	미주상사	C2107-004	2	142,800	285,600
16	동광통상	C2107-005	1	60,000	60,000
17					

[A4:G13] 영역에서 '부서명'이 '자재부' 또는 '기술부'인 행 전체에 대해서 글꼴 스타일을 '굵은 기울임꼴', 글꼴 색을 '표준 색−진한 빨강'으로 지정하는 조건부 서식을 작성하시오.

▶ 단, 규칙 유형은 '수식을 사용하여 서식을 지정할 셀 결정'으로 지정하고, 한 개의 규칙만을 이용하여 작성할 것

▶ OR 함수 사용

문제해결 🔑

① [A4:G13] 영역을 범위 지정한 후 [홈]탭−[스타일] 영역의 [조건부 서식]을 선택한다. 조건부 서식 목록이 나타나면 [새 규칙]을 선택한다.

② [새 서식 규칙] 대화상자가 나타나면 규칙 유형 선택을 '수식을 사용하여 서식을 지정할 셀 결정'으로 선택한다. 다음 수식이 참인 값의 서식 지정에 「=OR($B4="**자재부**",$B4="**기술부**")」을/를 입력하고 [서식]을 클릭한다.

③ [셀 서식] 대화상자의 [글꼴]탭에서 글꼴 스타일은 '굵은 기울임꼴', 글꼴 색은 '표준 색−진한 빨강'으로 지정하고 [확인]을 차례대로 클릭한다.

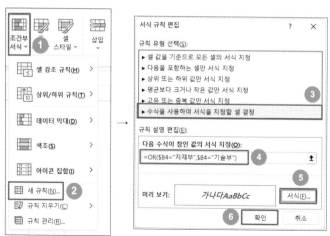

④ 최종결과

	A	B	C	D	E	F	G
1				㈜디지털 인터내셔널 직원 목록			
2						기준일:	2023-07-19
3	사원코드	부서명	사원명	주민등록번호	경력	휴대전화	기본급
4	H-01	인사부	김시우	880521-1*******	66	010-6559-9557	1,350,000
5	S-02	영업부	성인모	820101-2*******	123	010-3598-5274	1,700,000
6	*P-01*	*자재부*	*손국진*	*891019-1********	*77*	*010-3579-5175*	*1,400,000*
7	*P-03*	*자재부*	*양미욱*	*870616-2********	*38*	*010-6845-2957*	*1,200,000*
8	*D-02*	*기술부*	*김지택*	*850815-1********	*118*	*010-9988-6544*	*1,600,000*
9	C-01	경리부	박효신	981225-2*******	25	010-6587-2247	1,150,000
10	M-01	기획부	이진욱	930730-1*******	58	010-8534-7073	1,300,000
11	S-01	영업부	김진숙	830812-2*******	115	010-3543-1138	1,600,000
12	*D-01*	*기술부*	*황인철*	*850605-1********	*106*	*010-9768-7512*	*1,600,000*
13	M-02	기획부	박재국	930930-1*******	56	010-2134-5673	1,300,000
14							

출제유형 4 '조건부4' 시트에서 다음의 지시사항을 처리하시오.

[A2:H25] 영역에서 '거래일'이 주말인 데이터 행 전체에 대해서 채우기를 '표준 색–노랑'으로 지정하는 조건부 서식을 작성하시오.

▶ 단, 규칙 유형은 '수식을 사용하여 서식을 지정할 셀 결정'으로 지정하고, 한 개의 규칙만을 이용하여 작성할 것

▶ WEEKDAY 함수 사용

문제해결 🔑

① [A2:H25] 영역을 범위 지정한 후 [홈]탭–[스타일] 영역의 [조건부 서식]을 선택한다. 조건부 서식 목록이 나타나면 [새 규칙]을 선택한다.

② [새 서식 규칙] 대화상자가 나타나면 규칙 유형 선택을 '수식을 사용하여 서식을 지정할 셀 결정'으로 선택한다. 다음 수식이 참인 값의 서식 지정에 「=WEEKDAY($A2,2)>=6」을/를 입력하고 [서식]을 클릭한다.

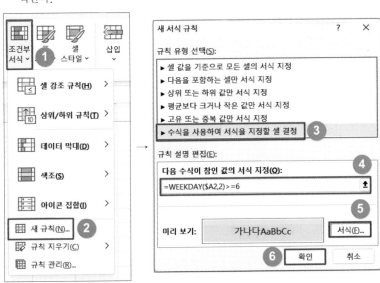

③ [셀 서식] 대화상자의 [채우기]탭에서 배경색을 '표준 색–노랑'으로 선택하고 [확인]을 차례대로 클릭한다.

④ 최종결과

	A	B	C	D	E	F	G	H
1	거래일	ID	가입일	등급	회사	지역	수량	거래금액
2	2025-01-10 (금)	A1020J	2021-11-27	일반	나라백화점	천안	26	4,938,454
3	2025-01-11 (토)	H3868S	2022-04-19	골드	대진상사	대전	24	9,026,457
4	2025-01-12 (일)	H3582Z	2023-08-19	실버	성준통상	수원	16	3,834,375
5	2025-01-13 (월)	H9394J	2022-10-03	일반	방탄무역	서울	50	7,497,719
6	2025-01-14 (화)	D2638Q	2022-08-28	골드	신세기상사	서울	10	2,211,868
7	2025-01-15 (수)	D4546D	2022-04-18	일반	삼진상사	제주	39	2,246,517
8	2025-01-16 (목)	E1123V	2021-11-03	프리미엄	백두무역	대전	6	4,534,613
9	2025-01-17 (금)	E3911M	2021-10-13	실버	한일상사	부산	18	5,562,640
10	2025-01-18 (토)	E4234H	2023-04-30	골드	한빛유통	제주	38	8,648,175
11	2025-01-19 (일)	E3426K	2023-05-19	실버	아미상사	천안	43	2,116,276
12	2025-01-20 (월)	F2589D	2023-06-22	실버	정금상사	대전	45	1,001,947
13	2025-01-21 (화)	F2994V	2022-06-17	프리미엄	은하수유통	부산	19	1,051,142
14	2025-01-22 (수)	K4980K	2022-11-22	실버	태형백화점	서울	43	7,455,440
15	2025-01-23 (목)	K9531E	2022-11-09	일반	몽블랑상사	천안	39	5,621,174
16	2025-01-24 (금)	H5334S	2023-02-03	골드	삼미상사	서울	18	8,716,741
17	2025-01-25 (토)	H9003N	2022-10-30	일반	글로벌통상	부산	12	3,592,398
18	2025-01-26 (일)	I2950M	2021-10-19	일반	상도무역	수원	16	2,088,723
19	2025-01-27 (월)	I3309A	2022-02-23	골드	아틀란티스통상	서울	38	6,947,683
20	2025-01-28 (화)	K5102F	2022-02-05	골드	나라백화점	부산	34	8,106,644
21	2025-01-29 (수)	K3465O	2022-09-23	실버	백진주백화점	천안	46	7,352,547
22	2025-01-30 (목)	K3558F	2021-08-31	일반	신세기상사	부산	19	9,077,016
23	2025-01-31 (금)	K9233R	2023-08-17	실버	글로벌통상	부산	11	7,722,499
24	2025-02-01 (토)	L4286E	2022-06-25	골드	서해무역	인천	44	2,661,843
25	2025-02-02 (일)	L9801A	2022-04-13	실버	왕도교역	수원	29	7,262,318

출제유형 5 '조건부4' 시트에서 다음의 지시사항을 처리하시오.

[A2:H25] 영역에서 'ID'가 'F'로 시작하거나 'H'로 시작하는 데이터 행 전체에 대해서 글꼴 스타일을 '굵게', 글꼴 색을 '표준 색-파랑'으로 지정하는 조건부 서식을 작성하시오.

▶ 단, 규칙 유형은 '수식을 사용하여 서식을 지정할 셀 결정'으로 지정하고, 한 개의 규칙만을 이용하여 작성할 것

▶ OR, LEFT 함수 사용

문제해결 🔑

① [A2:H25] 영역을 범위 지정한 후 [홈]탭-[스타일] 영역의 [조건부 서식]을 선택한다. 조건부 서식 목록이 나타나면 [새 규칙]을 선택한다.

② [서식 규칙 편집] 대화상자가 나타나면 규칙 유형 선택을 '수식을 사용하여 서식을 지정할 셀 결정'으로 선택한다. 다음 수식에 참인 값의 서식 지정에 「=OR(LEFT($B2,1)="F",LEFT($B2,1)="H")」을/를 입력하고 [서식]을 클릭한다.

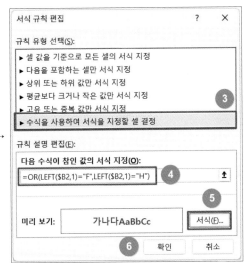

③ [셀 서식] 대화상자의 [글꼴]탭에서 글꼴 스타일은 '굵게', 글꼴 색은 '표준 색-파랑'으로 지정하고 [확인]을 차례대로 클릭한다.

④ 최종결과

	A	B	C	D	E	F	G	H
1	거래일	ID	가입일	등급	회사	지역	수량	거래금액
2	2025-01-10 (금)	A1020J	2021-11-27	일반	나라백화점	천안	26	4,938,454
3	2025-01-11 (토)	H3868S	2022-04-19	골드	대진상사	대전	24	9,026,457
4	2025-01-12 (일)	H3582Z	2023-08-19	실버	성준통상	수원	16	3,834,375
5	2025-01-13 (월)	H9394J	2022-10-03	일반	방탄무역	서울	50	7,497,719
6	2025-01-14 (화)	D2638Q	2022-08-28	골드	신세기상사	서울	10	2,211,868
7	2025-01-15 (수)	D4546D	2022-04-18	일반	삼진상사	제주	39	2,246,517
8	2025-01-16 (목)	E1123V	2021-11-03	프리미엄	백두무역	대전	6	4,534,613
9	2025-01-17 (금)	E3911M	2021-10-13	실버	한일상사	부산	18	5,562,640
10	2025-01-18 (토)	E4234H	2023-04-30	골드	한빛유통	제주	38	8,648,175
11	2025-01-19 (일)	E3426K	2023-05-19	실버	아미상사	천안	43	2,116,276
12	2025-01-20 (월)	F2589D	2023-06-22	실버	정금상사	대전	45	1,001,947
13	2025-01-21 (화)	F2994V	2022-06-17	프리미엄	은하수유통	부산	19	1,051,142
14	2025-01-22 (수)	K4980K	2022-11-22	실버	태형백화점	서울	43	7,455,440
15	2025-01-23 (목)	K9531E	2022-11-09	일반	몽블랑상사	천안	39	5,621,174
16	2025-01-24 (금)	H5334S	2023-02-03	골드	삼미상사	서울	18	8,716,741
17	2025-01-25 (토)	H9003N	2022-10-30	일반	글로벌통상	부산	12	3,592,398
18	2025-01-26 (일)	I2950M	2021-10-19	일반	상도무역	수원	16	2,088,723
19	2025-01-27 (월)	I3309A	2022-02-23	골드	아틀란티스통상	서울	38	6,947,683
20	2025-01-28 (화)	K5102F	2022-02-05	골드	나라백화점	부산	34	8,106,644
21	2025-01-29 (수)	K3465O	2022-09-23	실버	백진주백화점	천안	46	7,352,547
22	2025-01-30 (목)	K3558F	2021-08-31	일반	신세기상사	부산	19	9,077,016
23	2025-01-31 (금)	K9233R	2023-08-17	실버	글로벌통상	부산	11	7,722,499
24	2025-02-01 (토)	L4286E	2022-06-25	골드	서해무역	인천	44	2,661,843
25	2025-02-02 (일)	L9801A	2022-04-13	실버	왕도교역	수원	29	7,262,318
26								

문제	대출번호가 G 또는 K로 시작하는 행 전체
풀이	=OR(LEFT(대출번호, 1)="G", LEFT(대출번호, 1)="K")
문제	국어, 영어, 수학, 과학, 사회 모두 80점 이상인 행 전체
풀이	=COUNTIF(국어:사회, ">=80")=5
문제	대출금액이 5,000,000원대인 행 전체
풀이	=AND(대출금액>=5000000, 대출금액<6000000)
문제	접수일인 주말인 행 전체
풀이	=WEEKDAY(접수일, 2)>=6
문제	접수지점이 강남 이거나 서초인 행 전체
풀이	=OR(접수지점="강남", 접수지점="서초")

CHAPTER

06

선택하여 붙여넣기 /
기타 붙여넣기 옵션

선택하여 붙여넣기 기능은 복사된 원본 데이터 중 사용자가 원하는 서식이나 텍스트만 선택하여 붙여넣기 할 수 있는 기능입니다. 입력된 데이터에 간단한 연산을 적용할 수 있고, 행과 열을 바꾸어 붙여넣기 할 수 있습니다.
기타 붙여넣기 옵션은 셀 혹은 범위 값을 그림 형식으로 붙여 넣거나 원본과 연결하여 사용할 수 있습니다.

출제유형 1 '복사붙여넣기1' 시트에서 다음의 지시사항을 처리하시오.

▶ '참고서류' 시트의 [D2:H5] 영역을 복사하여 [D1] 셀에 '그림' 형식으로 붙여넣기 하시오.
▶ [E9:E18] 영역을 복사하여 [G9:G18] 영역에 모두 붙이고, [F9:F18] 영역을 복사하여 [G9:G18] 영역에 선택하여 붙여넣기 기능을 이용하여 '연산(곱하기)'을 수행하시오.

문제해결 🔑

① '참고서류' 시트의 [D2:H5] 영역을 범위 지정한 후 Ctrl + C를 눌러 복사한다.

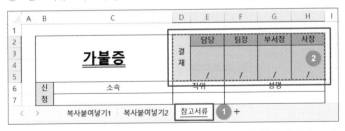

② '복사붙여넣기1' 시트의 [D1] 셀을 선택한 후, [홈]탭-[클립보드] 영역의 [붙여넣기(∨)]를 클릭하여 메뉴를 확장한다. 목록이 나타나면 [기타 붙여넣기 옵션] 범주에서 [그림]을 선택한다.

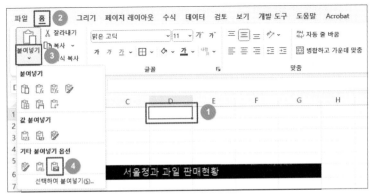

③ [E9:E18] 영역을 범위 지정하여 복사한 후 [G9:G18] 영역에 붙여 넣는다.

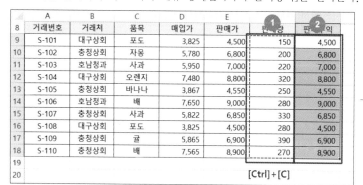

④ [F9:F18] 영역을 범위 지정하여 복사한 후 [G9:G18] 영역을 범위 지정한다. 해당 범위에서 마우스 오른쪽을 클릭하여 바로 가기 메뉴 중 [선택하여 붙여넣기]를 선택한다.

⑤ [선택하여 붙여넣기] 대화상자가 나타나면 '연산' 영역에서 '곱하기' 옵션을 선택한 후 [확인]을 클릭한다.

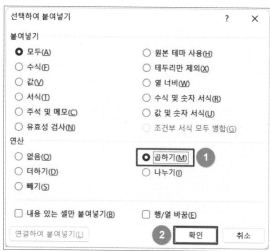

⑥ 최종결과

			결재	담당	팀장	부서장	사장
				/	/	/	/
서울청과 과일 판매현황							
거래번호	거래처	품목	매입가	판매가	판매량	판매수익	
S-101	대구상회	포도	3,825	4,500	150	675,000	
S-102	충청상회	자몽	5,780	6,800	200	1,360,000	
S-103	호남청과	사과	5,950	7,000	220	1,540,000	
S-104	대구상회	오렌지	7,480	8,800	320	2,816,000	
S-105	충청상회	바나나	3,867	4,550	250	1,137,500	
S-106	호남청과	배	7,650	9,000	280	2,520,000	
S-107	충청상회	사과	5,822	6,850	330	2,260,500	
S-108	대구상회	포도	3,825	4,500	280	1,260,000	
S-109	충청상회	귤	5,865	6,900	390	2,691,000	
S-110	충청상회	배	7,565	8,900	270	2,403,000	

출제유형 2 '복사붙여넣기2' 시트에서 다음의 지시사항을 처리하시오.

▶ [A3:G15] 영역을 복사하여 [I3] 셀에 '연결된 그림' 형식으로 붙여넣기 하시오.
▶ [A18:G20] 영역을 복사하여 [A8:G10] 영역에 선택하여 붙여넣기 기능을 이용하여 '값'만 붙여넣기 하시오.

문제해결 🔑

① [A3:G15] 영역을 범위 지정한 후 Ctrl + C를 눌러 복사한다.
② [I3] 셀을 선택한 후, [홈]탭–[클립보드] 영역의 [붙여넣기(∨)]를 클릭하여 메뉴를 확장한다. 목록이 나타나면 [기타 붙여넣기 옵션] 범주에서 [연결된 그림]을 선택한다.

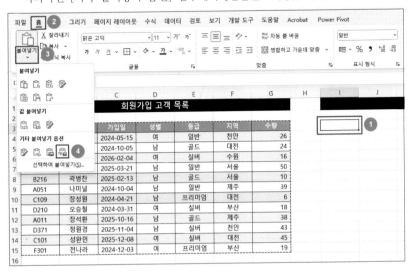

③ [A18:G20] 영역을 범위 지정하여 복사한 후 [A8:G10] 영역을 선택한다. 해당 영역에서 마우스 오른쪽을 클릭하면 나타나는 바로 가기 메뉴 중 [선택하여 붙여넣기]를 선택한다.

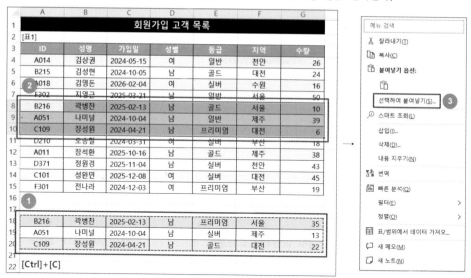

④ [선택하여 붙여넣기] 대화상자가 나타나면 '붙여넣기' 영역에서 '값' 옵션을 선택한 후 [확인]을 클릭한다.

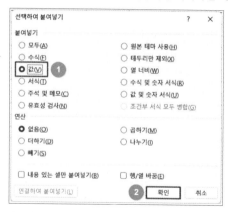

⑤ 최종결과

CHAPTER

07

외부데이터 가져오기 / 텍스트 나누기

외부데이터 가져오기 기능을 사용하면 텍스트 파일(*.txt)의 내용을 엑셀 시트에 삽입할 수 있습니다. 이 과정에서 불필요한 필드를 제거하거나 서식을 변경할 수 있으며, 열 너비를 조정하여 입력을 마무리 할 수 있습니다.

텍스트 나누기 기능은 외부데이터와는 달리 기존 시트에 입력되어 있는 데이터를 구분 기호 또는 일정 너비를 기준으로 구분하여 입력할 수 있습니다. 두 기능에서 사용되는 [텍스트 마법사]의 사용법이 매우 유사하기 때문에 쉽게 익힐 수 있는 기능입니다.

◉ 텍스트 마법사 비활성화

이전 버전과는 다르게 MS Office 2021 이후 버전에서는 [데이터]탭-[텍스트] 메뉴를 선택했을 때 나타나는 대화상자의 모양과 편집 방법이 다릅니다. 따라서 이전 버전과 동일한 방식으로 문제를 해결하기 위해서는 [파일]탭-[옵션] 메뉴의 설정을 변경해야 합니다.

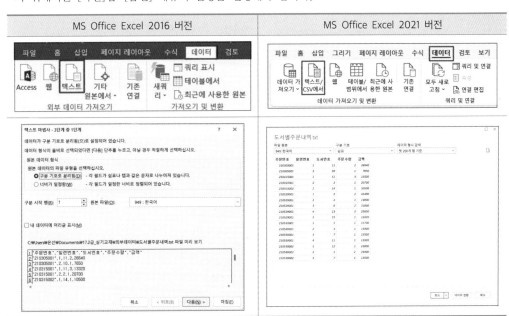

▶ [파일]탭-[옵션] 메뉴 설정 변경 방법

리본 메뉴 중 [파일]탭을 클릭하면 설정 화면이 나타납니다. 화면 하단에 위치한 [옵션]을 선택하여 대화
상자를 표시합니다. 화면 왼쪽에 있는 메뉴 목록에서 [데이터]를 선택한 후, '레거시 데이터 가져오기 마
법사 표시' 영역에서 '텍스트에서(레거시)' 체크박스를 선택하고 [확인]을 클릭합니다.

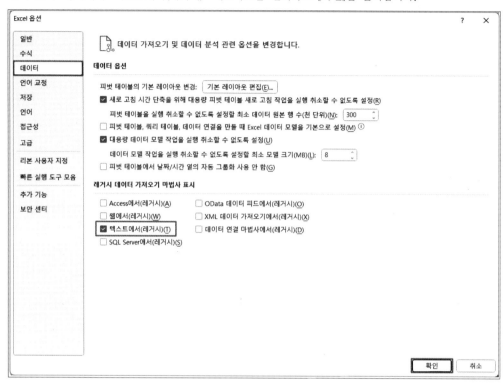

설정 변경 후 [데이터]탭-[외부데이터 가져오기] 목록에서 [레거시 마법사]-[텍스트에서(레거시)]를 선택
하면 이전 버전과 동일한 [텍스트 마법사]를 사용할 수 있습니다.

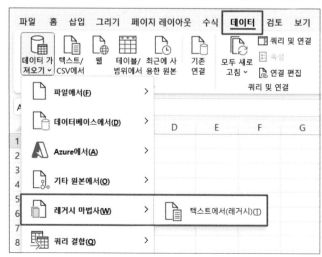

출제유형 1 '외부데이터1' 시트에서 다음의 지시사항을 처리하시오.

다음의 텍스트 파일을 열어 생성된 데이터를 [B4:F21] 영역에 붙여 넣으시오.

▶ 외부 데이터 파일명은 '도서별주문내역.txt'임

▶ 외부 데이터는 쉼표(,)로 구분되어 있음

▶ 열 너비는 조정하지 말 것

문제해결 🔑

① [B4] 셀을 선택한 후 [데이터]탭-[데이터 가져오기 및 변환] 영역의 [데이터 가져오기] 목록에서 [레거시 마법사]-[텍스트에서(레거시)]를 선택한다.

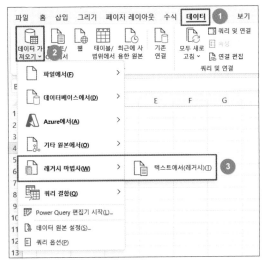

② [텍스트 파일 가져오기] 대화상자가 나타나면 'C:컴활2급₩외부데이터' 폴더에서 '도서별주문내역.txt' 파일을 선택한 후 [가져오기]를 클릭한다.

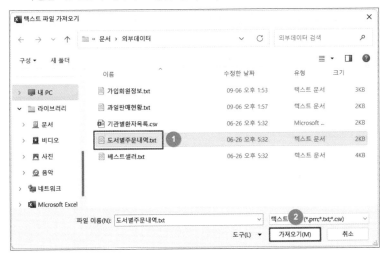

③ [텍스트 마법사-3단계 중 1단계] 대화상자가 나타나면 원본 데이터의 파일 형식을 '구분 기호로 분리됨'으로 선택하고 [다음]을 클릭한다.

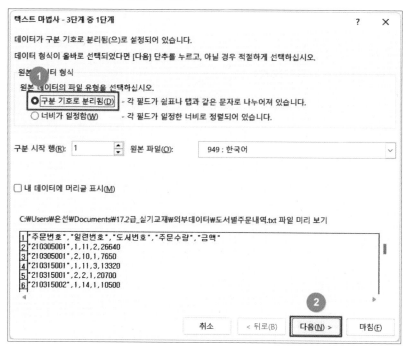

④ [텍스트 마법사-3단계 중 2단계]에서 구분 기호를 '쉼표'로 체크한 후 [다음]을 클릭한다.

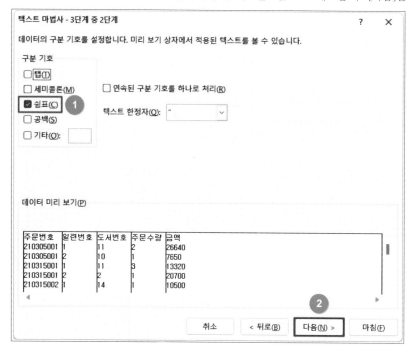

⑤ [텍스트 마법사-3단계 중 3단계]에서는 아무것도 지정하지 않고 [마침]을 클릭한다.

⑥ [데이터 가져오기] 대화상자로 전환되면 [속성]을 선택한다. [외부 데이터 범위 속성] 대화상자의 '데이
터 서식 및 레이아웃 영역'에서 '열 너비 조정'의 체크박스를 해제한 후 [확인]을 차례대로 클릭한다.

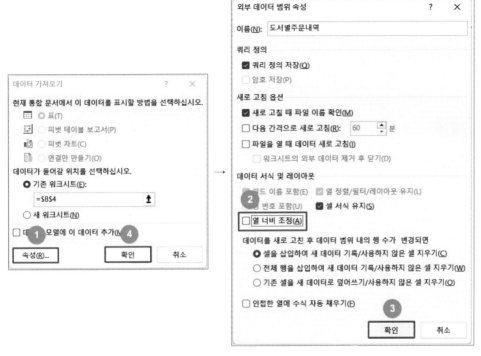

⑦ 최종결과

	A	B	C	D	E	F	G
1							
2		도서별 주문 내역					
3							
4		주문번호	일련번호	도서번호	주문수량	금액	
5		210305001	1	11	2	26640	
6		210305001	2	10	1	7650	
7		210315001	1	11	3	13320	
8		210315001	2	2	1	20700	
9		210315002	1	14	1	10500	
10		210529001	1	2	2	41400	
11		210529001	2	4	1	13600	
12		210529001	3	8	2	21600	
13		210529001	4	13	3	25650	
14		210529001	5	15	1	12420	
15		210530001	1	1	1	11700	
16		210530001	2	3	1	15300	
17		210530001	3	7	1	13500	
18		210530001	4	11	1	13320	
19		210530002	1	12	1	23800	
20		210530002	2	1	2	23400	
21		210530002	3	7	1	13500	
22							

다음의 텍스트 파일을 열어 생성된 데이터를 [A13:F48] 영역에 붙여 넣으시오.

▶ 외부 데이터 파일명은 '추가과일판매현황.txt'임

▶ 외부 데이터는 쉼표(,)로 구분되어 있음

▶ 4번째 열은 가져오지 말 것

문제해결 🔑

① [A13] 셀을 선택한 후 [데이터]탭-[데이터 가져오기 및 변환] 영역의 [데이터 가져오기] 목록에서 [레거시 마법사]-[텍스트에서(레거시)]를 선택한다.

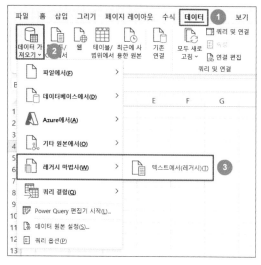

② [텍스트 파일 가져오기] 대화상자가 나타나면 'C:컴활2급₩외부데이터' 폴더에서 '추가과일판매현황.txt' 파일을 선택한 후 [가져오기]를 클릭한다.

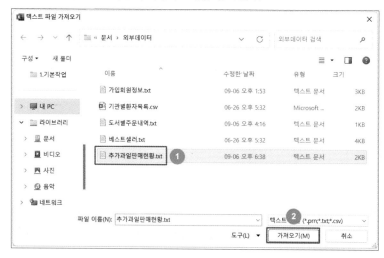

③ [텍스트 마법사-3단계 중 1단계] 대화상자가 나타나면 원본 데이터의 파일 형식을 '구분 기호로 분리됨'으로 선택하고 [다음]을 클릭한다.

④ [텍스트 마법사-3단계 중 2단계]에서 구분 기호를 '쉼표'로 체크한 후 [다음]을 클릭한다.

⑤ [텍스트 마법사-3단계 중 3단계]에서 4번째 열을 선택한 후, '열 데이터 서식' 영역에서 '열 가져오지 않음(건너뜀)' 옵션으로 변경하고 [마침]을 클릭한다.

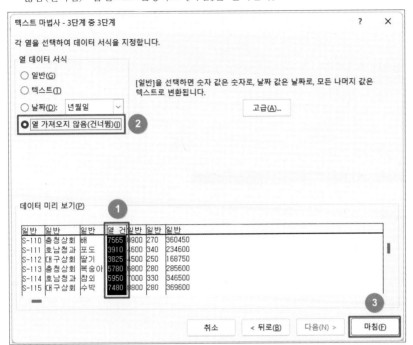

⑥ [데이터 가져오기] 대화상자로 전환되면 [확인]을 클릭한다.

⑦ 최종결과

	A	B	C	D	E	F	G	H
1	서울청과 과일 판매현황							
2								
3	거래번호	거래처	품목	판매가	판매량	매이익금		
4	S-101	대구상회	포도	4500	150	101250		
5	S-102	충청상회	자몽	6800	200	204000		
6	S-103	호남청과	사과	7000	220	231000		
7	S-104	대구상회	오렌지	8800	320	422400		
8	S-105	충청상회	바나나	4550	250	170750		
9	S-106	호남청과	배	9000	280	378000		
10	S-107	충청상회	사과	6850	330	339240		
11	S-108	대구상회	포도	4500	280	189000		
12	S-109	충청상회	귤	6900	390	403650		
13	S-110	충청상회	배	8900	270	360450	- 중간 생략 -	
48	S-145	충청상회	배	6900	390	403650		
49								

[A3:A25] 영역의 데이터를 텍스트 나누기 기능을 사용하여 [A3:G25] 영역에 붙여 넣으시오.

▶ 입력된 데이터는 세미콜론(;)으로 구분되어 있음

문제해결 🔑

① [A3:A25] 영역을 선택한 후 [데이터]탭-[데이터 도구] 영역에서 [텍스트 나누기]를 선택한다.

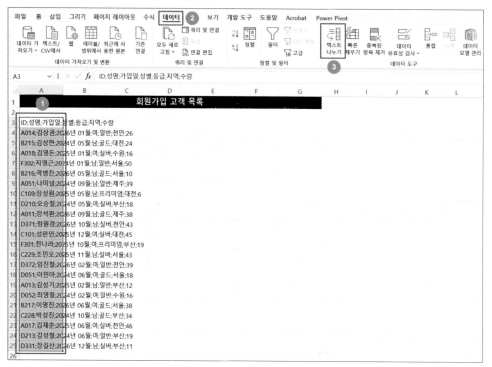

② [텍스트 마법사-3단계 중 1단계] 대화상자가 나타나면 원본 데이터의 파일 형식을 '구분 기호로 분리됨'으로 선택하고 [다음]을 클릭한다.

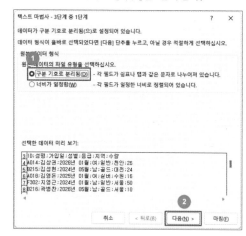

③ [텍스트 마법사-3단계 중 2단계]에서 구분 기호를 '세미콜론'으로 체크한 후 [다음]을 클릭한다.

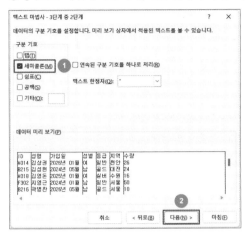

④ [텍스트 마법사-3단계 중 3단계]에서는 아무것도 지정하지 않고 [마침]을 클릭한다.

⑤ 최종결과

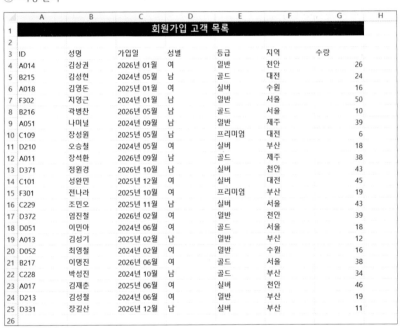

	A	B	C	D	E	F	G	H
1			회원가입 고객 목록					
2								
3	ID	성명	가입일	성별	등급	지역	수량	
4	A014	김상권	2026년 01월	여	일반	천안	26	
5	B215	김성현	2024년 05월	남	골드	대전	24	
6	A018	김영돈	2025년 01월	여	실버	수원	16	
7	F302	지영근	2024년 01월	남	일반	서울	50	
8	B216	곽병찬	2026년 05월	남	골드	서울	10	
9	A051	나미널	2024년 09월	남	일반	제주	39	
10	C109	장성원	2025년 05월	남	프리미엄	대전	6	
11	D210	오승철	2024년 05월	여	실버	부산	18	
12	A011	장석환	2026년 09월	남	골드	제주	38	
13	D371	정원경	2026년 10월	남	실버	천안	43	
14	C101	성완민	2025년 12월	여	실버	대전	45	
15	F301	전나라	2025년 10월	여	프리미엄	부산	19	
16	C229	조민오	2025년 11월	남	실버	서울	43	
17	D372	임진철	2026년 02월	여	일반	천안	39	
18	D051	이민아	2024년 06월	여	골드	서울	18	
19	A013	김성기	2025년 02월	남	일반	부산	12	
20	D052	최영철	2024년 02월	여	일반	수원	16	
21	B217	이명진	2026년 06월	여	골드	서울	38	
22	C228	박성진	2024년 10월	남	골드	부산	34	
23	A017	김재춘	2025년 06월	여	실버	천안	46	
24	D213	김성철	2024년 06월	여	일반	부산	19	
25	D331	장길산	2026년 12월	남	실버	부산	11	
26								

[B2:B20] 영역의 데이터를 텍스트 나누기를 기능을 사용하여 [B2:H20] 영역에 붙여 넣으시오.

▶ 입력된 데이터는 세미콜론(;)으로 구분되어 있음

▶ '가입일' 열의 데이터 서식은 '날짜'로 적용하고, 표시 방법은 '년월일' 방식으로 설정할 것

문제해결 🔑

① [B2:B20] 영역을 선택한 후 [데이터]탭-[데이터 도구] 영역에서 [텍스트 나누기]를 선택한다.

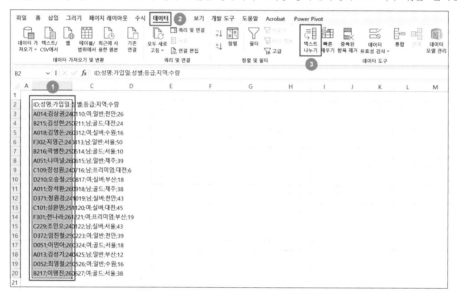

② [텍스트 마법사-3단계 중 1단계] 대화상자가 나타나면 '원본 데이터의 파일 형식'을 '구분 기호로 분리됨'으로 선택하고 [다음]을 클릭한다.

③ [텍스트 마법사-3단계 중 2단계]에서 구분 기호를 '세미콜론'으로 체크한 후 [다음]을 클릭한다.

④ [텍스트 마법사-3단계 중 3단계]에서 '가입일' 필드를 선택한 후 '열 데이터 서식'을 '날짜'로 변경한다. 목록이 활성화되면 '년월일'을 선택하고 [마침]을 클릭한다.

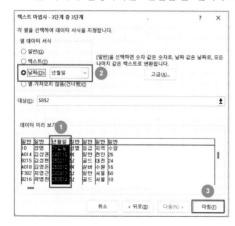

⑤ 최종결과

ID	성명	가입일	성별	등급	지역	수량	
A014	김상권	2024-01-10	여	일반	천안	26	
B215	김성현	2025-02-11	남	골드	대전	24	
A018	김영돈	2026-03-12	여	실버	수원	16	
F302	지영근	2024-04-13	남	일반	서울	50	
B216	곽병찬	2025-05-14	남	골드	서울	10	
A051	나미널	2026-06-15	남	일반	제주	39	
C109	장성원	2024-07-16	남	프리미엄	대전	6	
D210	오승철	2025-08-17	여	실버	부산	18	
A011	장석환	2026-09-18	남	골드	제주	38	
D371	정원경	2024-10-19	남	실버	천안	43	
C101	성완민	2025-11-20	여	실버	대전	45	
F301	전나라	2026-12-21	여	프리미엄	부산	19	
C229	조민오	2024-01-22	남	실버	서울	43	
D372	임진철	2025-02-23	여	일반	천안	39	
D051	이민아	2026-03-24	여	골드	서울	18	
A013	김성기	2024-04-25	남	일반	부산	12	
D052	최영철	2025-05-26	여	일반	수원	16	
B217	이명진	2026-06-27	여	골드	서울	38	

Spread
sheet

PART

02

계산작업

CHAPTER

01

연산자와 참조변환

산술이나 비교 연산의 경우는 계산작업 이외의 다른 문항에서도 출제되고 있습니다. 셀 값을 인수로 사용하는 경우 참조 방식의 변환을 통해 주소 값을 전체 또는 부분적으로 고정할 수 있으며, 이를 활용하여 좀 더 복잡한 형태의 수식을 작성할 수 있습니다.

◉ 연산자의 종류

종류	설명
산술 연산자	+ (더하기) , - (빼기) , * (곱하기) , / (나누기) , ^ (거듭제곱)
논리(비교) 연산자	> (초과) , < (미만) , >= (이상) , <= (이하) , = (같다) , <> (같지 않다)
연결(텍스트) 연산자	&

◉ 참조변환 : [F4]를 눌러 $기호를 붙여줍니다. [F4]를 누를 때마다 $기호의 위치가 변경됩니다.

종류	설명	예제
상대참조	참조 된 셀 주소의 행과 열 모두 변경	B2
절대참조	참조 된 셀 주소의 행과 열 모두 고정	$C$4
혼합참조	참조 된 셀 주소의 행 또는 열 중 일부만 변경	$B2 또는 C$4

상대참조 행열풀림	절대참조 행열고정	혼합참조 열고정	혼합참조 행고정
B2	**$C$4**	**$B2**	**C$4**

	A	B	C	D
1				
2				
3				
4				
5				

	A	B	C	D
1				
2				
3				
4				
5				

◉ 잠깐!

수식을 작성할 때는 결과 범위의 첫 행에서 수식을 작성하고, 나머지는 자동 채우기 드래그를 이용하여 마무리합니다. 이 때 상대참조를 사용하면 채우기 핸들을 사용할 때 자동으로 참조 셀의 위치가 변경되고, 절대참조를 사용하면 행과 열 앞에 $기호가 붙으며 참조 셀의 위치가 고정됩니다.

출제유형 1 '계산' 시트에서 다음의 지시사항을 처리하시오.

① [표1]에서 매출액[D3:D8]을 계산하시오.
  ▶ 매출액 = 판매수량 × 판매단가 × (1 − 할인율[C9])
② [표2]에서 비율[J3:J8]을 계산하시오. |
  ▶ 비율 = 인원수 ÷ 인원수 합계[H9]
③ [표3]에서 급여[D14:D19]을 계산하시오.
  ▶ 급여 = 기본급 + 기본급 × 상여율[C20] + 추가수당
④ [표4]에서 근무시간[I14:I19]을 계산하시오.
  ▶ 근무시간 = 퇴근시간 − 출근시간
  ▶ & 연산자를 사용하여 표시 예(5시간)와 같이 표시할 것
⑤ [표4]에서 수당[J14:J19]을 계산하시오.
  ▶ 수당 = (퇴근시간 − 출근시간) × 시간당 급여[H20]

문제해결 🔑

① [D3]셀에 「=B3*C3*(1−$C$9)」을/를 입력한 뒤 [D8]까지 수식을 복사한다.
② [J3]셀에 「=H3/$H$9」을/를 입력한 뒤 [J8]까지 수식을 복사한다.
③ [D14]셀에 「=B14+B14*$C$20+C14」을/를 입력한 뒤 [D19]까지 수식을 복사한다.
④ [I14]셀에 「=H14−G14&"시간"」을/를 입력한 뒤 [I19]까지 수식을 복사한다.
⑤ [J14]셀에 「=(H14−G14)*$H$20」을/를 입력한 뒤 [J19]까지 수식을 복사한다.

계산결과 ①

	A	B	C	D	E	F	G	H	I	J
1	[표1]	품목별 판매 현황				[표2]	동호회별 모집 현황			
2	품목코드	판매수량	판매단가	① 매출액		동호회	모집정원	인원수	모집비율	② 비율
3	P-199	38	24,840	821,210		가죽공예	6	5	83%	13.9%
4	M-329	27	112,500	2,642,625		도예	6	4	67%	11.1%
5	T-184	45	16,200	634,230		목공예	6	6	100%	16.7%
6	B-223	36	98,800	3,094,416		퀼트	10	7	70%	19.4%
7	H-107	89	25,600	1,982,208		등산	12	8	67%	22.2%
8	Q-275	76	24,840	1,642,421		마라톤	10	6	60%	16.7%
9	할인율		13%			합계	50	36		
10										
11										
12	[표3]	사원별 수당지급현황				[표4]	알바생별 일급여 계산			
13	성명	기본급	추가수당	③ 급여		성명	출근시간	퇴근시간	④ 근무시간	⑤ 수당
14	강경민	1,425,000	114,000	1,824,000		김시우	09:00	18:00	9시간	85,500
15	송나라	2,422,500	193,800	3,100,800		성인모	09:00	16:00	7시간	66,500
16	이민욱	1,900,000	152,000	2,432,000		손국진	10:00	20:00	10시간	95,000
17	홍성아	2,090,000	167,200	2,675,200		양미옥	14:00	22:00	8시간	76,000
18	김아라	1,235,000	98,800	1,580,800		김지택	11:00	20:00	9시간	85,500
19	오나영	1,850,000	148,000	2,368,000		박효신	08:00	15:00	7시간	66,500
20	상여율		20%			시간당 급여		9,500		
21										

CHAPTER 02 날짜/시간 함수

▶ TODAY : 시스템에 설정된 오늘 날짜를 표시

형식	예제	결과
=TODAY( )	=TODAY( )	2024-01-05

▶ NOW : 시스템에 설정된 오늘 날짜와 현재 시간을 표시

형식	예제	결과
=NOW( )	=NOW( )	2024-01-05 18:30

▶ YEAR/MONTH/DAY : 날짜 인수에서 년/월/일을 추출하여 표시

형식	예제	결과
=YEAR(날짜)	=YEAR("2024-1-5")	2024
=MONTH(날짜)	=MONTH("2024-1-5")	1
=DAY(날짜)	=DAY("2024-1-5")	5

▶ HOUR/MINUTE/SECOND : 시간 인수에서 시/분/초를 추출하여 표시

형식	예제	결과
=HOUR(시간)	=HOUR("18:30:46")	18
=MINUTE(시간)	=MINUTE("18:30:46")	30
=SECOND(시간)	=SECOND("18:30:46")	46

▶ DATE : 인수로 입력된 값을 날짜로 변환하여 표시

형식	예제	결과
=DATE(년,월,일)	=DATE(2024,1,5)	2024-1-5

▶ TIME : 인수로 입력된 값을 시간으로 변환하여 표시

형식	예제	결과
=TIME(시,분,초)	=TIME(18,30,46)	06:30 PM

◉ DAYS : 끝날짜와 시작날짜 사이의 차이 값을 일(day) 수로 계산하여 표시

형식	예제	결과
=DAYS(끝날짜,시작날짜)	=DAYS("2024-4-21","2024-4-1")	20

◉ EDATE : 시작날짜로부터 '개월 수'만큼이 지난 날짜의 일련번호를 표시

형식	예제	결과
=EDATE(시작날짜,개월 수)	=EDATE("2024-4-1",2)	45444(2024-6-1의 일련번호)

◉ EOMONTH : 시작날짜로부터 '개월 수'만큼이 지난 달(month)의 마지막 날짜의 일련번호를 표시

형식	예제	결과
=EOMONTH(시작날짜,개월 수)	=EOMONTH("2024-4-1",2)	45473(2024-6-30의 일련번호)

◉ WORKDAY : 시작날짜로부터 주말과 휴일 그리고 '평일 수'만큼이 지난 날짜의 일련번호를 표시

형식	예제	결과
=WORKDAY(시작날짜,평일 수,[휴일])	=WORKDAY("2024-4-1",10)	45397(2024-4-15의 일련번호)

◉ WEEKDAY : 날짜의 요일을 일련번호로 표시

[옵션1] 일요일이 1로 시작, [옵션2] 월요일이 1로 시작, [옵션3] 월요일이 0으로 시작

형식								예제	결과
=WEEKDAY(날짜,[옵션])								=WEEKDAY("2024-4-1",1)	2(월요일)

	월	화	수	목	금	토	일
0	0	1	2	3	4	5	6
1	2	3	4	5	6	7	1
2	1	2	3	4	5	6	7

출제유형 1 **'날짜시간1' 시트에서 다음의 지시사항을 처리하시오.**

① 시스템 상의 오늘 날짜를 [C1] 셀에 표시하시오.
  ▶ TODAY 함수 사용
② 현재 날짜 및 시간을 [C2] 셀에 표시하시오
  ▶ NOW 함수 사용
③ [표1]의 입사일을 이용하여 [D6:D13] 영역에 입사년도를 표시하시오.
  ▶ YEAR 함수 사용
④ [표1]의 입사일과 기준일[E4]을 이용하여 [E6:E13] 영역에 근속기간(일)을 계산하시오.
  ▶ DAYS 함수 사용
⑤ [표2]의 년, 월, 일을 이용하여 [M6:M13] 영역에 생년월일을 표시하시오.
  ▶ DATE 함수 사용

⑥ [표2]의 년과 오늘 날짜를 이용하여 [N6:N13] 영역에 나이를 계산하여 표시 예(35세)와 같이 표시하시오.

▶ 나이 = 오늘 날짜 연도 − 태어난 연도(년)

▶ TODAY, YEAR 함수와 & 연산자 사용

⑦ [표3]의 시작일을 이용하여 [D18:D25] 영역에 요일 구분을 표시하시오.

▶ 요일 구분 계산 시 월요일이 1인 옵션 사용

▶ WEEKDAY 함수 사용

⑧ [표3]의 시작일과 휴직기간(개월)을 이용하여 [F18:F25] 영역에 복직일을 계산하시오.

▶ EDATE 함수 사용

⑨ [표4]의 구매일과 할부기간을 이용하여 [M18:M25] 영역에 결제완료일을 계산하시오.

▶ EDATE 함수 사용

⑩ [표4]의 구매일과 배송기간을 이용하여 [N18:N25] 영역에 배송예정일을 계산하시오.

▶ WORKDAY 함수 사용

문제해결 🔑

① [C1]셀에 「=TODAY()」을/를 입력한다.

② [C2]셀에 「=NOW()」을/를 입력한다.

③ [D6]셀에 「=YEAR(C6)」을/를 입력한 뒤 [D13]까지 수식을 복사한다.

④ [E6]셀에 「=DAYS($E$4,C6)」을/를 입력한 뒤 [E13]까지 수식을 복사한다.

⑤ [M6]셀에 「=DATE(J6,K6,L6)」을/를 입력한 뒤 [M13]까지 수식을 복사한다.

⑥ [N6]셀에 「=YEAR(TODAY())−J6&"세"」을/를 입력한 뒤 [N13]까지 수식을 복사한다.

=YEAR(TODAY())-J6&"세"	
❶-J6&"세"	❶과 J6의 차이 값에 "세"를 붙여 표시
❶ YEAR(TODAY())	'오늘 날짜'에서 '년'을 추출하여 표시

⑦ [D18]셀에 「=WEEKDAY(C18,2)」을/를 입력한 뒤 [D25]까지 수식을 복사한다.

⑧ [F18]셀에 「=EDATE(C18,E18)」을/를 입력한 뒤 [F25]까지 수식을 복사한다.

⑨ [M18]셀에 「=EDATE(J18,K18)」을/를 입력한 뒤 [M25]까지 수식을 복사한다.

⑩ [N18]셀에 「=WORKDAY(J18,L18)」을/를 입력한 뒤 [N25]까지 수식을 복사한다.

계산결과 ⚠

	A	B	C	D	E	F	G	H	I	J	K	L	M	N
1	① 오늘 날짜		2023-07-20											
2	② 현재 날짜 및 시간		2023-07-20 19:46											
3														
4	[표1]			기준일 :	2024-01-01			[표2]						
5	사원명	직위	입사일	③ 입사년도	④ 근속기간(일)			사원명	부서	년	월	일	⑤ 생년월일	⑥ 나이
6	김형기	사원	2023-09-20	2023	103			강경민	총무부	1998	12	1	1998-12-01	25세
7	김정수	부장	2020-01-27	2020	1435			송나라	개발부	1983	7	25	1983-07-25	40세
8	최재형	대리	2023-06-21	2023	194			이민욱	인사부	1986	9	3	1986-09-03	37세
9	김규옥	부장	2020-12-31	2020	1096			홍성아	전산부	1982	8	17	1982-08-17	41세
10	이수원	부장	2017-12-04	2017	2219			김아라	인사부	1992	11	13	1992-11-13	31세
11	신오영	사원	2023-07-12	2023	173			손석희	홍보부	2000	10	23	2000-10-23	23세
12	임희정	과장	2016-09-15	2016	2664			오나영	개발부	1991	1	3	1991-01-03	32세
13	변현진	대리	2022-05-05	2022	606			최송길	회계부	1987	8	2	1987-08-02	36세
14														
15														
16	[표3]							[표4]						
17	사원명	구분	시작일	⑦ 요일 구분	휴직기간(개월)			고객명	상품명	구매일	할부기간	배송기간	⑧ 결제완료일	⑨ 배송예정일
18	김형기	병가	2023-11-20	1	3	2024-02-20		김형기	냉장고	2024-01-10	6	5	2024-07-10	2024-01-17
19	김정수	교육	2024-01-29	1	2	2024-03-29		김정수	TV	2024-01-14	9	7	2024-10-14	2024-01-23
20	최재형	병가	2023-06-21	3	6	2023-12-21		최재형	가습기	2024-01-17	3	3	2024-04-17	2024-01-22
21	김규옥	교육	2024-01-01	1	2	2024-03-01		김규옥	세탁기	2024-01-25	6	5	2024-07-25	2024-02-01
22	이수원	교육	2023-12-08	5	2	2024-02-08		이수원	제습기	2024-02-12	3	3	2024-05-12	2024-02-15
23	신오영	육아휴직	2022-07-11	1	24	2024-07-11		신오영	냉장고	2024-02-23	12	5	2025-02-23	2024-03-01
24	임희정	육아휴직	2023-09-15	5	24	2025-09-15		임희정	TV	2024-01-29	9	5	2024-10-29	2024-02-05
25	변현진	육아휴직	2022-05-05	4	24	2024-05-05		변현진	세탁기	2024-01-29	3	14	2024-04-29	2024-02-16
26														

출제유형 2 '날짜시간2' 시트에서 다음의 지시사항을 처리하시오.

① [표1]의 진급시험일로부터 기준일[E1]까지의 남은기간을 일(day)수로 계산하여 [D3:D10] 영역에 표시하시오.
　▶ DAYS 함수 사용

② [표1]의 진급시험일로부터 5개월이 경과된 달의 1일을 발령 예정일로 계산하여 [E3:E10] 영역에 표시하시오.
　▶ DATE, YEAR, MONTH 함수 사용

③ [표3]의 주문일의 일련번호를 [D15:D22] 영역에 표시하시오.
　▶ 요일 구분 계산 시 월요일이 1인 옵션 사용
　▶ WEEKDAY 함수 사용

④ [표3]의 주문일로부터 결제 기한[E13]이 경과한 결제마감일을 [E15:E22] 영역에 계산하시오.
　▶ WORKDAY 함수 사용

문제해결 🔑

① [D3]셀에 「=DAYS(C3,$E$1)」을/를 입력한 뒤 [D10]까지 수식을 복사한다.

② [E3]셀에 「=DATE(YEAR(C3),MONTH(C3)+5,1)」을/를 입력한 뒤 [E10]까지 수식을 복사한다.

=DATE(YEAR(C3),MONTH(C3)+5,1)	
DATE(❶,❷,1)	❶값은 '년'으로 ❷값은 '월'로 1은 '일'로 처리하는 날짜를 표시
❶ YEAR(C3)	'진급시험일'에서 '년'을 추출한 값을 표시
❷ MONTH(C3)+5	'진급시험일'에서 '월'을 추출한 값에 5를 더하여 표시

③ [D15]셀에 「=WEEKDAY(C15,2)」을/를 입력한 뒤 [D22]까지 수식을 복사한다.

④ [E15]셀에 「=WORKDAY(C15,$E$13)」을/를 입력한 뒤 [E22]까지 수식을 복사한다.

계산결과 ⚠️

	A	B	C	D	E	F	G	H	I
1	[표1]			기준일 :	2024-01-01		[표2] 공휴일		
2	학생명	직위	진급시험일	① 남은기간	② 발령 예정일		휴일	날짜	
3	김형기	사원	2024-04-19	109	2024-09-01		신정	1월 1일	
4	김정수	부장	2024-04-23	113	2024-09-01		설연휴	1월 31일	
5	최재형	대리	2024-04-26	116	2024-09-01		설연휴	2월 1일	
6	김규옥	부장	2024-05-04	124	2024-10-01		설연휴	2월 2일	
7	이수원	부장	2024-05-22	142	2024-10-01		3/1절	3월 1일	
8	신오영	사원	2024-06-02	153	2024-11-01		선거일	3월 9일	
9	임희정	과장	2024-05-08	128	2024-10-01		어린이날	5월 5일	
10	변현진	대리	2024-05-08	128	2024-10-01		현충일	6월 6일	
11									
12									
13	[표3]			결제 기한 :	7				
14	고객명	상품명	주문일	③ 요일 구분	④ 결제마감				
15	강경민	냉장고	2024-01-10	평일	2024-01-19				
16	송나라	TV	2024-01-14	주말	2024-01-23				
17	이민욱	가습기	2024-01-17	평일	2024-01-26				
18	홍성아	세탁기	2024-01-25	평일	2024-02-05				
19	김아라	제습기	2024-02-12	평일	2024-02-21				
20	손석희	냉장고	2024-02-24	주말	2024-03-05				
21	오나영	TV	2024-01-29	평일	2024-02-07				
22	최송길	세탁기	2024-01-29	평일	2024-02-07				
23									

CHAPTER

03

수학/삼각 함수

● SUM : 인수들의 합계를 표시

형식	예제	결과
=SUM(숫자 혹은 범위)	=SUM(10,20,30)	60

● SUMIF : 조건을 만족하는 데이터의 합계를 표시

형식	=SUMIF(조건범위,조건,합계범위)
예제	=SUMIF(부서범위,"총무부",매출범위) =SUMIF(A1:A10,"총무부",C1:C10)
결과	부서(A1:A10)가 "총무부"인 사원의 매출(C1:C10) 합계

● SUMIFS : 조건들을 만족하는 데이터의 합계를 표시

형식	=SUMIFS(합계범위,조건범위1,조건1,조건범위2,조건2,…)
예제	=SUMIFS(매출범위,부서범위,"총무부",호봉범위,">=5") =SUMIFS(C1:C10,A1:A10,"총무부",D1:D10,">=5")
결과	부서(A1:A10)가 "총무부"이면서 호봉(D1:D10)이 5이상인 사원의 매출(C1:C10) 합계

● INT/TRUNC : 실수를 정수로 내려서/버려서 표시

형식	예제	결과
=INT(숫자)	=INT(12.34) / INT(-12.34)	12 / -13
=TRUNC(숫자,[자릿수])	=TRUNC(12.34) / TRUNC(-12.34)	12 / -12

● ROUND/ROUNDUP/ROUNDDOWN : 숫자 인수에서 자릿수까지 반올림/올림/내림하여 표시

형식	예제	결과
=ROUND(숫자,자릿수)	=ROUND(26.132,2)	26.13
=ROUNDUP(숫자,자릿수)	=ROUNDUP(26.132,2)	26.14
=ROUNDDOWN(숫자,자릿수)	=ROUNDDOWN(26.132,2)	26.13

● 자릿수 지정하기 (실수 246,563.13684 반올림 하는 경우)

백의 자리	십의 자리	일의 자리	.	소수 첫째자리	소수 둘째자리	소수 셋째자리
-3	-2	-1	0	1	2	3
247,000	246,600	246,560	246,563	246,563.1	246,563.14	246,563.137

● ABS : 숫자의 절대값을 표시

형식	예제	결과
=ABS(숫자)	=ABS(-123)	123

● SQRT/FACT/POWER : 숫자 인수의 제곱근/계승/거듭제곱 값을 표시

형식	예제	결과
=SQRT(숫자)	=SQRT(9)	3($\sqrt{9}$)
=FACT(숫자)	=FACT(4)	24(1×2×3×4)
=POWER(숫자1,숫자2)	=POWER(2,3)	8(2×2×2)

● QUOTIENT/MOD : 숫자1을 숫자2로 나눈 몫/나머지 표시

형식	예제	결과
=QUOTIENT(숫자1,숫자2)	=QUOTIENT(20,3)	6
=MOD(숫자1,숫자2)	=MOD(20,3)	2

● PRODUCT : 숫자 인수들의 곱을 표시

형식	예제	결과
=PRODUCT(숫자 또는 범위)	=PRODUCT(1,2,3)	6(1×2×3)

출제유형 1 '수학삼각1' 시트에서 다음의 지시사항을 처리하시오.

① [표1]의 기본급과 수당률을 이용하여 [E3:E10] 영역에 성과수당을 계산하여 백의 자리에서 반올림하여 표시하시오.
  ▶ 성과수당 = 기본급 × 수당률
  ▶ 표시 예 : 128,320 → 128,000
  ▶ ROUND 함수 사용

② [표1]의 목표수량과 판매수량의 차이를 계산하여 [H3:H10] 영역에 실적차이를 양수(절대값)로 표시하시오.
  ▶ ABS 함수 사용

③ [표1]의 목표수량과 판매수량을 이용하여 [I3:I10] 영역에 달성률(%)을 계산하여 정수로 표시하시오.
  ▶ 달성률 = 판매수량 ÷ 목표수량 × 100
  ▶ INT 함수 사용

④ [표2]에서 직위가 '사원'인 직원들의 기본급 합계를 [D22] 셀에 계산하시오.
  ▶ SUMIF 함수 사용

⑤ [표3]에서 직위가 '사원'이 아니면서 목표량이 200이상인 직원들의 기본급 합계를 [I22] 셀에 계산하시오
　　▶ SUMIFS 함수 사용

문제해결 🔑

① [E3]셀에 「=ROUND(C3*D3,-3)」을/를 입력한 뒤 [E10]까지 수식을 복사한다.
② [H3]셀에 「=ABS(F3-G3)」을/를 입력한 뒤 [H10]까지 수식을 복사한다.
③ [I3]셀에 「=INT(G3/F3*100)」을/를 입력한 뒤 [I10]까지 수식을 복사한다.
④ [D22]셀에 「=SUMIF(B14:B21,B18,D14:D21)」을/를 입력한다.
⑤ [I22]셀에 「=SUMIFS(I14:I21,G14:G21,"<>사원",H14:H21,">=200")」을/를 입력한다.

계산결과 ⚠️

	A	B	C	D	E	F	G	H	I
1	[표1]	직원별 실적 조회							
2	직원명	직위	기본급	수당률	① 성과수당	목표수량	판매수량	② 실적차이	③ 달성률(%)
3	김형기	부장	2,550,000	5.0%	128,000	6,000	7,200	1,200	120
4	김정수	부장	2,650,000	5.0%	133,000	6,000	3,900	2,100	65
5	최재형	과장	2,450,000	4.5%	110,000	5,000	7,800	2,800	156
6	김규옥	대리	1,850,000	3.0%	56,000	4,000	4,920	920	123
7	이수원	과장	2,000,000	4.5%	90,000	5,000	3,900	1,100	78
8	신오영	대리	1,950,000	3.0%	59,000	4,000	4,400	400	110
9	임희정	사원	1,650,000	2.5%	41,000	3,000	4,020	1,020	134
10	변현진	사원	1,450,000	2.5%	36,000	3,000	2,760	240	92
11									
12	[표2]	직원별 급여 내역			[표3]	직원별 급여 내역			
13	직원명	직위	수당률	기본급	직원명	직위	목표량	기본급	
14	김상권	부장	5.0%	2,550,000	김시우	부장	281	2,550,000	
15	김성현	과장	4.5%	2,000,000	성인모	과장	152	2,650,000	
16	김영돈	대리	3.0%	1,950,000	손국진	대리	365	2,450,000	
17	지영근	부장	5.0%	2,650,000	양미옥	부장	288	1,850,000	
18	곽병찬	사원	2.5%	1,650,000	김지택	사원	183	2,000,000	
19	나미녈	과장	4.5%	2,450,000	박효신	과장	257	1,950,000	
20	장성원	사원	2.5%	1,450,000	이국진	사원	314	1,650,000	
21	오승철	대리	3.0%	1,850,000	이한나	대리	215	1,450,000	
22	④ 직위가 사원인 기본급 합계			3,100,000	⑤ 사원이 아니면서 목표량이 200이상			10,250,000	
23									

출제유형 2 　'수학삼각2' 시트에서 다음의 지시사항을 처리하시오.

① [표1]의 1분기, 2분기, 3분기, 4분기 금액 합계를 백의 자리에서 내림하여 표시하는 누적금액을 [H3:H10] 영역에 계산하시오.
　　▶ 표시 예 : 1,185,230 → 1,185,000
　　▶ ROUNDDOWN, SUM 함수 사용
② [표2]에서 구매수량을 포장단위[F13]로 나눈 몫을 계산하여 [E15:E22] 영역에 박스포장 개수를 계산하시오.
　　▶ QUOTIENT, MOD 중 알맞은 함수 선택 사용
③ [표2]에서 구매수량을 포장단위[F13]로 나눈 나머지를 계산하여 [F15:F22] 영역에 개별포장 개수를 계산하시오.
　　▶ QUOTIENT, MOD 중 알맞은 함수 선택 사용

④ [표2]에서 지역이 '인천'인 고객들의 구매수량 합계를 [D23] 셀에 계산하시오.

  ▶ 표시 예 : 560개
  ▶ SUMIF 함수와 & 연산자 사용

문제해결 🔑

① [H3]셀에 「=ROUNDDOWN(SUM(D3:G3),−3)」를 입력한 뒤 [H10]까지 수식을 복사한다.

② [E15]셀에 「=QUOTIENT(D15,$F$13)」를 입력한 뒤 [E22]까지 수식을 복사한다.

③ [F15]셀에 「=MOD(D15,$F$13)」를 입력한 뒤 [F22]까지 수식을 복사한다.

④ [D23]셀에 「=SUMIF(B15:B22,B18,D15:D22)&"개"」를 입력한다.

계산결과 ⓘ

	A	B	C	D	E	F	G	H
1	[표1]	고객별 구매 현황						
2	고객명	지역	가입일	1분기	2분기	3분기	4분기	① 누적금액
3	강경민	서울	2024-01-10	579,000	295,200	246,000	720,000	1,840,000
4	송나라	경기	2024-01-14	164,000	700,800	584,000	605,280	2,054,000
5	이민욱	서울	2024-01-17	345,000	738,000	615,000	480,150	2,178,000
6	홍성아	인천	2024-01-25	642,000	466,800	389,000	1,212,500	2,710,000
7	김아라	수원	2024-02-12	469,000	465,600	388,000	240,000	1,562,000
8	손석희	경기	2024-02-24	246,000	762,000	635,000	441,000	2,084,000
9	오나영	인천	2024-01-29	584,000	594,000	495,000	980,000	2,653,000
10	최송길	수원	2024-01-29	615,000	770,400	642,000	204,000	2,231,000
11								
12								
13	[표2]	고객별 구매 내역			포장단위 :		24	
14	고객명	지역	구매일	구매수량	② 박스포장	③ 개별포장		
15	김시우	서울	2024-01-10	282	11	18		
16	성인모	경기	2024-01-14	152	6	8		
17	손국진	서울	2024-01-17	356	14	20		
18	양미옥	인천	2024-01-25	290	12	2		
19	김지택	수원	2024-02-12	182	7	14		
20	박효신	경기	2024-02-24	256	10	16		
21	이국진	인천	2024-01-29	314	13	2		
22	이한나	수원	2024-01-29	215	8	23		
23	④ 인천 지역의 구매수량 합계			604개				
24								

CHAPTER

04 통계 함수

◉ AVERAGE : 인수들의 평균을 표시

형식	예제	결과
=AVERAGE(숫자 혹은 범위)	=AVERAGE(10,20,30)	20

◉ AVERAGEIF : 조건을 만족하는 데이터의 평균을 표시

형식	=AVERAGEIF(조건범위,조건,평균범위)
예제	=AVERAGEIF(부서범위,"총무부",매출범위) =AVERAGEIF(A1:A10,"총무부",C1:C10)
결과	부서(A1:A10)가 "총무부"인 사원의 매출(C1:C10) 평균

◉ AVERAGEIFS : 조건들을 만족하는 데이터의 평균을 표시

형식	=AVERAGEIFS(평균범위,조건범위1,조건1,조건범위2,조건2,…)
예제	=AVERAGEIFS(매출범위,부서범위,"총무부",호봉범위,">=5") =AVERAGEIFS(C1:C10,A1:A10,"총무부",D1:D10,">=5")
결과	부서(A1:A10)가 "총무부"이면서 호봉(D1:D10)이 5이상인 사원의 매출(C1:C10) 평균

◉ MEDIAN : 인수들의 중간값을 표시

형식	예제	결과
=MEDIAN(숫자 혹은 범위)	=MEDIAN(10,20,30)	20

◉ MAX/MAXA : 인수들 중 최대값을 표시

형식	예제	결과
=MAX(숫자 혹은 범위)	=MAX(10,20,30)	30
=MAXA(숫자 혹은 범위)	=MAXA(0,0.5,TRUE)	1(TRUE)

◉ MIN/MINA : 인수들 중 최소값을 표시

형식	예제	결과
=MIN(숫자 혹은 범위)	=MIN(10,20,30)	10
=MINA(숫자 혹은 범위)	=MINA(1,0.5,FALSE)	0(FALSE)

◉ LARGE/SMALL : 범위 내에서 지정한 '번째 수' 만큼 큰/작은 값을 표시

형식	예제	결과
=LARGE(범위,번째 수)	=LARGE({10,20,30},1)	30
=SMALL(범위,번째 수)	=SMALL({10,20,30},1)	10

◉ STDEV.S/VAR.S : 표본 범위의 표준편차/분산 값을 표시

형식	예제	결과
=STDEV.S(숫자 혹은 범위)	=STDEV.S(10,30,50)	20
=VAR.S(숫자 혹은 범위)	=VAR.S(10,30,50)	400

◉ MODE.MULT/MODE.SNGL : 범위 내의 최대 빈도값을 표시

[MODE.MULT] 빈도값이 2개 이상이면 모두 표시, [MODE.SNGL] 빈도값이 2개 이상이면 하나만 표시

형식	예제	결과
=MODE.SNGL(숫자 혹은 범위)	=MODE.SNGL(10,20,10,10,30,20,40)	10

◉ RANK.EQ/RANK.AVG : 범위 내에서 기준의 순위를 구하여 표시

[옵션0] 내림차순(큰 숫자가 상위), [옵션1] 오름차순(작은 숫자가 상위)

[RANK.EQ] 동률이면 높은 순위가 반환, [RANK.AVG] 동률이면 평균 순위가 반환

형식	예제	결과
=RANK.EQ(기준,열/행범위,[옵션])	=RANK.EQ(10,{10,20,30},0)	3

◉ COUNT/COUNTA/COUNTBLANK : 범위 내에서 숫자 값/공백이 아닌 값/공백 값인 셀의 개수를 표시

형식	예제	결과
=COUNT(범위)	=COUNT(10,20,"","A","나")	2
=COUNTA(범위)	=COUNTA(10,20,"","A","나")	4
=COUNTBLANK(범위)	=COUNTBLANK(10,20,"","A","나")	1

◉ COUNTIF : 조건을 만족하는 값의 개수를 표시

형식	=COUNTIF(조건범위,조건)
예제	=COUNTIF(부서범위,"총무부") =COUNTIF(A1:A10,"총무부")
결과	부서(A1:A10)가 "총무부"인 사원의 인원수

◉ COUNTIFS : 조건들을 만족하는 값의 개수를 표시

형식	=COUNTIFS(조건범위1,조건1,조건범위2,조건2,...)
예제	=COUNTIFS(부서범위,"총무부",호봉범위,">=5") =COUNTIFS(A1:A10,"총무부",D1:D10,">=5")
결과	부서(A1:A10)가 "총무부"이면서 호봉(D1:D10)이 5이상인 사원의 인원수

출제유형 1 '통계1' 시트에서 다음의 지시사항을 처리하시오.

① [표1]의 컴퓨터개론, 전자계산학, 시스템분석 3과목의 평균점수를 [E3:E10] 영역에 소수 첫째자리 까지만 남기고 모두 버려 표시하시오.
   ▶ 표시 예 : 83.666 → 86.6
   ▶ AVERAGE, TRUNC 함수 사용

② [표1]의 컴퓨터개론, 전자계산학, 시스템분석 과목 중 점수가 70점 이상인 이수과목수를 계산하여 [G3:G10] 영역에 표시하시오.
   ▶ COUNTIF 함수 사용

③ [표1]에서 총점이 높은 수험자가 1위가 되도록 순위를 구하여 [H3:H10] 영역에 표시 예(3위)와 같이 표시하시오.
   ▶ RANK.EQ 함수와 & 연산자 사용

④ [표2]에서 직원과 '과장'인 직원들의 기본급 평균을 [D22] 셀에 계산하시오.
   ▶ AVERAGEIF 함수 사용

⑤ [표3]에서 목표량이 전체 목표량의 평균 이상인 직원수를 [I22] 셀에 표시 예(2명)와 같이 표시하시오.
   ▶ COUNTIF, AVERAGE 함수와 & 연산자 사용

문제해결 🔑

① [E3]셀에 「=TRUNC(AVERAGE(B3:D3),1)」을/를 입력한 뒤 [E10]까지 수식을 복사한다.

② [G3]셀에 「=COUNTIF(B3:D3,">=70")」을/를 입력한 뒤 [G10]까지 수식을 복사한다.

③ [H3]셀에 「=RANK.EQ(F3,$F$3:$F$10,0)&"위"」을/를 입력한 뒤 [H10]까지 수식을 복사한다.

=RANK.EQ(F3,$F$3:$F$10,0)&"위"

   RANK.EQ의 3번째 인수인 옵션은 0(내림)과 1(오름)이 있다.
   해당 문제에서는 높은 점수가 우선 순위로 처리되어야 하기 때문에 내림차순 옵션을 선택한다.

④ [D22]셀에 「=AVERAGEIF(B14:B21,B15,D14:D21)」을/를 입력한다.

⑤ [I22]셀에 「=COUNTIF(H14:H21,">="&AVERAGE($H$14:$H$21))&"명"」을/를 입력한다.

=COUNTIF(H14:H21,">="&AVERAGE($H$14:$H$21))&"명"	
COUNTIF(H14:H21,❶)&"명"	'목표량' 범위 중 ❶조건을 만족하는 값을 계산하고 "명"을 붙여 표시
❶ ">="&AVERAGE($H$14:$H$21)	'목표량 범위의 평균' 이상인지 여부를 판단

	A	B	C	D	E	F	G	H	I
1	[표1]	수험자별 점수 현황							
2	수험자	컴퓨터개론	전자계산학	시스템분석	① 평균점수	총점	② 이수과목수	③ 순위	
3	김형기	75	85	91	83.6	251	3	3위	
4	김정수	68	62	72	67.3	202	1	8위	
5	최재형	78	80	90	82.6	248	3	4위	
6	김규옥	63	79	89	77	231	2	5위	
7	이수원	83	85	97	88.3	265	3	2위	
8	신오영	65	77	82	74.6	224	2	7위	
9	임희정	78	99	89	88.6	266	3	1위	
10	변현진	82	78	69	76.3	229	2	6위	
11									
12	[표2]	직원별 급여 내역			[표3]		직원별 급여 내역		
13	직원명	직위	수당률	기본급	직원명	직위	목표량	기본급	
14	김상권	부장	5.0%	2,550,000	김시우	부장	281	2,550,000	
15	김성현	과장	4.5%	2,000,000	성인모	과장	152	2,650,000	
16	김영돈	대리	3.0%	1,950,000	손국진	대리	365	2,450,000	
17	지영근	부장	5.0%	2,650,000	양미옥	부장	288	1,850,000	
18	곽병찬	사원	2.5%	1,650,000	김지택	사원	183	2,000,000	
19	나미널	과장	4.5%	2,450,000	박효신	과장	257	1,950,000	
20	장성원	사원	2.5%	1,450,000	이국진	사원	314	1,650,000	
21	오승철	대리	3.0%	1,850,000	이한나	대리	215	1,450,000	
22	④ 직위가 과장인 기본급 평균			2,225,000	⑤ 목표량이 평균 이상인 직원수			5명	
23									

출제유형 2 '통계2' 시트에서 다음의 지시사항을 처리하시오.

① [표1]에서 1분기부터 4분기 금액 중 최고금액과 최소금액의 차이를 [I3:I10] 영역에 계산하시오.
   ▶ MAX, MIN 함수 사용

② [표1]의 반품액을 기준으로 순위를 구하여 [J3:J10] 영역에 구매완료를 표시 예(3순위)와 같이 표시하시오.
   ▶ 반품액 값이 적으면 1순위 적용
   ▶ RANK.EQ 함수와 & 연산자 사용

③ [표1]에서 반품액의 표준편차를 [H11] 셀에 계산하시오.
   ▶ VAR.S, STDEV.S 함수 중 알맞은 함수 사용

④ [표1]에서 빈도수가 높은 고객유형의 반품액 평균을 [H12] 셀에 계산하시오.
   ▶ AVERAGEIF, MODE.SNGL 함수 사용

⑤ [표2]에서 수험자별 1과목, 2과목, 3과목의 평균이 전체 과목 평균 이상이라면 "우수" 아니라면 공란으로 계산하여 [G17:G24] 영역에 합격여부를 표시하시오.
   ▶ IF, AVERAGE 함수 사용

⑥ [표2]에서 총점을 기준으로 점수가 높은 상위 3명은 순위[H17:H24]를 표시 예(1위)와 같이 표시하고 나머지는 공란으로 표시하시오.
   ▶ IF, RANK.EQ 함수와 & 연산자 사용

⑦ [표2]의 응시여부를 이용하여 시험에 응시한 인원수를 표시 예(3명)과 같이 [F25] 셀에 표시하시오.
   ▶ COUNT, COUNTA, COUNTBLANK 중 알맞은 함수와 & 연산자 사용

⑧ [표2]의 응시여부를 이용하여 시험에 응시하지 않은 인원수를 표시 예(2명)과 같이 [F26] 셀에 표시하시오.
   ▶ COUNTIF 함수와 & 연산자 사용

문제해결 🔑

① [I3]셀에 「=MAX(D3:G3)−MIN(D3:G3)」을/를 입력한 뒤 [I10]까지 수식을 복사한다.

② [J3]셀에 「=RANK.EQ(H3,$H$3:$H$10,1)&**"순위"**」을/를 입력한 뒤 [J10]까지 수식을 복사한다.

③ [H11]셀에 「=STDEV.S(H3:H10)」을/를 입력한다.

④ [H12]셀에 「=AVERAGEIF(C3:C10,MODE.SNGL(C3:C10),H3:H10)」을/를 입력한다.

=AVERAGEIF(C3:C10,MODE.SNGL(C3:C10),H3:H10)	
AVERAGEIF(C3:C10,❶,H3:H10)	'고객유형' 필드 중 ❶조건을 만족하는 '반품액'의 평균을 계산
❶ MODE.SNGL(C3:C10)	'고객유형' 범위 안에서 최대 빈도값을 표시 → 2

⑤ [G17]셀에 「=IF(AVERAGE(B17:D17)>=AVERAGE($B$17:$D$24),**"우수"**,**""**)」을/를 입력한 뒤 [G24] 까지 수식을 복사한다.

⑥ [H17]셀에 「=IF(RANK.EQ(E17,$E$17:$E$24,0)<=3,RANK.EQ(E17,$E$17:$E$24,0)&**"위"**,**""**)」을/를 입력한 뒤 [H24]까지 수식을 복사한다.

=IF(RANK.EQ(E17,$E$17:$E$24,0)<=3,RANK.EQ(E17,$E$17:$E$24,0)&"위","")	
IF(❶,❷,"")	❶조건을 만족하면 ❷를 표시하고 아니면 ""(공란)을 표시
❶ RANK.EQ(E17,$E$17:$E$24,0)<=3	'총점'의 내림차순 순위가 3이하면(1~3) True를 반환
❷ RANK.EQ(E17,$E$17:$E$24,0)&"위"	구해진 순위에 "위"를 붙여 표시

⑦ [F25]셀에 「=COUNTA(F17:F24)&**"명"**」을/를 입력한다.

⑧ [F26]셀에 「=COUNTIF(F17:F24,**""**)&**"명"**」을/를 입력한다.

계산결과 ！

	A	B	C	D	E	F	G	H	I	J
1	[표1]	고객별 구매 현황								
2	고객명	지역	고객유형	1분기	2분기	3분기	4분기	반품액	① 최고-최소	② 구매완료
3	강경민	서울	1	579,000	295,200	246,000	720,000	20,300	474,000	3순위
4	송나라	경기	1	164,000	700,800	584,000	605,280	26,100	536,800	6순위
5	이민욱	서울	2	345,000	738,000	615,000	480,150	24,400	393,000	5순위
6	홍성아	인천	4	642,000	466,800	389,000	1,212,500	33,600	823,500	8순위
7	김아라	수원	3	469,000	465,600	388,000	240,000	14,100	229,000	1순위
8	손석희	경기	2	246,000	762,000	635,000	441,000	24,100	516,000	4순위
9	오나영	인천	4	584,000	594,000	495,000	980,000	31,500	485,000	7순위
10	최송길	수원	2	615,000	770,400	642,000	204,000	19,500	566,400	2순위
11			③ 반품액의 표준편차					6,377		
12			④ 가장 많은 고객유형의 반품액 평균					22,667		
13										
14										
15	[표2]	수험자별 점수 현황								
16	수험자	1과목	2과목	3과목	총점	응시여부	⑤ 합격여부	⑥ 순위		
17	김형기	75	85	91	251	O	우수	3위		
18	김청수	68	62	43	173	O				
19	최재형	0	0	0	0					
20	김규옥	63	79	89	231	O	우수			
21	이수원	83	85	97	265	O	우수	2위		
22	신오영	65	62	58	185	O				
23	임희정	78	99	89	266	O	우수	1위		
24	변현진	82	78	69	229	O	우수			
25			⑦ 시험 응시인원			7명				
26			⑧ 시험 미응시인원			1명				
27										

CHAPTER

05 논리 함수

▶ **IF : 조건을 만족하면 참 값을 아니라면 거짓 값을 표시**

형식	예제	결과
=IF(조건,참,거짓)	=IF(평균>=70,"합격","불합격") =IF(B3>=70,"합격","불합격")	평균(B3)값이 70이상이면 "합격", 아니라면 "불합격" 표시

▶ **AND : 모든 조건이 참이면 TRUE, 아니면 FALSE를 표시**

형식	예제	결과
=AND(조건1,조건2,....)	=AND(10>5,10>20)	FALSE

▶ **OR : 한 조건이라도 참이면 TRUE, 아니면 FALSE를 표시**

형식	예제	결과
=OR(조건1,조건2,....)	=OR(10>5,10>20)	TRUE

▶ **NOT : 논리식의 결과를 반대로 표시**

형식	예제	결과
=NOT(조건)	=NOT(10>5)	FALSE

▶ **TRUE/FALSE : 논리값을 TRUE/FALSE로 표시**

형식	예제	결과
=TRUE( )	=TRUE( )	TRUE
=FALSE( )	=FALSE( )	FALSE

▶ **IFERROR : 수식에 오류가 있으면 '오류 시 표시될 값'을 반환하여 표시**

형식	예제	결과
=IFERROR(수식,오류 시 표시될 값)	=IFERROR(#VALUE,"입력오류")	입력오류

▶ **IFS : 하나 이상의 조건이 충족되는지 확인하고 n번째 조건에 해당하는 n번째 참값을 반환하여 표시**

형식	예제	결과
=IFS(조건1,참1,조건2,참2,...)	=IFS(평균>=70,"합격",평균<70,"불합격") .=IFS(B3>=70,"합격",B3<70,"불합격")	평균(B3)값이 70이상이면 "합격", 70미만이면 "불합격" 표시

◉ SWITCH : 평가값이 비교값과 일치하는 결과값을 반환하여 표시하고, 모든 비교값과 불일치하는 경우 기본값을 반환하여 표시

형식	예제	결과
=SWITCH(평가값,비교값1,결과값1,비교값2,결과값2,...,기본값)	=SWITCH(등급,"A","우수","B","보통","부적합") =SWITCH(B3,"A","우수","B","보통","부적합")	등급(B3)값이 "A"면 "우수", "B"면 "보통" 나머지는 "부적합"으로 표시

출제유형 1 '논리1' 시트에서 다음의 지시사항을 처리하시오.

① [표1]의 서류 점수가 60이상이면 "O" 아니라면 "X"로 1차[C3:C11] 영역에 표시하시오.
　▶ IF 함수 사용

② [표1]의 필기와 실기 점수 모두 70이상이면 "합격" 아니라면 "불합격"으로 2차[F3:F11] 영역에 표시하시오.
　▶ IF, AND, OR 중 알맞은 함수 사용

③ [표1]의 면접 점수가 90점 이상이면 "A", 80점 이상이면 "B", 70점 이상이면 "C" 나머지는 공란으로 3차[H3:H11] 영역에 표시하시오.
　▶ IFS 함수 사용

④ [표1]의 필기 또는 실기 점수가 80점 이상이면서, 면접 점수가 80점 이상이면 "입사확정" 아니라면 공란으로 최종[I3:I11] 영역에 표시하시오.
　▶ IF, AND, OR 함수 사용

⑤ [표2]의 판매량이 400이상이면 기본급에 5%를 곱하고, 판매량이 200이상이면 기본급에 3%를 곱하고, 나머지는 0으로 기본수당을 계산하여 [O3:O11] 영역에 표시하시오.
　▶ IF 함수 사용

⑥ [표2]에서 목표량[P1]과 판매량의 차이가 300이상이면 10, 100이상이면 5, 100미만이면 0으로 패널티를 계산하여 [P3:P11] 영역에 표시하시오.
　▶ IF 함수 사용

문제해결 🔑

① [C3]셀에 「=IF(B3>=60,"O","X")」을/를 입력한 뒤 [C11]까지 수식을 복사한다.
② [F3]셀에 「=IF(AND(D3>=70,E3>=70),"합격","불합격")」을/를 입력한 뒤 [F11]까지 수식을 복사한다.

=IF(AND(D3>=70,E3>=70),"합격","불합격")	
IF(❶,"합격","불합격")	❶조건의 결과가 참이면 "합격" 아니면 "불합격"
❶ AND(D3>=70,E3>=70)	'필기'와 '실기' 모두 70이상이면 True를 반환

③ [H3]셀에 「=IFS(G3>=90,"A",G3>=80,"B",G3>=70,"C",G3<70,"")」을/를 입력한 뒤 [H11]까지 수식을 복사한다.
④ [I3]셀에 「=IF(AND(OR(D3>=80,E3>=80),G3>=80),"입사확정","")」을/를 입력한 뒤 [I11]까지 수식을 복사한다.

=IF(AND(OR(D3>=80,E3>=80),G3>=80),"입사확정","")	
IF(AND(❶,❷),"입사확정","")	모든 조건이 참이면 "입사확정" 아니면 ""(공란)
❶ OR(D3>=80,E3>=80)	'필기'와 '실기' 중 하나라도 80이상이면 True를 반환
❷ G3>=80	'면접'이 80이상이면 True를 반환

⑤ [O3]셀에 「=IF(M3>=400,N3*5%,IF(M3>=200,N3*3%,0))」을/를 입력한 뒤 [O11]까지 수식을 복사한다.

=IF(M3>=400,N3*5%,IF(M3>=200,N3*3%,0))	
IF(M3>=400,N3*5%,❶)	'판매량'이 400이상이면 '기본급'에 5%를 곱하고 아니면 ❶
❶ IF(M3>=200,N3*3%,0)	'판매량'이 200이상이면 '기본급'에 3%를 곱하고 아니면 0

⑥ [P3]셀에 「=IF($P$1-M3>=300,10,IF($P$1-M3>=100,5,0))」을/를 입력한 뒤 [P11]까지 수식을 복사한다.

=IF($P$1-M3>=300,10,IF($P$1-M3>=100,5,0))	
IF($P$1-M3>=300,10,❶)	'목표량'과 '판매량'의 차이가 300이상이면 10 아니면 ❶
❶ IF($P$1-M3>=100,5,0)	'목표량'과 '판매량'의 차이가 100이상이면 5 아니면 0

계산결과 ⚠

	A	B	C	D	E	F	G	H	I	J	K	L	M	N	O	P
1	[표1]	신입사원 입사 전형									[표2]	직원별 급여 내역			목표량 :	500
2	응시코드	서류	① 1차	필기	실기	② 2차	면접	③ 3차	④ 최종		직원명	직위	판매량	기본급	⑤ 기본수당	⑥ 패널티
3	T-01	79	O	76	58	불합격	68				김상권	부장	481	2,550,000	127,500	-
4	T-02	88	O	95	89	합격	88	B	입사확정		김성현	과장	152	2,650,000	-	10
5	T-03	56	X	42	55	불합격	52				김영돈	대리	365	2,450,000	73,500	5
6	T-04	71	O	65	56	불합격	70	C			지영근	부장	288	1,850,000	55,500	5
7	T-05	90	O	92	94	합격	92	A	입사확정		곽병찬	사원	183	2,000,000	-	10
8	T-06	81	O	86	71	합격	76	C			나미널	과장	364	1,950,000	58,500	5
9	T-07	80	O	79	83	합격	87	B	입사확정		장성원	사원	414	1,650,000	82,500	-
10	T-08	48	X	59	62	불합격	51				오승철	대리	215	1,450,000	43,500	5
11	T-09	76	O	54	62	불합격	69				임지현	대리	389	1,500,000	45,000	5
12																

출제유형 2 '논리2' 시트에서 다음의 지시사항을 처리하시오.

① [표1]에서 분류번호가 홀수면 20% 아니라면 10%로 할인율[F3:F10] 영역에 표시하시오.
  ▶ IF, MOD 함수 사용

② [표1]에서 재고량이 전체 재고량의 중간 값보다 작거나 같으면 "발주" 아니라면 "재고소진"으로 재주문 여부[G3:G10] 영역에 표시하시오.
  ▶ IF, MEDIAN 함수 사용

③ [표2]에서 총점이 가장 높으면 "최고점수", 총점이 가장 낮으면 "최저점수" 나머지는 공란으로 비고[N3:N10] 영역에 표시하시오.
  ▶ IF, MAX, MIN 함수 사용

④ [표2]의 컴퓨터개론, 전자계산학, 시스템분석 3과목이 모두 80점 이상이라면 "우수" 아니라면 공란으로 성적우수자[O3:O10] 영역에 표시하시오.
  ▶ IF, AND 함수 사용

⑤ [표3]에서 판매량이 높은 상위 3명은 10% 아니라면 "해당없음"으로 보너스지급율을 계산하여 [E15:E22] 영역에 표시하시오.
  ▶ IF, RANK.EQ 함수 사용

⑥ [표3]의 판매총액을 이용하여 상여금을 [F15:F22] 영역에 계산하시오.
  ▶ 상여금 = 판매총액 × 보너스지급율
  ▶ 단, 오류 발생 시 상여금은 0으로 처리할 것
  ▶ IFERROR 함수 사용

⑦ [표3]의 영업부서 번호를 이용하여 담당지역을 [G15:G22] 영역에 표시하시오.
  ▶ [표4] 지역 기준표를 참고하여 1이면 "서구", 2면 "동구", 3이면 "남구", 4면 "북구"라 표시할 것
  ▶ SWITCH 함수 사용

⑧ [표3]의 판매량과 목표량을 이용하여 달성률을 계산하고 이를 기준으로 달성등급을 [I15:I22] 영역에 표시하시오.
  ▶ 달성율이 150% 이상이면 "상", 90% 이상이면 "중", 90% 미만이면 "하"로 표시할 것
  ▶ 달성율 = 목표량 / 판매량
  ▶ IFS, QUOTIENT 함수 사용

문제해결 🔑

① [F3]셀에 「=IF(MOD(B3,2)=1,0.2,0.1)」을/를 입력한 뒤 [F10]까지 수식을 복사한다.

=IF(MOD(B3,2)=1,0.2,0.1)	
IF(❶,0.2,0.1)	❶조건을 만족하면 0.2 아니면 0.1을 반환
❶ MOD(B3,2)=1	'분류번호'를 2로 나눈 나머지가 1과 같다면(홀수라면) True를 반환

② [G3]셀에 「=IF(E3<=MEDIAN($E$3:$E$10),"발주","재고소진")」을/를 입력한 뒤 [G10]까지 수식을 복사한다.

=IF(E3<=MEDIAN($E$3:$E$10),"발주","재고소진")	
IF(❶,"발주","재고소진")	❶조건을 만족하면 "발주" 아니면 "재고소진"이라 표시
❶ E3<=MEDIAN($E$3:$E$10)	'재고량'이 '전체 재고량의 중간값' 이하면 True를 반환

③ [N3]셀에 「=IF(M3=MAX($M$3:$M$10),"최고점수",IF(M3=MIN($M$3:$M$10),"최저점수",""))」을/를 입력한 뒤 [N10]까지 수식을 복사한다.

=IF(M3=MAX($M$3:$M$10),"최고점수",IF(M3=MIN($M$3:$M$10),"최저점수",""))	
IF(M3=MAX($M$3:$M$10),"최고점수",❶)	'총점'이 '총점의 최대값'과 동일하면 "최고점수" 아니면 ❶
❶ IF(M3=MIN($M$3:$M$10),"최저점수","")	'총점'이 '총점의 최소값'과 동일하면 "최저점수" 아니면 ""(공란)

④ [O3]셀에 「=IF(AND(J3>=80,K3>=80,L3>=80),"우수","")」을/를 입력한 뒤 [O10]까지 수식을 복사한다.

=IF(AND(J3>=80,K3>=80,L3>=80),"우수","")	
IF(❶,"우수","")	❶조건을 만족하면 "우수" 아니면 ""(공란)
❶ AND(J3>=80,K3>=80,L3>=80)	'컴퓨터개론', '전자계산학', '시스템분석' 모두 80이상이면 True를 반환

⑤ [E15]셀에 「=IF(RANK.EQ(D15,$D$15:$D$22,0)<=3,10%,"해당없음")」을/를 입력한 뒤 [E22]까지 수식을 복사한다.

=IF(RANK.EQ(D15,$D$15:$D$22,0)<=3,10%,"해당없음")	
IF(❶,10%,"해당없음")	❶조건을 만족하면 10% 아니면 "해당없음"
❶ RANK.EQ(D15,$D$15:$D$22,0)<=3	'판매량'의 내림차순 순위가 3이하면(1~3) True를 반환

⑥ [F15]셀에 「=IFERROR(C15*E15,0)」을/를 입력한 뒤 [F22]까지 수식을 복사한다.

⑦ [G15]셀에 「=SWITCH(B15,1,"서구",2,"동구",3,"남구","북구")」을/를 입력한 뒤 [G22]까지 수식을 복사한다.

⑧ [I15]셀에 「=IFS(QUOTIENT(H15,D15)>=1.5,"상",QUOTIENT(H15,D15)>=0.9,"중",QUOTIENT(H15,D15)<0.9,"하")」을/를 입력한 뒤 [I22]까지 수식을 복사한다.

=IFS(QUOTIENT(H15,D15)>=1.5,"상",QUOTIENT(H15,D15)>=0.9,"중",QUOTIENT(H15,D15)<0.9,"하")	
IFS(❶>=1.5,"상",❶>=0.9,"중",❶<0.9,"하")	❶값이 1.5(150%) 이상이면 "상", 0.9(90%) 이상이면 "중", 0.9(90%)미만이면 "하"로 표시
❶ QUOTIENT(H15,D15)	'목표량'을 '판매량'으로 나눈 값을 반환

계산결과 ⚠

[표1] 업체별 제품 주문 목록

공급업체	분류번호	제품이름	재고량	단가	① 할인율	② 재주문 여부
희망유업	1	바나나우유	69	28,000	20%	재고소진
희망유업	1	생딸기우유	17	26,000	20%	발주
대건교역	2	트로피컬칵테일	15	35,000	10%	발주
대건교역	2	베트남 콩커피	42	62,000	10%	재고소진
대성육가공	3	고소현치즈	62	13,000	20%	재고소진
건국유통	4	대선딸기소스	6	40,000	10%	발주
대열유업	3	구워먹는치즈	19	34,000	20%	발주
대열유업	3	스트링화이트치즈	79	55,000	20%	재고소진

[표2] 수험자별 점수 현황

수험자	컴퓨터계론	전자계산학	시스템분석	총점	③ 비고	④ 성적우수자
김형기	75	85	91	251		
김정수	68	62	72	202	최저점수	
최재형	88	80	90	258		우수
김규옥	63	79	89	231		
이수원	83	85	97	265		우수
신오영	65	77	82	224		
염희정	82	99	89	270	최고점수	우수
변현진	82	78	69	229		

[표3] 영업 사원별 목표달성 현황 분석

사원명	영업부서	판매총액	판매량	⑤ 보너스지급율	⑥ 성여금	담당지역	목표량	⑧ 달성등급
강경민	1	8,025,000	642	해당없음	-	서구	723	중
홍성아	4	8,562,500	685	10%	856,250	북구	438	하
송나라	1	3,012,500	241	해당없음	-	서구	484	상
이면욱	2	3,612,500	289	해당없음	-	동구	320	중
감여라	3	11,462,500	917	10%	1,146,250	남구	1,020	중
손석희	2	10,775,000	862	10%	1,077,500	동구	781	하
오나영	4	7,137,500	571	해당없음	-	북구	1,420	상
최송길	2	3,687,500	295	해당없음	-	동구	210	하

[표4] 지역 기준표

부서코드	담당지역
1	서구
2	동구
3	남구
4	북구

출제유형 3 '논리3' 시트에서 다음의 지시사항을 처리하시오.

① [표1]에서 주문일로부터 배송기간 일수만큼 경과된 날짜가 기준일[J1] 이후라면 "지연" 아니라면 "도착예정"으로 배송지연[D3:D14] 영역에 표시하시오.
  ▶ IF, WORKDAY, EDATE 중 알맞은 함수 사용
② [표1]에서 주문코드의 첫 글자가 'K'면 3000, 'F'면 8000 나머지는 12000으로 배송료[F3:F14] 영역에 계산하시오.
  ▶ IF, LEFT 함수 사용
③ [표1]에서 주문코드의 마지막 한 글자가 '1'이면 "항공", '2'면 "항공+선박", '3'이면 "선박" 나머지는 "미결정"으로 배송방법[G3:G14] 영역에 표시하시오.
  ▶ IFERROR, RIGHT, CHOOSE 함수 사용
④ [표1]의 통화, 금액과 [표2]의 환율정보를 이용하여 [J3:J14] 영역에 환전(KRW)을 계산하시오.
  ▶ 환전(KRW) = 금액 × 환율
  ▶ 단, 환전(KRW) 계산 결과가 오류라면 "결제대기"라 표시할 것
  ▶ IFERROR, VLOOKUP 함수 사용

문제해결 🔑

① [D3]셀에 「=IF(WORKDAY(B3,C3)>=$J$1,"지연","도착예정")」을/를 입력한 뒤 [D14]까지 수식을 복사한다.

=IF(WORKDAY(B3,C3)>=$J$1,"지연","도착예정")	
IF(❶,"지연","도착예정")	❶조건을 만족하면 "지연" 아니면 "도착예정"
❶ WORKDAY(B3,C3)>=$J$1	'주문일'로부터 '배송기간'이 경과된 날짜가 '기준일' 이후라면 True를 반환

② [F3]셀에 「=IF(LEFT(A3,1)="K",3000,IF(LEFT(A3,1)="F",8000,12000))」을/를 입력한 뒤 [F14]까지 수식을 복사한다.

=IF(LEFT(A3,1)="K",3000,IF(LEFT(A3,1)="F",8000,12000))	
IF(❶,3000,❷)	❶조건을 만족하면 3000 아니면 ❷
❶ LEFT(A3,1)="K"	'주문코드'의 왼쪽 한 글자가 'K'면 True를 반환
❷ IF(LEFT(A3,1)="F",8000,12000)	'주문코드'의 왼쪽 한 글자가 'F'면 8000 아니면 12000

③ [G3]셀에 「=IFERROR(CHOOSE(RIGHT(A3,1),"항공","항공+선박","선박"),"미결정")」을/를 입력한 뒤 [G14]까지 수식을 복사한다.

=IFERROR(CHOOSE(RIGHT(A3,1),"항공","항공+선박","선박"),"미결정")	
IFERROR(❶,"미결정")	❶이 오류라면 "미결정"을 표시
❶ CHOOSE(❷,"항공","항공+선박","선박")	❷의 순번에 맞는 값을 2번째 인수 이후에서 찾아 표시
❷ RIGHT(A3,1)	'주문코드'의 오른쪽 한 글자를 추출

④ [J3]셀에 「**=IFERROR(I3*VLOOKUP(H3,$L$3:$M$6,2,0),"결제대기")**」을/를 입력한 뒤 [J14]까지 수식을 복사한다.

=IFERROR(I3*VLOOKUP(H3,$L$3:$M$6,2,0),"결제대기")	
IFERROR(I3*❶,"결제대기")	'금액'에 ❶을 곱한 값이 오류라면 "결제대기"를 표시
❶ VLOOKUP(H3,$L$3:$M$6,2,0)	'통화'를 기준으로 [표2] 영역의 2번째 열값을 찾아 표시

계산결과 ⚠

	A	B	C	D	E	F	G	H	I	J	K	L	M
1	[표1]	국가별 주문 처리 목록							기준열 :	2024-02-15		[표2] 환율정보	
2	주문코드	주문열	배송기간	① 배송지연	지역구분	② 배송료	③ 배송방법	통화	금액	④ 환전(KRW)		통화	환율
3	KES-0401	2024-01-31	5	도착예정	1	3,000	항공	CNY	460	78,651		USD	1,116.50
4	KZD-5262	2024-02-06	10	지연	2	3,000	항공+선박	USD	880	982,520		JPY	none
5	FNF-2445	2024-01-31	5	도착예정	1	8,000	미결정	CNY	1220	208,596		EUR	1,335.67
6	XAK-9711	2024-02-11	10	지연	3	12,000	항공	EUR	1450	1,936,722		CNY	170.98
7	FLF-2372	2024-02-01	5	도착예정	1	8,000	항공+선박	JPY	820	결제대기			
8	KES-0403	2024-02-09	10	지연	2	3,000	선박	USD	2100	2,344,650			
9	XZD-5262	2024-01-25	10	도착예정	3	12,000	항공+선박	EUR	2080	2,778,194			
10	FNF-2445	2024-01-23	5	도착예정	1	8,000	미결정	JPY	2500	결제대기			
11	XAK-9713	2024-02-09	10	지연	2	12,000	선박	USD	550	614,075			
12	FLF-2371	2024-02-06	5	도착예정	1	8,000	항공	JPY	1200	결제대기			
13	KES-0401	2024-02-08	10	지연	2	3,000	항공	USD	430	480,095			
14	XZD-5265	2024-02-11	10	지연	3	12,000	미결정	EUR	790	1,055,179			
15													

CHAPTER

06 문자열 함수

● LEFT/RIGHT/MID : 문자열의 왼쪽/오른쪽/중간의 일부를 지정한 '추출개수'만큼 추출

형식	예제	결과
=LEFT(문자열,추출개수)	=LEFT("컴퓨터활용능력",3)	컴퓨터
=RIGHT(문자열,추출개수)	=RIGHT("컴퓨터활용능력",2)	능력
=MID(문자열,시작위치,추출개수)	=MID("컴퓨터활용능력",4,2)	활용

● LOWER/UPPER/PROPER : 문자열을 소문자/대문자/첫 글자만 대문자로 표시

형식	예제	결과
=LOWER(문자열)	=LOWER("TextBook")	textbook
=UPPER(문자열)	=UPPER("TextBook")	TEXTBOOK
=PROPER(문자열)	=PROPER("TextBook")	Textbook

● TRIM : 문자열 사이의 공백 한 칸을 제외하고 모두 삭제하여 표시

형식	예제	결과
=TRIM(문자열)	=TRIM("apple pie")	apple pie

● LEN : 문자열의 길이(글자 수)를 표시

형식	예제	결과
=LEN(문자열)	=LEN("apple")	5

● SEARCH : '원본 문자열'에서 '찾는 문자열'을 찾아 위치 번호를 표시(대소문자 구분X)

형식	=SEARCH("찾는 문자열","원본 문자열",[시작위치])
예제	=SEARCH("O","TeXtBoOk")
결과	6(대/소문자를 구분하지 않고 알파벳 'O'의 위치 번호를 반환)

● FIND : '원본 문자열'에서 '찾는 문자열'을 찾아 위치 번호를 표시(대소문자 구분O)

형식	=FIND("찾는 문자열","원본 문자열",[시작위치])
예제	=FIND("O","TeXtBoOk")
결과	7(대/소문자를 구분하여 대문자 'O'의 위치 번호를 반환)

① [표1]의 회원ID의 마지막 한 글자를 추출하여 유료회원[C3:C11] 영역에 표시하시오.
  ▶ LEFT, RIGHT 중 알맞은 함수 사용

② [표1]의 가입일과 오늘 날짜의 연도 차이를 계산하여 가입기간[E3:E11] 영역에 표시하시오.
  ▶ 가입기간 = 오늘 날짜 연도 – 가입일 앞 4글자
  ▶ LEFT, YEAR, TODAY 함수 사용

③ [표2]에서 출판번호의 세 번째 글자부터 3글자를 추출하여 판매부수를 [J3:J11] 영역에 표시하시오.
  ▶ 표시 예 : S-815 → 815권
  ▶ MID 함수, & 연산자 사용

④ [표2]의 도서분류, "–", 출판년도를 연결하여 도서코드를 생성하고 이를 모두 대문자로 변환하여 [L3:L11] 영역에 표시하시오.
  ▶ 표시 예 : 도서분류가 'st'이고 출판년도가 '2024'라면 → ST-2024
  ▶ UPPER 함수, & 연산자 사용

⑤ [표3]의 주소에서 공백 앞 주소지를 추출하여 지역구 [C15:C23] 영역에 표시하시오.
  ▶ 표시 예 : 주소가 '강남구 논현동'이면 → 강남구, 주소가 '서대문구 홍제동'이면 → 서대문구
  ▶ LEFT, SEARCH 함수 사용

⑥ [표3]의 직급분류에서 두 번째 # 이후 문자를 추출하여 사원평가 [E15:E23] 영역에 표시하시오.
  ▶ 표시 예 : 직급분류가 'aa#부장#A–'이면 → A–, 직급분류가 'aa#사원#B'이면 → B
  ▶ RIGHT, LEN 함수 사용

⑦ [표4]의 출판코드와 출시일의 월을 추출하여 [K15:K23] 영역에 인쇄코드를 표시하시오.
  ▶ 출판코드에 출시일의 월을 추출하여 '–'와 함께 표시한 후 첫 글자만 대문자로 표시할 것
  ▶ 표시 예 : 출판코드가 'LIFE'이고, 출시일이 '2020-11-23'이라면 → Life–11
  ▶ MONTH, PROPER 함수, & 연산자 사용

문제해결 🔑

① [C3]셀에 「=RIGHT(B3,1)」을/를 입력한 뒤 [C11]까지 수식을 복사한다.

② [E3]셀에 「=YEAR(TODAY())–LEFT(D3,4)」을/를 입력한 뒤 [E11]까지 수식을 복사한다.

=YEAR(TODAY())–LEFT(D3,4)	
=❶-❷	❶과 ❷의 차이 값을 표시
❶ YEAR(TODAY())	오늘 날짜의 연도를 표시
❷ LEFT(D3,4)	'가입일'의 왼쪽 4글자를 추출

③ [J3]셀에 「=MID(I3,3,3)&"권"」을/를 입력한 뒤 [J11]까지 수식을 복사한다.

④ [L3]셀에 「=UPPER(H3&"–"&K3)」을/를 입력한 뒤 [L11]까지 수식을 복사한다.

⑤ [D15]셀에 「=LEFT(B15,SEARCH(" ",B15)-1)」을/를 입력한 뒤 [D23]까지 수식을 복사한다.

=LEFT(B15,SEARCH(" ",B15)-1)	
LEFT(B15,❶)	'주소'에서 왼쪽부터 ❶만큼의 문자열을 추출하여 표시
❶ SEARCH(" ",B15)-1	'주소'에서 공백(" ")의 위치번호를 찾고, 공백 바로 앞 문자의 위치번호를 반환

⑥ [E15]셀에 「=RIGHT(D15,LEN(D15)-6)」을/를 입력한 뒤 [E23]까지 수식을 복사한다.

=RIGHT(D15,LEN(D15)-6)	
RIGHT(D15,❶)	'직급분류'에서 오른쪽부터 ❶만큼의 문자열을 추출하여 표시
❶ LEN(D15)-6	'직급분류'의 전체 글자수에서 6('aa#과장#'의 글자수)을 뺀 나머지 숫자를 표시

⑦ [K15]셀에 「=PROPER(H15&"-"&MONTH(J15))」을/를 입력한 뒤 [K23]까지 수식을 복사한다.

=PROPER(H15&"-"&MONTH(J15))	
PROPER(H15&"-"&❶)	'출판코드'와 '-'기호와 ❶을 연결하여 첫 글자는 대문자로 변환
❶ MONTH(J15)	'출시일'에서 월을 추출하여 표시

계산결과 ⚠

	A	B	C	D	E	F	G	H	I	J	K	L
1	[표1]	회원가입현황						[표2]	도서별 판매현황			
2	회원명	회원ID	③ 유료회원	가입일	⑤ 가입기간			도서분류	출판번호	③ 판매부수	출판년도	④ 도서코드
3	이성경	S-102-Y	Y	2020-1123	3			st	S-215	215권	2022	ST-2022
4	김찬희	J-582-N	N	2021-0415	2			de	D-113	113권	2023	DE-2023
5	김혜란	P-246-N	N	2022-0814	1			ho	H-128	128권	2021	HO-2021
6	이승현	S-628-Y	Y	2021-0929	2			hi	H-313	313권	2022	HI-2022
7	김창민	J-544-Y	Y	2021-0824	2			st	S-213	213권	2023	ST-2023
8	김영민	P-911-N	N	2021-0414	2			re	R-815	815권	2020	RE-2020
9	최민서	S-426-N	N	2020-1030	3			de	D-234	234권	2021	DE-2021
10	한영란	J-531-Y	Y	2020-1009	3			hi	H-315	315권	2023	HI-2023
11	박강성	P-774-N	N	2022-0425	1			ho	H-164	164권	2022	HO-2022
12												
13	[표3]	사원별 정보						[표4]	도서 출판 목록			
14	사원명	주소	⑤ 지역구	직급분류	⑥ 사원평가			출판코드	출판사	출시일	⑦ 인쇄코드
15	최영철	강남구 논현동	강남구	aa#대리#A	A			LIFE	진리	2020-11-23	Life-11
16	김상진	서초구 방배동	서초구	aa#과장#S	S			MIND	마음의책	2021-04-15	Mind-4
17	박한진	마포구 아현동	마포구	aa#부장#A-	A-			TREE	나무공장	2022-08-14	Tree-8
18	김영희	강남구 역삼동	강남구	aa#대리#B+	B+			LIFE	진리	2021-09-29	Life-9
19	신민아	서대문구 홍제동	서대문구	aa#차장#S	S			TRUST	믿음사	2021-08-24	Trust-8
20	최대성	강동구 고덕동	강동구	aa#사원#B-	B-			WRITE	글작가	2021-04-14	Write-4
21	이민정	강서구 염창동	강서구	aa#과장#A+	A+			TREE	나무공장	2020-10-30	Tree-10
22	민병철	강동구 천호동	강동구	aa#차장#A-	A-			LIFE	진리	2020-10-09	Life-10
23	한정엽	강서구 방화동	강서구	aa#사원#B	B			TRUST	믿음사	2022-04-25	Trust-4
24												

출제유형 2 '문자2' 시트에서 다음의 지시사항을 처리하시오.

① [표1]의 고객ID의 마지막 한 글자가 'Y'면 "가입", 'N'이면 "미가입"으로 유료회원[C3:C11] 영역에 표시하시오.
   ▶ IF, RIGHT 함수 사용

② [표1]의 고객ID의 첫 글자가 'S'면 "서울", 'J'면 "제주", 'P'면 "부산"으로 지역[D3:D11] 영역에 표시하시오.
   ▶ 코드별 지역 구분은 [표2]를 참고할 것
   ▶ IF, LEFT 함수 사용

③ [표3]에서 쿠폰번호 앞 4글자인 연도 부분을 추출하고 그 결과에 4를 더하여 업데이트[K3:K11] 영역에 표시하시오.
   ▶ 표시 예 : 2023-CC-01 → 2027-CC-01
   ▶ LEFT, RIGHT 함수, & 연산자 사용

④ [표3]의 이메일에서 '@'앞의 문자열만 추출하여 아이디[M3:M11] 영역에 표시하시오.

  ▶ 표시 예 : abc@naver.com → abc

  ▶ MID, SEARCH 함수 사용

⑤ [표4]의 주민등록번호의 8번째 한 글자가 '1'이면 "남자", '2'면 "여자"로 성별[C15:C23] 영역에 표시하시오.

  ▶ IF, MID 함수 사용

⑥ [표4]의 주민등록번호를 이용하여 나이를 [D15:D23] 영역에 표시하시오.

  ▶ 나이 = 현재 연도 - 태어난 연도

  ▶ LEFT, YEAR, TODAY 함수, & 연산자 사용

⑦ [표5]의 주민등록번호의 8번째 한 숫자가 홀수면 "남자", 짝수면 "여자"로 성별[K15:K23] 영역에 표시하시오.

  ▶ MID, MOD, IF 함수 사용

⑧ [표5]의 주민등록번호 앞 6자리를 이용하여 생년월일을 [L15:L23] 영역에 표시하시오.

  ▶ LEFT, RIGHT, MID, DATE 중 알맞은 함수 사용

문제해결 🔑

① [C3]셀에 「=IF(RIGHT(A3,1)="Y","가입","미가입")」을/를 입력한 뒤 [C11]까지 수식을 복사한다.

=IF(RIGHT(A3,1)="Y","가입","미가입")	
IF(❶,"가입","미가입")	❶조건을 만족하면 "가입" 아니면 "미가입"
❶ RIGHT(A3,1)="Y"	'고객ID'의 오른쪽 한 글자가 'Y'와 같으면 True를 반환

② [D3]셀에 「=IF(LEFT(A3,1)="S","서울",IF(LEFT(A3,1)="J","제주","부산"))」을/를 입력한 뒤 [D11]까지 수식을 복사한다.

=IF(LEFT(A3,1)="S","서울",IF(LEFT(A3,1)="J","제주","부산"))	
IF(❶,"서울",❷)	❶조건을 만족하면 "서울" 아니면 ❷
❶ LEFT(A3,1)="S"	'고객ID'의 왼쪽 1글자가 'S'와 같으면 True를 반환
❷ IF(LEFT(A3,1)="J","제주","부산")	'고객ID'의 왼쪽 1글자가 'J'와 같으면 "제주" 아니면 "부산"

③ [K3]셀에 「=LEFT(J3,4)+4&RIGHT(J3,6)」을/를 입력한 뒤 [K11]까지 수식을 복사한다.

④ [M3]셀에 「=MID(L3,1,SEARCH("@",L3)-1)」을/를 입력한 뒤 [M11]까지 수식을 복사한다.

=MID(L3,1,SEARCH("@",L3)-1)	
MID(L3,1,❶)	'이메일'의 1번째 글자부터 ❶만큼의 글자를 추출
❶ SEARCH("@",L3)-1	'이메일'에서의 '@'의 위치번호를 추출하고 그 결과에 1을 빼서 계산 '@'까지 추출하는 것이 아니라 '@'는 제외하고 추출하는 것이므로 1을 뺌

⑤ [C15]셀에 「=IF(MID(B15,8,1)="1","남자","여자")」을/를 입력한 뒤 [C23]까지 수식을 복사한다.

=IF(MID(B15,8,1)="1","남자","여자")	
IF(❶,"남자","여자")	❶조건을 만족하면 "남자" 아니면 "여자"
❶ MID(B15,8,1)="1"	'주민등록번호'의 8번째 1글자가 '1'과 같으면 True를 반환

⑥ [D15]셀에 「=YEAR(TODAY())-(19&LEFT(C3,2))」을/를 입력한 뒤 [D23]까지 수식을 복사한다.

=YEAR(TODAY())-(19&LEFT(B15,2))	
❶-❷	❶과 ❷의 차이 값을 표시
❶ YEAR(TODAY())	오늘 날짜에서 연도를 추출
❷ (19&LEFT(B15,2))	'주민등록번호'의 왼쪽 2글자를 추출하고 앞에 19를 붙여 1985를 표시 단, 연산의 우선순위를 고려하여 ( )로 묶을 것

⑦ [K15]셀에 「=IF(MOD(MID(J15,8,1),2)=1,"남자","여자")」을/를 입력한 뒤 [K23]까지 수식을 복사한다.

=IF(MOD(MID(J15,8,1),2)=1,"남자","여자")	
IF(❶,"남자","여자")	❶조건을 만족하면 "남자" 아니면 "여자"
❶ MOD(❷,2)=1	❷를 2로 나눈 나머지가 '1'이면 True를 반환 숫자를 2로 나눈 나머지가 '1'이면 홀수, '0'이면 짝수
❷ MID(J15,8,1)	'주민등록번호'의 8번째 1글자를 추출

⑧ [L15]셀에 「=DATE(LEFT(J15,2),MID(J15,3,2),MID(J15,5,2))」을/를 입력한 뒤 [L23]까지 수식을 복사한다.

=DATE(LEFT(J15,2),MID(J15,3,2),MID(J15,5,2))	
DATE(❶,❷,❸)	❶을 년으로, ❷를 월로, ❸을 일로 하는 날짜를 표시
❶ LEFT(J15,2)	'주민등록번호'의 왼쪽 두 글자를 추출
❷ MID(J15,3,2)	'주민등록번호'의 세 번째부터 두 글자를 추출
❸ MID(J15,5,2)	'주민등록번호'의 다섯 번째부터 두 글자를 추출

계산결과 💡

	A	B	C	D	E	F	G	H	I	J	K	L	M
1	[표1]	고객가입현황				[표2] 지역구분			[표3]	회원 정보			
2	고객ID	가입일	① 유료회원	② 지역		코드	지역		회원명	쿠폰번호	③ 업데이트	이메일	④ 아이디
3	S-102-Y	2024-1123	가입	서울		S	서울		이성경	2024-AA-01	2028-AA-01	Kimj@naver.com	Kimj
4	J-582-N	2025-0415	미가입	제주		J	제주		김찬희	2023-BB-02	2027-BB-02	loveberry@nate.com	loveberry
5	P-246-N	2026-0814	미가입	부산		P	부산		김혜란	2022-CC-03	2026-CC-03	asdf123@nate.com	asdf123
6	S-628-Y	2025-0929	가입	서울					이승현	2024-AA-04	2028-AA-04	900825@gmail.com	900825
7	J-544-Y	2025-0824	가입	제주					김창민	2021-DD-05	2025-DD-05	everline@daum.net	everline
8	P-911-N	2025-0414	미가입	부산					김영민	2023-BB-06	2027-BB-06	yellow83@naver.com	yellow83
9	S-426-N	2024-1030	미가입	서울					최민서	2024-AA-07	2028-AA-07	mumu03@naver.com	mumu03
10	J-531-Y	2024-1009	가입	제주					한영란	2021-DD-08	2025-DD-08	winter@daum.net	winter
11	P-774-N	2026-0425	미가입	부산					박강성	2024-AA-09	2028-AA-09	orange@gmail.com	orange
12													
13	[표4]	고객정보							[표5]	고객정보			
14	고객명	주민번호	⑤ 성별	⑥ 나이					사원명	주민번호	⑦ 성별	⑧ 생년월일	
15	이성경	850218-2584623	여자	38					최영철	950218-1584623	남자	1995-02-18	
16	김찬희	801204-1864523	남자	43					김영희	981204-2864523	여자	1998-12-04	
17	김혜란	820718-2845237	여자	41					박한진	820718-1845237	남자	1982-07-18	
18	이승현	920124-2356427	여자	31					김영희	920124-2356456	여자	1992-01-24	
19	김창민	930512-1845615	남자	30					신민아	830512-2845615	여자	1983-05-12	
20	김영민	960314-1875234	남자	27					최대성	960314-1875234	남자	1996-03-14	
21	최민서	860217-2485628	여자	37					이민정	860217-2485628	여자	1986-02-17	
22	한영란	910523-2784652	여자	32					민병철	910523-1784652	남자	1991-05-23	
23	박강성	840819-1864521	남자	39					한정은	840819-2864521	여자	1984-08-19	
24													

데이터베이스 함수

◉ D*** : 범위 내에서 조건을 만족하는 데이터를 찾아 계산

형식	설명
=DSUM(전체범위,열제목(또는 열번호),조건범위)	조건을 만족하는 데이터의 합계를 표시
=DAVERAGE(전체범위,열제목(또는 열번호),조건범위)	조건을 만족하는 데이터의 평균을 표시
=DCOUNT(전체범위,열제목(또는 열번호),조건범위)	조건을 만족하는 숫자 데이터의 개수를 표시
=DCOUNTA(전체범위,열제목(또는 열번호),조건범위)	조건을 만족하는 공백이 아닌 데이터의 개수를 표시
=DMAX(전체범위,열제목(또는 열번호),조건범위)	조건을 만족하는 데이터 중 최대값을 표시
=DMIN(전체범위,열제목(또는 열번호),조건범위)	조건을 만족하는 데이터 중 최소값을 표시
=DGET(전체범위,열제목(또는 열번호),조건범위)	조건을 만족하는 고유 데이터를 찾아 표시

◉ 데이터베이스 조건 지정 방식

고급 필터와 조건 만드는 방법이 동일하며 AND 또는 OR 방식으로 지정하여 사용할 수 있습니다.

AND 조건 : 조건을 '같은 행'에 입력합니다.

지역이 서울이면서 성별이 남자인 데이터

지역	성별
서울	남자

평균이 80점대인 데이터

평균	평균
>=80	<90

OR 조건 : 조건을 '다른 행'에 입력합니다.

지역이 서울이거나 성별이 남자인 데이터

지역	성별
서울	
	남자

수학 또는 영어가 80점 이상인 데이터

수학	영어
>=80	
	>=80

AND와 OR 복합 조건 : 하나의 필드에 여러 조건을 지정합니다.

지역이 서울 또는 인천이면서 성별이 남자인 데이터

지역	성별
서울	남자
인천	남자

반이 A이면서 수학 또는 영어가 80점 이상인 데이터

반	수학	영어
A	>=80	
A		>=80

출제유형 1 'DB1' 시트에서 다음의 지시사항을 처리하시오.

① [표1]에서 회원등급이 '일반'인 회원들의 구입액 평균을 [D12] 셀에 표시하시오.
▶ DAVERAGE 함수 사용

② [표1]에서 회원등급이 '일반'인 회원들의 인원수를 표시 예(2명)와 같이 [D13] 셀에 표시하시오.
▶ DCOUNTA 함수, & 연산자 사용

③ [표1]에서 구입액이 500,000이상이면서 회원등급이 '골드'인 회원들의 포인트 합계를 [D14] 셀에 표시하시오.
▶ DSUM 함수 사용
▶ 조건은 [A16:D18] 영역에 작성

④ [표2]에서 지역이 '서울'인 거래처의 수량 합계를 [I12] 셀에 표시하시오.
▶ DSUM 함수 사용

⑤ [표2]에서 거래처가 '나라상사'인 조건을 만족하는 거래금액의 평균을 백의 자리에서 반올림하여 [I13] 셀에 표시하시오.
▶ 표시 예 : 4,236,355 → 4,236,000
▶ ROUND, DAVERAGE 함수 사용

⑥ [표2]에서 '제주' 지역의 거래금액 최대값과 최소값의 차이를 [I14] 셀에 표시하시오.
▶ DMAX, DMIN 함수 사용
▶ 조건은 [F16:I18] 영역에 작성

⑦ [표3]에서 부서가 '국내1부'인 조건을 만족하는 분기별 최대값을 [M12:N12] 영역에 표시하시오.
▶ DMAX 함수 사용

⑧ [표3]에서 부서가 '국내1부'인 조건을 만족하는 분기별 최소값을 [M13:N13] 영역에 표시하시오.
▶ DMIN 함수 사용

⑨ [표3]에서 1분기 실적이 500만원대인 사원수를 표시 예(2명)와 같이 [N14] 셀에 표시하시오.
▶ DCOUNT 함수, & 연산자 사용
▶ 조건은 [K16:N18] 영역에 작성

문제해결

① [D12]셀에 「=DAVERAGE(A2:D10,C2,B2:B3)」 또는 「=DAVERAGE(A2:D10,3,B2:B3)」을/를 입력한다.

② [D13]셀에 「=DCOUNTA(A2:D10,B2,B2:B3)&"명"」 또는 「=DCOUNTA(A2:D10,2,B2:B3)&"명"」을/를 입력한다.

> **잠깐!**
> DCOUNTA( ) 함수는 조건을 만족하는 데이터 중 공백이 아닌 값의 개수를 구하여 표시하는 함수이다. 따라서 2번째 인수인 열 제목(또는 열 번호) 자리에 임의의 제목 셀을 입력해도 결과는 동일하게 출력된다.

③ [D14]셀에 「=DSUM(A2:D10,D2,A16:B17)」 또는 「=DSUM(A2:D10,4,A16:B17)」을/를 입력한다.

④ [I12]셀에 「=DSUM(F2:I10,H2,G2:G3)」 또는 「=DSUM(F2:I10,3,G2:G3)」을/를 입력한다.

⑤ [I13]셀에 「=ROUND(DAVERAGE(F2:I10,I2,F2:F3),-3)」 또는 「=ROUND(DAVERAGE(F2: I10,4,F2:F3), -3)」을/를 입력한다.

⑥ [I14]셀에 「=DMAX(F2:I10,I2,F16:F17)-DMIN(F2:I10,I2,F16:F17)」 또는 「=DMAX(F2:I10,4,F16: F17)-DMIN(F2:I10,4,F16:F17)」을/를 입력한다.

⑦ [M12]셀에 「=DMAX($K$2:$N$10,M2,$L$2:$L$3)」을/를 입력한 뒤 [N12]까지 수식을 복사한다.

⑧ [M13]셀에 「=DMIN($K$2:$N$10,M2,$L$2:$L$3)」을/를 입력한 뒤 [N13]까지 수식을 복사한다.

⑨ [N14]셀에 「=DCOUNT(K2:N10,N2,K16:L17)&"명"」 또는 「=DCOUNT(K2:N10,4,K16:L17)&"명"」을/를 입력한다.

계산결과 (!)

	A	B	C	D	E	F	G	H	I	J	K	L	M	N
1	[표1]	회원별 등급표				[표2]	거래처별 거래내역				[표3]	분기별 영업실적		단위:만원
2	성명	회원등급	구입액	포인트		거래처	지역	수량	거래금액		사원명	부서	1분기	2분기
3	이성경	일반	790,000	84		나라상사	서울	26	4,738,454		최영철	국내1부	484	300
4	김찬희	골드	420,000	57		대진유통	제주	24	9,026,457		김상진	국내1부	414	446
5	김혜란	실버	560,000	66		상진무역	부산	16	3,834,375		박한진	국내1부	548	412
6	이승현	일반	880,000	69		나라상사	서울	50	7,497,719		김영희	국내2부	152	394
7	김창민	골드	880,000	80		대진유통	서울	10	2,211,868		신민아	국내2부	725	348
8	김영민	일반	910,000	58		상진무역	제주	39	2,246,517		최대성	국내1부	519	301
9	최민서	실버	850,000	48		대진유통	부산	6	4,534,613		이민정	국내2부	614	446
10	한영란	골드	760,000	77		나라상사	부산	18	5,562,640		한정엽	국내2부	200	412
11														
12	① 일반 회원의 구입액 평균			860,000		④ 서울 지역의 수량 합계			86		⑦ 국내1부 최대값		614	446
13	② 일반 회원수			3명		⑤ 나라상사의 거래금액 평균			5,933,000		⑧ 국내1부 최소값		484	300
14	③ 구입액 500,000이상 골드회원 포인트			157		⑥ 제주지역 최대값-최소값			6,779,940		⑨ 1분기 실적이 500만원대인 사원수			2명
15														
16	회원등급	구입액				지역					1분기	1분기		
17	골드	>=500000				제주					>=500	<600		
18														
19														

출제유형 2 'DB2' 시트에서 다음의 지시사항을 처리하시오.

① [표1]에서 부서가 '해외'로 시작하면서 직급이 '대리'인 사원들의 실적 합계를 구하여 [D12] 셀에 소수 첫째자리에서 내림하여 정수로 표시하시오.
 ▶ 표시 예 : 1573.73 → 1573
 ▶ ROUNDDOWN, DSUM 함수 사용
 ▶ 조건은 [A13:D15] 영역에 작성

② [표2]에서 지역이 '서울'이 아니고 상반기 실적이 50,000이상 100,000미만인 거래처의 하반기 평균을 [I12] 셀에 표시하시오.
 ▶ 평균은 백의 자리이하는 모두 버리고 천의 자리까지만 표시할 것 (표시 예 : 32,560 → 32,000)
 ▶ DAVERAGE, TRUNC 함수 사용
 ▶ 조건은 [F13:I15] 영역에 작성

③ [표3]에서 구분이 '의류'인 조건을 만족하는 거래횟수의 표준편차를 구하여 [D29] 셀에 소수 셋째 자리에서 올림하여 표시하시오.
 ▶ ROUND, ROUNDUP, ROUNDDOWN, DSTDEV, DVAR 중 알맞은 함수 사용
 ▶ 표시 예 : 5.235716 → 5.24
 ▶ 조건은 [A30:D32] 영역에 작성

④ [표4]에서 고객구분이 '실버' 또는 '골드' 이면서 나이가 30대인 고객의 인원수를 구하여 표시 예(3명)와 같이 [I29] 셀에 표시하시오.

▶ DCOUNTA 함수, & 연산자 사용

▶ 조건은 [F30:I32] 영역에 작성

문제해결 🔑

① [D12]셀에 「=ROUNDDOWN(DSUM(A2:D10,D2,A13:B14),0)」 또는 「=ROUNDDOWN(DSUM(A2:D10,4,A13:B14),0)」을/를 입력한다.

② [I12]셀에 「=TRUNC(DAVERAGE(F2:I10,I2,F13:H14),−3)」 또는 「=TRUNC(DAVERAGE(F2:I10,4,F13:H14),−3)」을/를 입력한다.

③ [D29]셀에 「=ROUNDUP(DSTDEV(A19:D27,C19,A30:A31),2)」 또는 「=ROUNDUP(DSTDEV(A19:D27,3,A30:A31),2)」을/를 입력한다.

④ [I29]셀에 「=DCOUNTA(F19:I27,G19,F30:H32)&"명"」 또는 「=DCOUNTA(F19:I27,2,F30:H32)&"명"」을/를 입력한다.

계산결과 ⚠

	A	B	C	D	E	F	G	H	I
1	[표1]	분기별 영업실적				[표2]	거래처별 실적현황		
2	사원명	부서	직급	실적		회사	지역	상반기	하반기
3	최영철	국내1부	사원	785		나라상사	서울	92,733	46,573
4	김상진	국내2부	대리	860		대진유통	제주	66,191	60,400
5	박한진	해외1부	대리	960		상진무역	부산	14,809	13,827
6	김영희	해외2부	과장	546		상도무역	서울	51,382	46,573
7	신민아	국내2부	과장	1,074		미래상사	서울	19,663	17,382
8	최대성	국내1부	사원	821		유성무역	제주	22,053	49,102
9	이민정	해외2부	사원	1,060		백두무역	부산	23,900	17,206
10	한정엽	해외1부	대리	613		한일유통	부산	62,453	56,740
11									
12	① 해외부서 대리의 실적 합계			1573		② 서울 외 지역의 하반기 평균			58,000
13	부서	직급				지역	상반기	상반기	
14	해외*	대리				<>서울	>=50000	<100000	
15									
16									
17									
18	[표3]	제품별 거래내역				[표4]	고객 정보		
19	구분	제품코드	거래횟수	누적금액		고객명	고객구분	나이	성별
20	식품	A-01	14	208,959		최영철	일반	22	남
21	의류	A-02	2	189,887		김상진	골드	36	남
22	잡화	A-03	23	42,954		박한진	실버	46	여
23	의류	A-04	8	146,933		김영희	일반	38	여
24	잡화	A-05	5	55,568		신민아	골드	24	여
25	식품	A-06	15	106,733		최대성	일반	21	남
26	의류	A-07	21	61,659		이민정	실버	39	여
27	의류	A-08	17	178,790		한정엽	일반	51	남
28									
29	③ 제품코드 'A-06'의 구분			8.61		④ 30대 실버 또는 골드 회원수			2명
30	구분					고객구분	나이	나이	
31	의류					실버	>=30	<40	
32						골드	>=30	<40	
33									

CHAPTER 08 찾기/참조 함수

◉ ROW/ROWS/COLUMN/COLUMNS : 참조값의 행 번호/행의 수/열 번호/열의 수를 표시

형식	예제	결과
=ROW(셀 또는 생략)	=ROW(B4)	4(참조 셀의 행 번호)
=ROWS(범위)	=ROWS(B4:B8)	5(참조 범위의 행 개수)
=COLUMN(셀 또는 생략)	=COLUMN(B4)	2(참조 셀의 열 번호)
=COLUMNS(범위)	=COLUMNS(B4:D4)	3(참조 범위의 열 개수)

◉ MATCH : '열/행범위'내에서 '기준'의 상대적 위치 번호를 표시

[참조유형 1] 기준보다 작거나 같은 값 중에서 최대값을 찾음(단, '열/행범위'가 오름차순 정렬 상태)

[참조유형 0] 기준과 정확하게 일치하는 첫 번째 값을 찾음

[참조유형 −1] 기준보다 크거나 같은 값 중에서 최소값을 찾음(단, '열/행범위'가 내림차순 정렬 상태)

형식	=MATCH(기준,열/행범위,참조유형)
예제	=MATCH("배",{"사과","배","감"},0)
결과	2

◉ INDEX : '범위'내에서 '행번호'와 '열번호'가 교차되는 지점의 값을 표시

형식	=INDEX(범위,행번호,열번호)	
예제	=INDEX(A1:C3,2,3) 		A	B	C
1	사과	복숭아	오렌지
2	감	배	참외
3	포도	딸기	수박		'범위(A1:C3)'에서 '2번째' 행과 '3번째' 열이 교차되는 지점의 값이 표시
결과	참외	

◉ CHOOSE : '숫자'에 해당하는 위치의 값을 두 번째 인수부터 참조하여 표시

형식	=CHOOSE(숫자,값1,값2,값3,...)
예제	=CHOOSE(2,"배","감","사과","복숭아")
결과	감

● VLOOKUP : '기준'에 맞는 '열 번호'값을 '범위'에서 찾아 표시

[참조유형 TRUE 또는 생략] 유사 일치, [참조유형 FALSE 또는 0] 정확하게 일치

형식	=VLOOKUP(기준,범위,열번호,참조유형)
예제	=VLOOKUP(A2,A1:B3,2,FALSE) 표: (A1)국어 75 / (A2)영어 82 / (A3)수학 86 '영어(A2)'에 맞는 값을 '범위(A1:B3)' 중 '2'번째 열에서 찾아 표시
결과	82

● HLOOKUP : '기준'에 맞는 '행 번호'값을 '범위'에서 찾아 표시

[참조유형 TRUE 또는 생략] 유사 일치, [참조유형 FALSE 또는 0] 정확하게 일치

형식	=HLOOKUP(기준,범위,행번호,참조유형)
예제	=HLOOKUP(B1,A1:C2,2,FALSE) 표: (A1)국어 (B1)영어 (C1)수학 / (A2)75 (B2)82 (C2)86 '영어(B1)'에 맞는 값을 '범위(A1:C2)' 중 '2'번째 행에서 찾아 표시
결과	82

⊘ 잠깐! ▼

● **VLOOKUP/HLOOKUP 참조유형 구분 방법**
- TRUE(또는 생략) : 참조하는 범위의 첫 번째 열/행이 정렬이 되어 있고, 기준과 정확하게 일치하는 값이 없는 경우 근사 값(기준보다 작은 값 중 최대값을 표시)을 표시합니다.
- FALSE(또는 0) : 참조하는 범위의 첫 번째 열/행이 정렬 되어있지 않고, 기준과 정확하게 일치하는 값이 있는 경우 해당 값(일치하는 항목이 없다면 #N/A 오류가 표시됨)을 표시합니다.

● **VLOOKUP/HLOOKUP 범위 지정 방법**
- VLOOKUP의 경우 기준과 비교하고자 하는 참조열이 첫 번째 열이 될 수 있도록 범위를 지정합니다.
- HLOOKUP의 경우 기준과 비교하고자 하는 참조행이 첫 번째 행이 될 수 있도록 범위를 지정합니다.

출제유형 1 '참조1' 시트에서 다음의 지시사항을 처리하시오.

① [표1]의 등급, 결제금액과 [표2]를 이용하여 [D3:D11] 영역에 고객별 포인트를 계산하시오.
   ▶ 포인트 = 결제금액 × 적립률
   ▶ 적립률은 등급과 [표2]를 이용하여 추출할 것
   ▶ VLOOKUP 함수 사용
② [표1]의 회원ID와 [표3]을 이용하여 [F3:F11] 영역에 배송지를 표시하시오.
   ▶ 지역은 회원ID의 첫 글자와 [표3]을 이용하여 추출할 것
   ▶ VLOOKUP, LEFT 함수 사용

③ [표1]의 회원ID의 마지막 한 글자가 '1'이면 "그린", '2'면 "블루", '3'이면 "레드", '4'면 "블랙"으로 구분하여 [G3:G11] 영역에 고객별 회원구분을 표시하시오.

  ▶ CHOOSE, RIGHT 함수 사용

④ [표4]의 가입일과 [표6]을 이용하여 [C16:C24] 영역에 회원별 가입 요일을 표시하시오.

  ▶ 월요일이 1로 표시되는 옵션 사용할 것

  ▶ HLOOKUP, WEEKDAY 함수 사용

⑤ [표4]의 거래량과 [표5]의 등급표를 이용하여 [E16:E24] 영역에 거래등급을 표시하시오.

  ▶ 거래량과 [표5]의 기준을 이용하여 등급을 찾아 표시할 것

  ▶ VLOOKUP, HLOOKUP 중 알맞은 함수 사용

⑥ [표4]의 구분과 [표6]의 할인율표를 이용하여 [G16:G24] 영역에 표시하시오.

  ▶ INDEX, MATCH 함수 사용

문제해결 🔑

① [D3]셀에 「=C3*VLOOKUP(B3,$I$3:$J$5,2,FALSE)」을/를 입력한 뒤 [D11]까지 수식을 복사한다.

=C3*VLOOKUP(B3,$I$3:$J$5,2,FALSE)	
C3*❶	'결제금액'에 ❶을 곱하여 계산
❶ VLOOKUP(B3,$I$3:$J$5,2,FALSE)	'등급'을 기준으로 [표2]의 2번째 열값을 찾아 표시

② [F3]셀에 「=VLOOKUP(LEFT(E3,1),$I$9:$J$11,2,FALSE)」을/를 입력한 뒤 [F11]까지 수식을 복사한다.

=VLOOKUP(LEFT(E3,1),$I$9:$J$11,2,FALSE)	
VLOOKUP(❶,$I$9:$J$11,2,FALSE)	❶을 기준으로 [표3]에서 2번째 열값을 찾아 표시
❶ LEFT(E3,1)	'회원ID'의 왼쪽 1글자를 추출

③ [G3]셀에 「=CHOOSE(RIGHT(E3,1),"그린","블루","레드","블랙")」을/를 입력한 뒤 [G11]까지 수식을 복사한다.

=CHOOSE(RIGHT(E3,1),"그린","블루","레드","블랙")	
CHOOSE(❶,"그린","블루","레드","블랙")	❶의 순번에 맞는 값을 2번째 인수 이후에서 찾아 표시
❶ RIGHT(E3,1)	'회원ID'의 오른쪽 1글자를 추출

④ [C16]셀에 「=HLOOKUP(WEEKDAY(B16,2),$I$23:$O$24,2,FALSE)」을/를 입력한 뒤 [C24]까지 수식을 복사한다.

=HLOOKUP(WEEKDAY(B16,2),$I$23:$O$24,2,FALSE)	
HLOOKUP(❶,$I$23:$O$24,2,FALSE)	❶을 기준으로 [표6]에서 2번째 행값을 찾아 표시
❶ WEEKDAY(B16,2)	'가입일'의 일련번호를 표시

⑤ [E16]셀에 「=VLOOKUP(D16,$I$16:$J$19,2,TRUE)」을/를 입력한 뒤 [E24]까지 수식을 복사한다.

=VLOOKUP(D16,$I$16:$J$19,2,TRUE)
'거래량'을 [표5]의 '기준' 범위에서 찾아 '거래등급' 범위에서 동일한 위치의 값을 추출하여 표시

⑥ [G16]셀에 「=INDEX($M$16:$M$19,MATCH(F16,$L$16:$L$19,0),1)」을/를 입력한 뒤 [G24]까지 수식을 복사한다.

=INDEX($M$16:$M$19,MATCH(F16,$L$16:$L$19,0),1)	
INDEX($M$16:$M$19,❶,1)	'할인율'범위에서 ❶ 번째 행의 값을 표시
❶ MATCH(F16,$L$16:$L$19,0)	[L16:L19] 영역에서 '구분'의 위치번호를 반환

계산결과 (!)

	A	B	C	D	E	F	G	H	I	J	K	L	M	N	O
1	[표1]								[표2] 적립률표						
2	고객명	등급	결제금액	① 포인트	회원ID	② 배송지	회원구분		등급	적립률					
3	이성경	일반	246,000	4,920	S-102	서울	블루		일반	2%					
4	김찬희	실버	584,000	17,520	J-581	제주	그린		실버	3%					
5	김혜란	골드	615,000	30,750	P-24	부산	블랙		골드	5%					
6	이승현	일반	389,000	7,780	S-622	서울	블루								
7	김창민	실버	388,000	11,640	J-544	제주	블랙		[표3] 지역구분						
8	김영민	골드	635,000	31,750	P-911	부산	그린		코드	지역					
9	최민서	일반	495,000	9,900	S-423	서울	레드		S	서울					
10	한영란	실버	642,000	19,260	J-531	제주	그린		J	제주					
11	박강성	골드	832,000	41,600	P-773	부산	레드		P	부산					
12															
13															
14	[표4]	회원정보							[표5] 등급표			[표6] 할인율표			
15	회원명	가입일	④ 요일	거래량	⑤ 거래등급	구분	⑥ 할인율		기준	거래등급		구분코드	할인율		
16	최영철	2024-01-10	수요일	2,460	H	FB	3.5%		0~	D		FB	3.5%		
17	김상진	2024-01-14	일요일	5,840	R	CW	4.1%		2000~	H		LE	3.7%		
18	박한진	2024-01-17	수요일	1,150	D	LE	3.7%		4000~	R		EC	3.9%		
19	김영희	2024-01-25	목요일	3,890	H	EC	3.9%		6000~	S		CW	4.1%		
20	신민아	2024-02-12	월요일	3,880	H	CW	4.1%								
21	최대성	2024-02-24	토요일	2,230	H	LE	3.7%								
22	이민정	2024-01-29	월요일	4,950	R	EC	3.9%		[표7] 요일구분						
23	민병철	2024-01-29	월요일	6,420	S	FB	3.5%		1	2	3	4	5	6	7
24	한정엽	2024-01-17	수요일	5,220	R	LE	3.7%		월요일	화요일	수요일	목요일	금요일	토요일	일요일
25															

출제유형 2 '참조2' 시트에서 다음의 지시사항을 처리하시오.

① [표1]의 직위와 [표2]를 이용하여 [D3:D10] 영역에 직원별 수당률을 표시하시오.
  ▶ VLOOKUP, HLOOKUP 중 알맞은 함수 사용

② [표1]의 직위, 기본급과 [표2]를 이용하여 [E3:E10] 영역에 직원별 급여총액을 계산하시오.
  ▶ 급여총액 = 기본급 + 기타수당
  ▶ INDEX, MATCH 함수 사용

③ [표3]에서 회원ID의 왼쪽에서 3번째 숫자가 '0'이면 "브론드", '1'이면 "실버", '2'이면 "골드", '3'이면 "다이아"로 구분하여 [I3:I10] 영역에 회원별 회원등급을 표시하시오.
  ▶ CHOOSE, MID 함수 사용

④ [표3]의 1분기, 2분기, 3분기, 4분기 데이터와 [표4]를 이용하여 [N3:N10] 영역에 적립률을 표시하시오.
  ▶ 1분기부터 4분기까지의 평균을 구하여 [표4]의 분기평균과 비교할 것
  ▶ HLOOKUP, AVERAGE 함수 사용

⑤ 행의 번호가 홀수라면 "안산", 짝수라면 "김포"로 물품창고지를 [O3:O10] 영역에 표시하시오.
  ▶ CHOOSE, ROW, MOD 함수 사용

① [D3]셀에 「=HLOOKUP(B3,$B$13:$E$15,2,FALSE)」을/를 입력한 뒤 [D10]까지 수식을 복사한다.

=HLOOKUP(B3,$B$13:$E$15,2,FALSE)
'직위'를 기준으로 [표2] 영역에서 동일 위치에 2번째 행값을 찾아 표시

② [E3]셀에 「=C3+INDEX($B$15:$E$15,1,MATCH(B3,$B$13:$E$13,0))」을/를 입력한 뒤 [E10]까지 수식을 복사한다.

=C3+INDEX($B$15:$E$15,1,MATCH(B3,$B$13:$E$13,0))	
C3+❶	'기본급'과 ❶의 합을 표시
❶ INDEX($B$15:$E$15,1,❷)	'기타수당' 영역의 1행과 ❷열의 교차값을 찾아 표시
❷ MATCH(B3,$B$13:$E$13,0)	[B13:E13] 영역에서 '직위'의 위치번호를 반환

③ [I3]셀에 「=CHOOSE(MID(H3,3,1)+1,"브론드","실버","골드","다이아")」을/를 입력한 뒤 [I10]까지 수식을 복사한다.

=CHOOSE(MID(H3,3,1)+1,"브론드","실버","골드","다이아")	
CHOOSE(❶,"브론드","실버","골드","다이아")	❶의 순번에 맞는 값을 2번째 인수 이후에서 찾아 표시
❶ MID(H3,3,1)+1	'회원ID'의 3번째 1글자를 추출하고 결과에 1을 더함

④ [N3]셀에 「=HLOOKUP(AVERAGE(J3:M3),$H$13:$K$14,2,TRUE)」을/를 입력한 뒤 [N10]까지 수식을 복사한다.

=HLOOKUP(AVERAGE(J3:M3),$H$13:$K$14,2,TRUE)	
HLOOKUP(❶,$H$13:$K$14,2,TRUE)	❶을 기준으로 [표4]에서 2번째 행값을 찾아 표시
❶ AVERAGE(J3:M3)	'1분기:4분기' 범위의 평균을 계산

⑤ [O3]셀에 「=CHOOSE(MOD(ROW(),2)+1,"김포","안산")」을/를 입력한 뒤 [O10]까지 수식을 복사한다.

=CHOOSE(MOD(ROW(),2)+1,"김포","안산")	
CHOOSE(❶,"김포","안산")	❶의 순번에 맞는 값을 2번째 인수 이후에서 찾아 표시
❶ MOD(ROW(),2)+1	행 번호를 2로 나눈 나머지에 1을 더한 값을 반환

계산결과 ⚠️

	A	B	C	D	E	F	G	H	I	J	K	L	M	N	O
1	[표1]	직원별 실적 조회					[표3]	회원 정보							
2	직원명	직위	기본급	① 수당률	② 급여총액		성명	회원ID	③ 회원등급	1분기	2분기	3분기	4분기	④ 적립률	⑤ 물품창고지
3	김형기	부장	2,550,000	5.0%	2,725,000		이성경	S-102-Y	실버	5,790	2,952	2,460	7,200	4.5%	안산
4	김정수	부장	2,650,000	5.0%	2,825,000		김찬희	J-082-N	브론드	1,640	7,008	5,840	6,053	4.5%	김포
5	최재형	과장	2,450,000	4.5%	2,600,000		김혜란	P-246-N	골드	3,450	7,380	6,150	4,802	4.5%	안산
6	김규옥	대리	1,850,000	3.0%	1,975,000		이승현	S-328-Y	다이아	6,420	4,668	3,890	12,125	5.0%	김포
7	이수원	과장	2,000,000	4.5%	2,150,000		김정민	J-144-Y	실버	4,690	4,656	3,880	2,400	3.0%	안산
8	신오영	대리	1,950,000	3.0%	2,075,000		김영민	P-011-N	브론드	2,460	1,620	2,230	1,103	2.5%	김포
9	임효정	사원	1,650,000	2.5%	1,750,000		최민서	S-226-N	골드	5,840	5,940	4,950	9,800	5.0%	안산
10	변현진	사원	1,450,000	2.5%	1,550,000		한영란	J-331-Y	다이아	6,150	7,704	6,420	2,040	4.5%	김포
11															
12	[표2]						[표4]								
13	직위	사원	대리	과장	부장		분기평균	0~	2,000~	4,000~	6,000~				
14	수당률	2.5%	3.0%	4.5%	5.0%		적립률	2.5%	3.0%	4.5%	5.0%				
15	기타수당	100,000	125,000	150,000	175,000										
16															

CHAPTER

09 실전유형연습

유형 **1** 시트에서 다음의 지시사항을 처리하시오.

① [표1]의 총점[E3:E12]이 총점의 전체 평균을 초과하는 학생수를 구하여 [E13] 셀에 표시 예(3명)와 같이 표시하시오.

▶ COUNTIF, AVERAGE 함수, & 연산자 사용

② [표2]의 성적[I3:I13]을 기준으로 순위를 구하여 1위는 "수석", 2위는 "차석", 3위와 4위는 "입상"으로 표시하고 나머지는 공백으로 결과 [J3:J13] 영역에 표시하시오.

▶ IFERROR, RANK.EQ, CHOOSE 함수 사용

③ [표3]에서 지점[A17:A25]이 '관악점'인 데이터의 판매량[C17:C25] 평균을 [D25] 셀에 계산하시오.

▶ 평균은 소수점 이하 둘째 자리에서 올림하여 소수 첫째 자리까지 표시할 것

▶ 조건은 [E21:E22] 영역에 입력할 것

▶ ROUNDUP, DAVERAGE 함수 사용

④ [표4]에서 교재명의 마지막 두 글자와 할인율표[G28:I30]를 이용하여 실판매가를 [J17:J25] 영역에 계산하시오.

▶ 실판매가 = 판매금액 X (1 - 할인율)

▶ RIGHT, VLOOKUP 함수 사용

⑤ [표5]의 수학[B29:B34], 영어[C29:C34], 상담[D29:D34]의 총합이 210이상이면 "합격", 총합이 210 미만이면 "불합격"이라 평가[E29:E34] 영역에 표시하시오.

▶ IFS, SUM 함수 사용

문제해결 🔑

① [E13]셀에 「=COUNTIF(E3:E12,">"&AVERAGE(E3:E12))&"명"」을/를 입력한다.

=COUNTIF(E3:E12,">"&AVERAGE(E3:E12))&"명"	
COUNTIF(E3:E12,❶)&"명"	'총점' 범위 중 ❶조건을 만족하는 값을 계산하고 "명"을 붙여 표시
❶ ">"&AVERAGE(E3:E12)	'총점 범위의 평균'을 초과하는 값인지 여부를 판단

② [J3]셀에 「=IFERROR(CHOOSE(RANK.EQ(I3,$I$3:$I$13),"수석","차석","입상","입상"),"")」을/를 입력한 뒤 [J22]까지 수식을 복사한다.

=IFERROR(CHOOSE(RANK.EQ(I3,$I$3:$I$13),"수석","차석","입상","입상"),"")	
IFERROR(❶,"")	❶의 오류가 있다면 공란을 표시
❶ CHOOSE(❷,"수석","차석","입상","입상")	❷의 순번에 맞는 값을 2번째 인수 이후에서 찾아 표시
❷ RANK.EQ(I3,$I$3:$I$13)	'성적'의 내림차순 순위를 구하여 반환

③ [E21:E22] 영역에 〈그림〉과 같이 조건을 입력한 뒤 [D25]셀에 「=ROUNDUP(DAVERAGE(A16:C25,3,E21:E22), 1)」을/를 입력한다.

	D	E
20		<조건>
21		지점
22		관악점
23		

=ROUNDUP(DAVERAGE(A16:C25,3,E21:E22),1)	
ROUNDUP(❶,1)	❶을 소수 둘째 자리에서 올림하여 표시
❶ DAVERAGE(A16:C25,3,E21:E22)	'지점'이 '관악점'인 조건을 만족하는 '판매량'의 평균을 반환

④ [J17] 셀에 「=VLOOKUP(RIGHT(H17,2),$G$29:$I$30,2,0)*(1-VLOOKUP(RIGHT(H17,2),$G$29: $I$30,3,0))」을/를 입력한 뒤 [J25]까지 수식을 복사한다.

=VLOOKUP(RIGHT(H17,2),$G$29:$I$30,2,0)*(1-VLOOKUP(RIGHT(H17,2),$G$29:$I$30,3,0))	
❶*(1-❷)	판매금액(❶)에 (1-할인율(❷))을 곱하여 계산
❶ VLOOKUP(❸,$G$29:$I$30,2,0)	❸을 기준으로 [G29:I30] 영역의 2번째 열값을 표시
❷ VLOOKUP(❸,$G$29:$I$30,3,0)	❸을 기준으로 [G29:I30] 영역의 3번째 열값을 표시
❸ RIGHT(H17,2)	'교재명'의 마지막 두 글자를 추출

⑤ [E29] 셀에 「=IFS(SUM(B29:D29)〉=210,"합격",SUM(B29:D29)〈210,"불합격")」을/를 입력한 뒤 [E34]까지 수식을 복사한다.

=IFS(SUM(B29:D29)>=210,"합격",SUM(B29:D29)<210,"불합격")	
IFS(❶>=210,"합격",❶<210,"불합격")	❶값이 210이상이면 "합격", 210미만이면 "불합격"을 표시
❶ SUM(B29:D29)	'수학'부터 '상담'까지 모든 과목의 총점을 계산

계산결과 ⓘ

	A	B	C	D	E	F	G	H	I	J
1	[표1]	중간고사 결과표					[표2]	입학생 성적 현황		
2	학생명	언어	수리	외국어	총점		성명	성별	성적	결과
3	김형기	88	81	84	253		김시우	여	84	
4	김정수	76	88	81	245		성인모	남	95	차석
5	최재형	94	76	92	262		손국진	남	88	
6	김규옥	86	92	99	277		양미옥	여	94	입상
7	이수원	95	76	78	249		김지택	남	75	
8	신오영	84	84	82	250		박효신	여	99	수석
9	임희정	76	92	93	261		이국진	남	84	
10	변현진	85	97	87	269		이한나	남	92	입상
11	하진욱	92	85	82	259		최진아	여	91	
12	김진아	73	67	94	234		이별아	여	87	
13	평균 점수를 초과하는 학생수				5명		강성훈	남	80	
14										
15	[표3]	지점별 제품 판매 현황					[표4]	교재 판매실적		
16	지점	분류	판매량				지역	교재명	판매량	실판매가
17	홍대점	에어컨	249				서울	컴활1급	68	25,200
18	잠실점	세탁기	236				청주	컴활2급	72	18,700
19	관악점	냉장고	258				부산	컴활2급	70	18,700
20	잠실점	청소기	289		<조건>		광주	컴활1급	95	25,200
21	마포점	세탁기	275		지점		강릉	컴활2급	17	18,700
22	관악점	냉장고	288		관악점		대구	컴활1급	39	25,200
23	홍대점	청정기	253				대전	컴활2급	50	18,700
24	마포점	세탁기	306		관악점 판매량 평균		전주	컴활2급	77	18,700
25	관악점	냉장고	265		270.4		김포	컴활1급	95	25,200
26										
27	[표5]	입시 성적 평가					<할인율표>			
28	학생명	수학	영어	상담	평가		등급	판매금액	할인율	
29	고지용	80	60	80	합격		1급	28,000	10%	
30	김지민	60	50	90	불합격		2급	22,000	15%	
31	강현석	80	90	70	합격					
32	장나라	50	60	90	불합격					
33	이미현	40	50	80	불합격					
34	박상아	90	60	80	합격					
35										

유형 2 시트에서 다음의 지시사항을 처리하시오.

① [표1]의 1과목[B3:B9]과 2과목[C3:C9]의 평균이 60점 이상이면서, 실기[D3:D9] 점수가 60점 이상인 수험생은 평가[E3:E9] 영역에 "합격"이라 표시하고 나머지는 공란으로 표시하시오.
   ▶ IF, AND, AVERAGE 함수 사용

② [표2]의 부서명이 '영업부'인 사원의 기본급[K3:K8] 합계를 [K9] 셀에 계산하시오.
   ▶ 영업부 기본급의 총합은 백 단위에서 반올림하여 천 단위까지만 표시할 것
   ▶ 표시 예 : 832,560 → 833,000
   ▶ ROUND, DSUM 함수 사용

③ [표3]의 주민등록번호[N3:N9]를 이용하여 성별을 [O3:O9] 영역에 표시하시오.
   ▶ 주민등록번호 8번째 한 글자가 1 혹은 3이면 "남", 2 혹은 4이면 "여"라고 표시할 것
   ▶ SWITCH, MID 함수 사용

④ [표4]에서 등록일자[A13:A21], 과정[B13:B21], 성별[D13:D21]을 이용하여 회원코드[E13:E21]를 계산하시오.
   ▶ 회원코드는 과정과 성별, 등록일자의 월을 추출하여 연결한 후 모두 대문자로 표시할 것
   ▶ 표시 예: 과정이 'fit'이고 등록일자가 '2026-02-27'이고 성별이 'F'이면 → FIT-2-F
   ▶ MONTH, UPPER 함수, & 연산자 사용

⑤ [표5]의 사용금액[H13:H21]을 10000으로 나눈 몫과 기준표[K12:M17]를 이용하여 결과[I13:I21]를 계산하시오.

▶ 사용요금을 10000으로 나눈 몫이 0~200이면 "★", 200~400이면 "★★", 400~600이면 "★★★", 600~800이면 "★★★★", 800~1000이면 "★★★★★"으로 표시할 것

▶ VLOOKUP, QUOTIENT 함수 사용

문제해결 🔑

① [E3]셀에 「=IF(AND(AVERAGE(B3:C3)>=60,D3>=60),"합격","")」을/를 입력한 뒤 [E9]까지 수식을 복사한다.

=IF(AND(AVERAGE(B3:C3)>=60,D3>=60),"합격","")	
IF(AND(❶,D3>=60),"합격","")	❶이 참이고 실기가 60점 이상이라면 "합격" 아니라면 공란을 표시
❶ AVERAGE(B3:C3)>=60	'1과목'과 '2과목'의 평균이 60점 이상이라면 True를 반환

② [K9]셀에 「=ROUND(DSUM(G2:K8,5,H2:H3),−3)」을/를 입력한다.

=ROUND(DSUM(G2:K8,5,H2:H3),−3)	
ROUND(❶,−3)	❶의 백의 자리에서 반올림하여 천의 자리까지 표시
❶ DSUM(G2:K8,5,H2:H3)	'부서명'이 '영업부'인 조건을 만족하는 '기본급'의 합계를 반환

③ [O3]셀에 「=SWITCH(MID(N3,8,1),"1","남","2","여","3","남","여")」을/를 입력한 뒤 [O9]까지 수식을 복사한다.

=SWITCH(MID(N3,8,1),"1","남","2","여","3","남","여")	
SWITCH(❶,"1","남","2","여","3","남","여")	❶값이 1이면 '남', 2면 '여', 3이면 '남', 4면 '여'를 반환
❶ MID(N3,8,1)	'주민등록번호'의 8번째 한 글자를 추출

④ [E13]셀에 「=UPPER(B13&"-"&MONTH(A13)&"-"&D13)」을/를 입력한 뒤 [E21]까지 수식을 복사한다.

=UPPER(B13&"-"&MONTH(A13)&"-"&D13)	
UPPER(B13&"-"&❶&"-"&D13)	'과정'-❶-'성별'을 연결하여 모두 대문자로 변환
❶ MONTH(A13)	'등록일자'에서 '월'을 추출하여 표시

⑤ [I13]셀에 「=VLOOKUP(QUOTIENT(H13,10000),$K$13:$M$17,3)」을/를 입력한 뒤 [I21]까지 수식을 복사한다.

=VLOOKUP(QUOTIENT(H13,10000),$K$13:$M$17,3)	
VLOOKUP(❶,$K$13:$M$17,3)	❶을 기준으로 [K13:M17] 영역의 3번째 열값을 표시
❶ QUOTIENT(H13,10000)	'사용금액'을 10000으로 나눈 몫을 계산

계산결과 ！

| | 표1 수험생 성적 현황 | | | | | | | | | | | | | | |

[표1] 수험생 성적 현황

수험번호	1과목	2과목	실기	평가
A1001	80	75	60	합격
A1002	50	65	60	
A1003	75	64	70	합격
A1004	90	89	90	합격
A1005	80	54	60	합격
A1006	65	35	80	
A1007	76	84	83	합격

[표2] 임금지급표

성명	부서명	직위	호봉	기본급
최진경	영업부	과장	5	2,855,000
이장우	영업부	대리	3	2,153,000
차태현	생산부	과장	4	2,653,000
홍성훈	생산부	대리	3	2,156,000
김상수	영업부	사원	2	1,922,000
이은별	생산부	사원	1	1,655,000
영업부 기본급 총계				6,930,000

[표3] 회원명단

성명	주민등록번호	성별
양미옥	051205-3256548	남
김지택	960524-2354215	여
박효신	031109-4462521	여
이국진	920125-2534567	여
이한나	890912-1254682	남
최진아	000215-3237521	남
이별아	881231-2327110	여

[표4] 회원 관리 현황

등록일자	과정	회원명	성별	회원코드
2026-02-27	fit	김형기	F	FIT-2-F
2026-03-05	swim	김정수	M	SWIM-3-M
2026-03-05	golf	최재형	F	GOLF-3-F
2026-04-09	fit	김규옥	M	FIT-4-M
2026-04-13	golf	이수원	M	GOLF-4-M
2026-05-14	swim	임희정	F	SWIM-5-F
2026-06-16	fit	변현진	M	FIT-6-M
2026-06-21	golf	하진욱	F	GOLF-6-F
2026-07-28	swim	김진아	F	SWIM-7-F

[표5] 회원별 누적 소비량

회원코드	사용금액	결과
COS-01	7,216,000	★★★★
COS-02	2,277,000	★★
COS-03	4,231,000	★★★
COS-04	2,657,000	★★
COS-05	4,264,000	★★★
COS-06	1,014,000	★
COS-07	3,485,000	★★
COS-08	9,999,000	★★★★★
COS-09	5,453,000	★★★

<기준표> (단위:만원)

초과	이하	표시
0	200	★
200	400	★★
400	600	★★★
600	800	★★★★
800	1,000	★★★★★

유형 3 시트에서 다음의 지시사항을 처리하시오.

① [표1]의 판매량[C3:C11]이 200이상이면서 총판매액[D3:D11]이 전체 총판매액의 중간값 이상인 상품인 경우 비고[E3:E11]에 "인기상품"이라 표시하고 나머지는 공란으로 표시하시오.

▶ IF, AND, MEDIAN 함수 사용

② [표2]에서 구분[G3:G11]이 '뮤지컬'인 데이터의 공연료[I3:I11]와 예매량[J3:J11]의 평균을 [K11:L11] 영역에 계산하시오.

▶ 각 평균은 소수 자리 이하는 절삭하고 정수로 표시할 것

▶ 표시 예: 1523.87 → 1523

▶ TRUNC, DAVERAGE 함수 사용

③ [표3]의 구분[A15:A23]이 '미술'인 조건을 만족하는 총판매액[E15:E23]의 합계를 [E24] 셀에 계산하시오.

▶ 합계는 백의 단위에서 올림하여 천의 자리까지만 표시할 것

▶ ROUNDUP, SUMIF 함수 사용

④ [표4]의 주민등록번호[H15:H24] 앞 6자리를 이용하여 생년월일[J15:J24]을 계산하시오.

▶ DATE, MID 함수 사용

⑤ [표5]의 의류코드[A28:A36]와 판매량[C28:C36], 가격표[F27:I29]를 이용하여 판매총액[D28:D36]을 계산하시오.

▶ 총판매액 = 판매량 X 할인가

▶ INDEX, MATCH 함수 사용

① [E3]셀에 「=IF(AND(C3>=200,D3>=MEDIAN($D$3:$D$11)),"인기상품","")」을/를 입력한 뒤 [E11]까지 수식을 복사한다.

=IF(AND(C3>=200,D3>=MEDIAN($D$3:$D$11)),"인기상품","")	
IF(AND(C3>=200,❶),"인기상품","")	'판매량'이 200이상이면서 ❶ 조건을 만족하면 "인기상품" 아니면 공란을 표시
❶ D3>=MEDIAN($D$3:$D$11)	'총판매액'이 '전체 총판매액의 중간값' 이상이면 True를 반환

② [K11]셀에 「=TRUNC(DAVERAGE($G$2:$J$11,I2,$G$2:$G$3))」을/를 입력한 뒤 [L11]까지 수식을 복사한다.

=TRUNC(DAVERAGE($G$2:$J$11,I2,$G$2:$G$3))	
TRUNC(❶)	❶을 정수로 변환
❶ DAVERAGE($G$2:$J$11,I2,$G$2:$G$3)	'구분'이 '뮤지컬'인 조건을 만족하는 '공연료'의 합계를 반환

③ [E24]셀에 「=ROUNDUP(SUMIF(A15:A23,"미술",E15:E23),-3)」을/를 입력한다.

=ROUNDUP(SUMIF(A15:A23,"미술",E15:E23),-3)	
ROUNDUP(❶,-3)	❶을 천의 자리에서 올림하여 표시
❶ SUMIF(A15:A23,"미술",E15:E23)	'구분'이 '미술'인 조건을 만족하는 '판매총액'의 합계를 계산

④ [J15]셀에 「=DATE(MID(H15,1,2),MID(H15,3,2),MID(H15,5,2))」을/를 입력한 뒤 [J24]까지 수식을 복사한다.

=DATE(MID(H15,1,2),MID(H15,3,2),MID(H15,5,2))	
DATE(❶,❷,❸)	❶을 년, ❷를 월, ❸을 일로 하는 날짜를 반환
❶ MID(H15,1,2)	'주민등록번호'의 1번째부터 2글자 추출
❷ MID(H15,3,2)	'주민등록번호'의 3번째부터 2글자 추출
❸ MID(H15,5,2)	'주민등록번호'의 5번째부터 2글자 추출

⑤ [D28]셀에 「=C28*INDEX($G$29:$I$29,1,MATCH(A28,$G$27:$I$27,0))」을/를 입력한 뒤 [D36]까지 수식을 복사한다.

=C28*INDEX($G$29:$I$29,1,MATCH(A28,$G$27:$I$27,0))	
C28*❶	'판매량'에 ❶을 곱하여 계산
❶ INDEX($G$29:$I$29,1,❷)	'할인가' 영역에서 ❷번째 열의 값을 반환
❷ MATCH(A28,$G$27:$I$27,0)	[G27:I27]영역에서 기준으로 지정된 '의류코드'의 위치번호를 반환

계산결과 ⚠

[표1] 상품별 판매 현황

상품코드	판매가	판매량	총판매액	비고
CMK-01	12,000	124	1,488,000	
HJH-01	11,500	204	2,346,000	인기상품
KES-01	8,500	217	1,844,500	인기상품
HJH-02	12,500	145	1,812,500	
KES-02	7,500	216	1,620,000	
CMK-02	10,000	188	1,880,000	
HJH-03	9,500	247	2,346,500	인기상품
KES-03	5,500	155	852,500	
CMK-03	8,000	168	1,344,000	

[표2] 공연 예매 현황

구분	공연명	공연료	예매량		
뮤지컬	미녀와야수	45,000	1,853		
연극	빨래	28,500	1,124		
무용	마타하리	39,000	1,351		
연극	골든타임	30,000	1,122		
뮤지컬	노트르담	40,000	1,452		
무용	발레나잇	45,500	1,753		
연극	시크릿	24,500	1,654	공연료	예매량
뮤지컬	라이온킹	35,800	1,324	40266	1543
무용	호두까기인형	50,000	1,647		

[표3] 제품 판매 현황

구분	제품명	판매가	판매량	판매총액
미술	스케치북	3,300	66	217,800
음악	탬버린	16,100	34	547,400
체육	탁구공	5,000	63	315,000
음악	오선지	6,100	71	433,100
미술	물감	7,000	54	378,000
체육	축구공	13,000	71	923,000
음악	리코더	8,800	33	290,400
체육	줄넘기	7,700	71	546,700
미술	팔레트	6,800	51	346,800
미술용품 판매총액 합계				943,000

[표4] 동호회 회원 현황

성명	주민등록번호	지역	생년월일
양미옥	800621-1******	마포구	1980-06-21
김지택	930823-2******	서초구	1993-08-23
박효신	881201-1******	노원구	1988-12-01
이국진	830725-1******	관악구	1983-07-25
이한나	860903-1******	서초구	1986-09-03
최진아	920817-2******	마포구	1992-08-17
이별아	841113-2******	관악구	1984-11-13
신선미	811023-2******	노원구	1981-10-23
이동현	910103-1******	노원구	1991-01-03
김강준	880802-1******	마포구	1988-08-02

[표5] 의류 판매 현황

의류코드	사이즈	판매량	판매총액
op-101	S	36	905,250
op-101	M	33	851,700
op-101	L	43	1,091,400
op-102	S	40	1,096,713
op-102	M	29	795,600
op-102	L	36	1,002,788
op-103	S	33	965,304
op-103	M	40	1,166,040
op-103	L	39	1,139,472

<가격표>

의류코드	op-101	op-102	op-103
판매가	30,000	32,500	36,000
할인가	25,500	27,625	29,520

Spread sheet

PART

03

분석작업

- -

CHAPTER

01

정렬 및 부분합

정렬은 지정한 기준에 따라 데이터를 재배열하는 기능으로, 값뿐만 아니라 글자색이나 셀 색을 기준으로 삼아 정렬을 적용할 수 있습니다.
부분합은 입력된 데이터를 특정 필드를 기준으로 그룹화하여 합계, 평균 등의 간단한 계산 작업을 수행하는 기능입니다. 부분합 기능은 수행 전에 그룹화 항목을 기준으로 정렬을 지정해야 정확한 결과를 표시할 수 있습니다.

출제유형 1 '부분합1' 시트에서 다음의 지시사항을 처리하시오.

부분합 기능을 이용하여 '응답자별 항목 평가 점수'표에서 '지역'별 '항목1', '항목2', '항목3', '항목4'의 합계와 평균을 계산하여 표시하시오.

▶ '지역'을 기준으로 오름차순 정렬하고, 동일한 지역인 경우 '성별'을 기준으로 내림차순 정렬하시오.

▶ 합계와 평균은 위에 명시된 순서대로 표시하시오.

	지역	성별	나이	항목1	항목2	항목3	항목4
				응답자별 항목 평가 점수			
1							
2							
3	지역	성별	나이	항목1	항목2	항목3	항목4
4	강남구	여	44	2	3	3	3
5	강남구	남	41	4	5	3	4
6	**강남구 평균**			3	4	3	3.5
7	**강남구 요약**			6	8	6	7
8	관악구	여	26	5	1	2	5
9	관악구	여	27	4	5	4	4
10	관악구	남	21	3	3	3	3
11	관악구	남	20	1	5	5	1
12	**관악구 평균**			3.25	3.5	3.5	3.25
13	**관악구 요약**			13	14	14	13
14	동작구	여	44	5	2	1	4
15	동작구	여	50	4	5	5	5
16	동작구	여	23	5	3	3	5
17	동작구	여	40	5	3	3	5
18	**동작구 평균**			4.75	3.25	3	4.75
19	**동작구 요약**			19	13	12	19
20	마포구	여	51	3	1	4	3
21	마포구	여	35	4	5	2	5
22	마포구	남	52	3	4	3	3
23	마포구	남	49	3	5	2	1
24	**마포구 평균**			3.25	3.75	2.75	3
25	**마포구 요약**			13	15	11	12
26	**전체 평균**			3.642857	3.571429	3.071429	3.642857
27	**총합계**			51	50	43	51

① 정렬을 수행하기 위해 [A3] 셀을 선택한 후 [데이터]탭-[정렬 및 필터] 영역의 [정렬(🔲)]을 클릭한다.

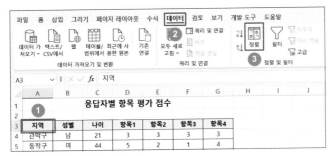

② [정렬] 대화상자가 나타나면 첫 번째 정렬 기준 열은 '지역', 정렬 기준은 '셀 값', 정렬은 '오름차순'으로 선택한 후 [기준 추가] 버튼을 클릭한다.

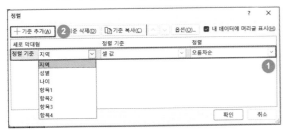

③ 다음 기준이 추가되면 기준 열은 '성별', 정렬 기준은 '셀 값', 정렬은 '내림차순'으로 선택한 후 [확인]을 클릭한다.

④ [A3] 셀이 선택 되어져 있는 상태에서 [데이터]탭-[개요] 영역의 [부분합]을 클릭한다.

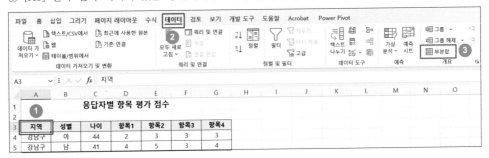

⑤ [부분합] 대화상자가 나타나면 그룹화할 항목은 '지역', 사용할 함수는 '합계', 부분합 계산 항목은 '항목1', '항목2', '항목3', '항목4'만 체크하고 [확인]을 클릭한다.

⑥ 두 번째 부분합인 평균을 수행하기 위해 다시 한 번 [데이터]탭-[개요] 영역의 [부분합]을 클릭한다. [부분합] 대화상자가 나타나면 사용할 함수만 '평균'으로 변경하고, '새로운 값으로 대치' 항목의 체크박스를 해제한 후 [확인]을 클릭한다. 만약, '새로운 값으로 대치'의 체크를 해제하지 않으면 기존의 '합계' 부분합이 '평균' 부분합으로 대체되어 사라지게 되니 주의한다.

출제유형 2 '부분합2' 시트에서 다음의 지시사항을 처리하시오.

부분합 기능을 이용하여 '부서별 제품 테스트 결과' 표에서 '담당부서'별 '테스트1', '테스트2', '테스트3'의 평균을 계산하여 표시하시오.

▶ '담당부서'를 기준으로 오름차순 정렬하고, 동일한 부서인 경우 '평균'의 셀 색이 'RGB(198,239,206)'인 값이 위에 표시되도록 정렬하시오.

▶ 평균은 표시 예(86.56 → 86.6)와 같이 소수 이하 1자리만 표시하시오.

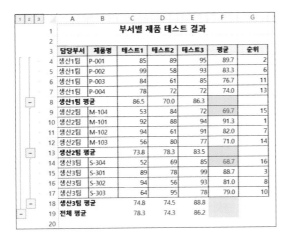

문제해결 🔑

① 정렬을 수행하기 위해 [A3] 셀을 선택한 후 [데이터]탭-[정렬 및 필터] 영역의 [정렬]을 클릭한다.

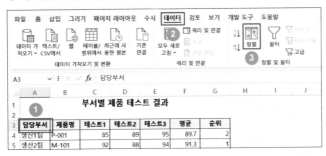

② [정렬] 대화상자가 나타나면 첫 번째 정렬 기준의 열은 '담당부서', 정렬 기준은 '셀 값', 정렬은 '오름 차순'으로 선택한 후 [기준 추가] 버튼을 클릭한다.

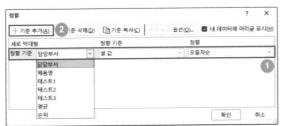

③ 추가된 다음 기준의 열은 '평균', 정렬 기준은 '셀 색'으로 설정하여 'RGB(198,239,206)'와 '위에 표시'를 차례대로 선택한 후 [확인]을 클릭한다.

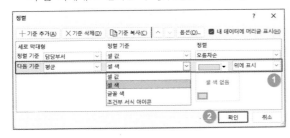

④ [A3] 셀이 선택 되어져 있는 상태에서 [데이터]탭-[개요] 영역의 [부분합]을 클릭한다.

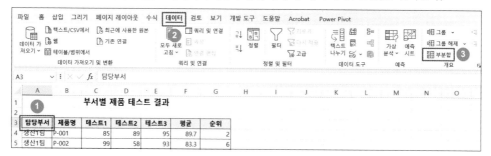

⑤ [부분합] 대화상자가 나타나면 그룹화할 항목은 '담당부서', 사용할 함수는 '평균', 부분합 계산 항목은 '테스트1', '테스트2', '테스트3'만 체크하고 [확인]을 클릭한다.

⑥ 부분합 결과 범위 중 [C8:E8], [C13:E13], [C18:E19] 영역을 범위 지정한 후, Ctrl + 1을 눌러 [셀 서식] 대화상자를 호출한다. [표시 형식]탭의 '숫자' 범주에서 '소수 자릿수'를 '1'로 설정하고 [확인]을 클릭한다.

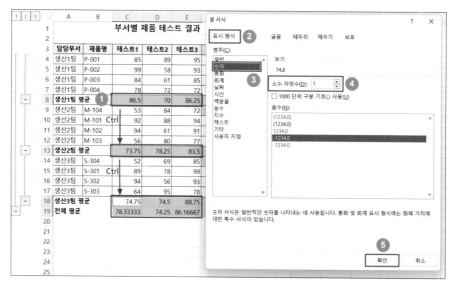

출제유형 3 '부분합3' 시트에서 다음의 지시사항을 처리하시오.

부분합 기능을 이용하여 '분기별 판매 실적'표에서 '분류'별 '1분기', '2분기', '3분기', '4분기'의 합계를 계산하여 표시하시오.

▶ '분류'를 기준으로 '의류-식품-가전-잡화' 순으로 정렬하시오.

문제해결 🔑

① 정렬을 수행하기 위해 [A3] 셀을 선택한 후, [데이터]탭-[정렬 및 필터] 영역의 [정렬]을 클릭한다.

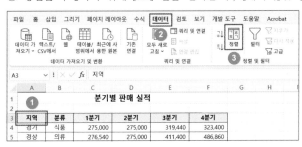

② [정렬] 대화상자가 나타나면 첫 번째 정렬 기준의 열을 '분류', 정렬 기준은 '셀 값', 정렬은 '사용자 지정 목록'을 선택한다.

③ [사용자 지정 목록] 대화상자가 나타나면 화면 왼쪽의 '사용자 지정 목록'에서 '새 목록'을 선택한다. 화면 오른쪽 '목록 항목' 구역에 「**의류, 식품, 가전, 잡화**」 순으로 입력한 후 [추가]와 [확인]을 차례로 클릭한다.

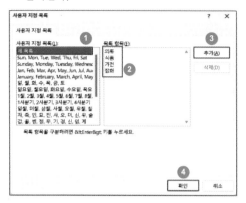

④ [정렬] 대화상자의 정렬 목록에서 추가된 '의류,식품,가전,잡화'를 선택한 후 [확인]을 클릭한다.

⑤ [A3] 셀이 선택이 되어져 있는 상태에서 [데이터]탭-[개요] 영역의 [부분합]을 클릭한다.

⑥ [부분합] 대화상자가 나타나면 그룹화할 항목은 '분류', 사용할 함수는 '합계', 부분합 계산 항목은 '1분기', '2분기', '3분기', '4분기'만 체크하고 [확인]을 클릭한다.

CHAPTER
02

목표값 찾기

목표값 찾기는 수식 셀의 결과를 목표한 값에 맞춰 재설정하기 위해 입력 셀의 값을 변경하는 기능입니다. 해당 기능은 'A가 B가 되려면 C가 얼마가 되어야 하느냐'의 형식으로 출제가 되며, A는 수식 셀, B는 목표 값, C는 입력 셀을 의미합니다.

출제유형 1 '목표값찾기1' 시트에서 다음의 지시사항을 처리하시오.

목표값 찾기 기능을 이용하여 '가전제품 판매 현황' 표에서 영등포점의 판매량 평균[G9]이 300이 되려면 상반기 판매량[E9]이 얼마가 되어야 하는지 계산하시오.

문제해결 🔑

① 수식이 입력되어있는 [G9] 셀을 선택한 후 [데이터]탭–[예측] 영역의 [가상분석] 목록에서 [목표값 찾기]를 선택한다.

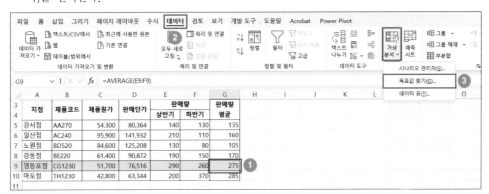

② [목표값 찾기] 대화상자가 나타나면 수식 셀에 기본적으로 [G9]이/가 설정되어 있을 것이다. 찾는 값에 「300」을 입력하고, 값을 바꿀 셀에 [E9]을/를 지정한 후 [확인]을 클릭한다.

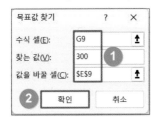

③ 최종결과

지점	제품코드	제품원가	판매단가	판매량		판매량 평균
				상반기	하반기	
강서점	AA270	54,300	80,364	140	130	135
일산점	AC240	95,900	141,932	210	110	160
노원점	BD520	84,600	125,208	130	80	105
강동점	BE220	61,400	90,872	190	150	170
영등포점	CG1230	51,700	76,516	340	260	300
마포점	TH1230	42,800	63,344	200	370	285

(가전제품 판매 현황)

출제유형 2 '목표값찾기2' 시트에서 다음의 지시사항을 처리하시오.

목표값 찾기 기능을 이용하여 '2학기 전산과 학생 성적 현황' 표에서 학번이 '210215'인 학생의 평균[G8] 점수가 18이 되려면 중간[B8] 점수가 얼마가 되어야 하는지 계산하시오.

문제해결

① 수식이 입력되어있는 [G8] 셀을 선택한 후 [데이터]탭-[예측] 영역의 [가상분석] 목록에서 [목표값 찾기]를 선택한다.

② [목표값 찾기] 대화상자가 나타나면 수식 셀에 기본적으로 [G8]이/가 설정되어 있을 것이다. 찾는 값에 「18」을 입력하고, 값을 바꿀 셀에 [B8]을/를 지정한 후 [확인]을 클릭한다.

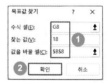

③ 최종결과

학번	중간	기말	출석	레포트	총점	평균
210211	19	30	20	17	86	22.1
210212	13	11	19	17	60	14.4
210213	23	13	20	14	70	17.6
210214	8	15	20	0	43	10.9
210215	17	19	19	17	72	18
210216	19	21	20	20	80	20
210217	15	18	20	14	67	16.7
210218	4	10	20	0	34	8.2
210219	18	10	19	14	61	15
210220	11	4	18	17	50	11.5

(2학기 전산과 학생 성적 현황)

CHAPTER

03 데이터 표

데이터 표는 기준 값의 변경에 따른 수식 값의 변화를 표의 형태로 보여주는 기능입니다. 기준 값은 행 방향과 열 방향으로 나열되며, 수식 셀을 복사하여 붙여 넣은 뒤 해당 기능을 수행합니다.

출제유형 1 '데이터표1' 시트에서 다음의 지시사항을 처리하시오.

데이터 표 기능을 이용하여 [표1]의 대출금 상환[C3:C6] 영역을 참조하여, 대출금액과 연이율 변동에 따른 월상환액의 변화를 [G4:K10] 영역에 계산하시오.

문제해결 🔑

① 월상환액 계산을 위해 [C6] 셀을 선택한 후 수식 입력줄을 드래그하여 입력된 수식을 복사(Ctrl + C)한다. 활성화를 해제하기 위해 [Esc]를 누른다.

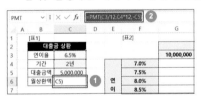

② [F3] 셀을 선택하여 복사한 수식을 붙여넣기(Ctrl + V)한다.

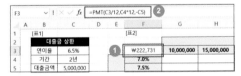

③ 수식 셀을 포함해서 [F3:K10] 영역을 범위 지정한 후 [데이터]탭-[예측] 영역의 [가상분석] 목록에서 [데이터 표]를 선택한다.

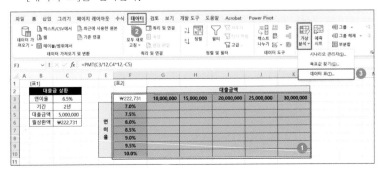

④ [데이터 표] 대화상자가 나타나면 행 입력 셀에 「$C$5」을/를, 열 입력 셀에 「$C$3」을/를 각각 지정 후 [확인]을 클릭한다.

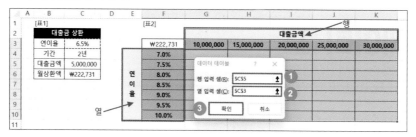

⑤ 최종결과

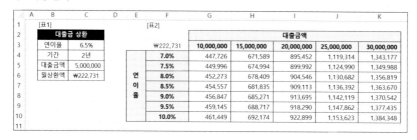

출제유형 2 '데이터표2' 시트에서 다음의 지시사항을 처리하시오.

데이터 표 기능을 이용하여 [표1]의 감가상각액 계산[C3:C6] 영역을 참조하여, 수명년수와 잔존가치의 변동에 따른 감가상각액의 변화를 [G3:L8] 영역에 계산하시오.

문제해결

① 감가상각액 계산을 위해 [C6] 셀을 선택한 후 수식 입력줄을 드래그하여 입력된 수식을 복사(Ctrl + C)한다. 활성화를 해제하기 위해 [Esc]를 누른다.

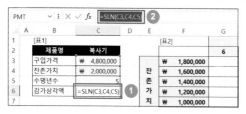

② [F2] 셀을 선택하여 복사한 수식을 붙여넣기(Ctrl + V)한다.

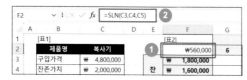

③ 수식 셀을 포함해서 [F2:L8] 영역을 범위 지정한 후 [데이터]탭-[예측] 영역의 [가상분석] 목록에서 [데이터 표]를 선택한다.

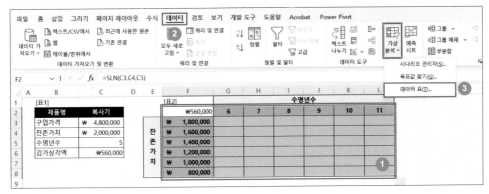

④ [데이터 표] 대화상자가 나타나면 행 입력 셀에 「$C$5」을/를, 열 입력 셀에 「$C$4」을/를 각각 지정한 후 [확인]을 클릭한다.

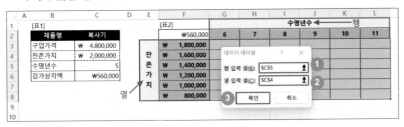

⑤ 최종결과

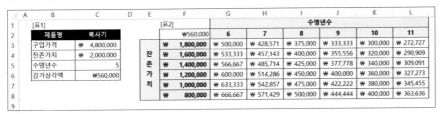

출제유형 3 '데이터표3' 시트에서 다음의 지시사항을 처리하시오.

데이터 표 기능을 이용하여 [표1]의 대출금 상환[C3:C6] 영역을 참조하여, 연이율 변동에 따른 월상환액의 변화를 [G3:G9] 영역에 계산하시오.

문제해결 🔑

① 월상환액 계산을 위해 [C6] 셀을 선택한 후 수식 입력줄을 드래그하여 입력된 수식을 복사(Ctrl + C)
  한다. 활성화를 해제하기 위해 [Esc]를 누른다.

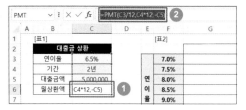

② [G2] 셀을 선택하여 복사한 수식을 붙여넣기(Ctrl + V)한다.

③ 수식 셀을 포함해서 [F2:G9] 영역을 범위 지정한 후 [데이터]탭-[예측] 영역의 [가상분석] 목록에서
  [데이터 표]를 선택한다.

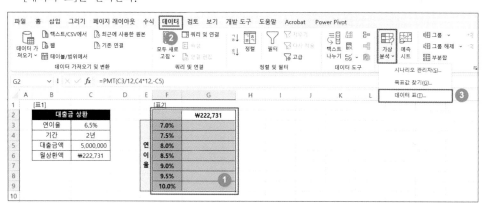

④ [데이터 표] 대화상자가 나타나면 열 입력 셀에 「$C$3」을/를 지정한다.

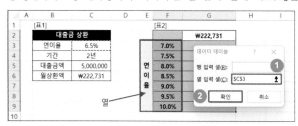

⑤ 최종결과

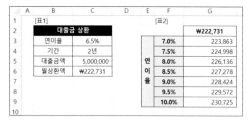

CHAPTER

04 시나리오

시나리오는 여러 변수의 변화가 결과 값에 어떠한 영향을 미치는지를 가상의 상황을 통해 다른 시트에 요약하여 표시하는 기능입니다. 시나리오 기능을 수행하기 위해서는 변경 셀과 결과 셀의 이름 정의를 먼저 수행해야 합니다.

출제유형 1 '시나리오1' 시트에서 다음의 지시사항을 처리하시오.

'문화센터 강좌별 모집 현황' 표에서 할인율[C14]이 다음과 같이 변동하는 경우 수강료 평균[E12]의 변동 시나리오를 작성하시오.

▶ 셀 이름 정의 : [C14] 셀은 '할인율', [E12] 셀은 '수강료평균'으로 정의하시오.

▶ 시나리오1 : 시나리오 이름은 '할인율 증가'로 지정하고, 할인율을 20%로 설정하시오.

▶ 시나리오2 : 시나리오 이름은 '할인율 감소'로 지정하고, 할인율을 10%로 설정하시오.

※ 시나리오 요약 보고서는 작성 시 정답과 일치하여야 하며, 오자로 인한 부분점수는 인정하지 않습니다.

문제해결

① 셀의 이름을 정의하기 위해 변경 셀[C14]을 선택한 후 [이름 상자]에 커서를 두고 「**할인율**」이라 입력한 후 [Enter]을 누른다. 같은 방법으로 결과 셀[E12]을 선택한 후 [이름 상자]에 커서를 두고 「**수강료평균**」이라 입력한 후 [Enter]를 누른다.

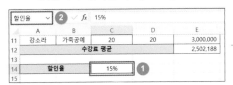 

② 변경 셀[C14]을 선택한 후 [데이터]탭–[예측] 영역의 [가상분석] 목록에서 [시나리오 관리자]를 선택한다.

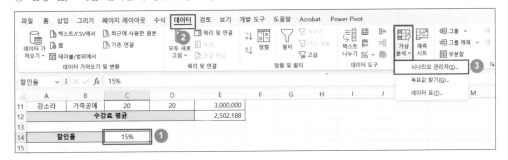

③ [시나리오 관리자] 대화상자가 나타나면 [추가]를 클릭한다.

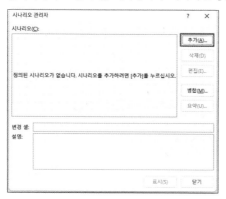

④ [시나리오 추가] 대화상자가 나타나면 시나리오 이름을 「**할인율 증가**」라고 입력하고, 변경 셀은 [C14]로 지정한 뒤 [확인]을 클릭한다. 만약, 변경 셀[C14]을 선택한 후 시나리오 기능을 시작했다면 변경셀은 자동으로 입력되어져 있을 것이다.

⑤ [시나리오 값] 대화상자에서 할인율에 「**0.2**」를 입력하고 [추가]를 클릭한다.

⑥ [시나리오 추가] 대화상자가 나타나면 시나리오 이름을 「**할인율 감소**」라고 입력하고, 변경 셀은 [C14]로 지정한 뒤 [확인]을 클릭한다.

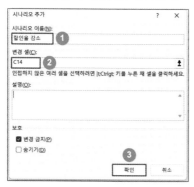

⑦ [시나리오 값] 대화상자에서 할인율에 「0.1」을 입력하고 [확인]을 클릭한다.

⑧ [시나리오 관리자] 대화상자에서 [요약]을 선택한다. [시나리오 요약] 대화상자가 나타나면 결과 셀에 [E12]를 지정하고 [확인]을 클릭한다.

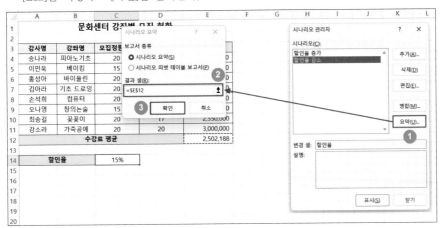

⑨ 최종결과

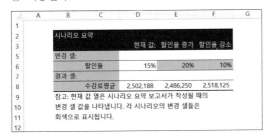

출제유형 2 '시나리오2' 시트에서 다음의 지시사항을 처리하시오.

'납품목록 도매가 리스트' 표에서 주문량[B14]이 다음과 같이 변동하는 경우 곡류 총합[B12], 과자류 총합 [E12]의 변동 시나리오를 작성하시오.

▶ 셀 이름 정의 : [B14] 셀은 '주문량', [B12] 셀은 '곡류총합', [E12] 셀은 '과자류총합'으로 정의하시오.

▶ 시나리오1 : 시나리오 이름은 '주문량 증가'로 지정하고, 주문량을 25로 설정하시오.

▶ 시나리오2 : 시나리오 이름은 '주문량 감소'로 지정하고, 주문량을 15로 설정하시오.

※ 시나리오 요약 보고서는 작성 시 정답과 일치하여야 하며, 오자로 인한 부분점수는 인정하지 않습니다.

① 셀의 이름을 정의하기 위해 변경 셀[B14]을 선택한 후 [이름 상자]에 커서를 두고 「**주문량**」이라 입력한 후 [Enter]을 누른다. 같은 방법으로 결과 셀[B12]와 [E12]를 선택한 후 [이름 상자]에 커서를 두고 「**곡류총합**」과 「**과자류총합**」이라 입력한 후 [Enter]를 누른다.

② 변경 셀[B14]을 선택한 후 [데이터]탭-[예측] 영역의 [가상분석] 목록에서 [시나리오 관리자]를 선택한다.

③ [시나리오 관리자] 대화상자가 나타나면 [추가]를 클릭한다.

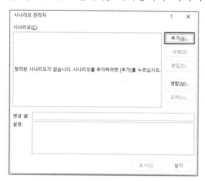

④ [시나리오 추가] 대화상자가 나타나면 시나리오 이름을 「**주문량 증가**」라고 입력하고, 변경 셀은 [B14]로 지정한 뒤 [확인]을 클릭한다. 만약, 변경 셀[B14]을 선택한 후 시나리오 기능을 시작했다면 변경 셀은 자동으로 입력되어져 있을 것이다.

⑤ [시나리오 값] 대화상자에서 주문량에 「25」를 입력하고 [추가]를 클릭한다.

⑥ [시나리오 추가] 대화상자가 나타나면 시나리오 이름을 「**주문량 감소**」라고 입력하고, 변경 셀은 [B14]
로 지정한 뒤 [확인]을 클릭한다.

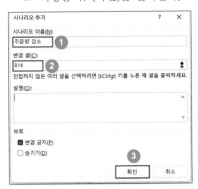

⑦ [시나리오 값] 대화상자에서 주문량에 「15」을 입력하고 [확인]을 클릭한다.

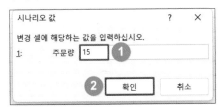

⑧ [시나리오 관리자] 대화상자에서 [요약]을 선택한다. [시나리오 요약] 대화상자가 나타나면 결과 셀에
[B12]와 [E12]를 지정하고 [확인]을 클릭한다.

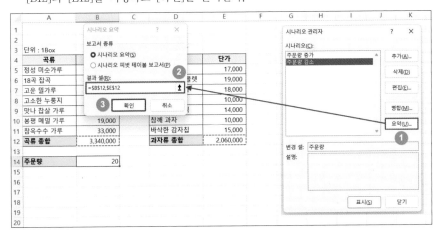

⑨ 최종결과

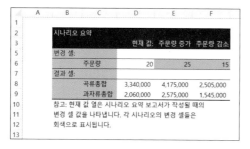

	A	B	C	D	E	F
1						
2	시나리오 요약					
3				현재 값:	주문량 증가	주문량 감소
5	변경 셀:					
6		주문량		20	25	15
7	결과 셀:					
8		곡류총합		3,340,000	4,175,000	2,505,000
9		과자류총합		2,060,000	2,575,000	1,545,000
10	참고: 현재 값 열은 시나리오 요약 보고서가 작성될 때의					
11	변경 셀 값을 나타냅니다. 각 시나리오의 변경 셀들은					
12	회색으로 표시됩니다.					
13						

CHAPTER

05 통합

데이터 통합은 동일 시트 또는 서로 다른 시트에 입력된 데이터를 첫 행과 왼쪽 열을 기준으로 통합하여 사용자가 지정한 범위에 표시해 주는 기능입니다. 통합을 이용하여 합계, 평균, 개수 등의 연산을 수행할 수 있으며, 사용할 레이블의 설정 방식에 따라 통합 문제의 난이도가 결정됩니다.

출제유형 1 '통합1' 시트에서 다음의 지시사항을 처리하시오.

데이터 통합 기능을 이용하여 [표1], [표2], [표3]의 항목별 1월, 2월, 3월 지출의 최대값을 [표4]의 [F2:I6] 영역에 표시하고, 지출의 최소값을 [표5]의 [F9:I13] 영역에 계산하시오.

문제해결 🔑

① 최대값을 표시할 [F2:I6] 영역을 범위 지정한 후 [데이터]탭-[데이터 도구] 영역의 [통합]을 선택한다.

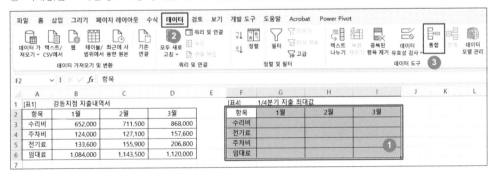

② [통합] 대화상자가 나타나면 '함수' 영역의 화살표(∨)를 클릭하여 목록에서 '최대'를 선택한다.

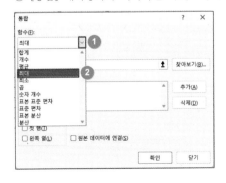

③ 다음으로 참조에 커서를 넣은 뒤 [A2:D6] 영역을 드래그한 후 [추가]를 클릭하여 '모든 참조 영역'에 [표1] 범위를 추가한다.

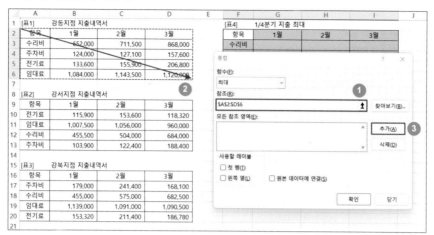

④ 같은 방법으로 [A9:D13], [A16:D20] 영역을 '모든 참조 영역'에 추가하고, 대화상자 하단의 '사용할 레이블' 항목인 '첫 행'과 '왼쪽 열'의 체크박스를 모두 체크한 후 [확인]을 클릭한다.

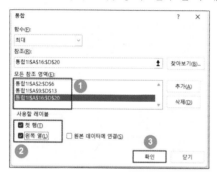

⑤ 최소값을 표시할 [F9:I13] 영역을 범위 지정한 후 [데이터]탭-[데이터 도구] 영역의 [통합]을 선택한다.

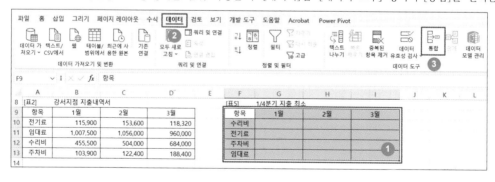

⑥ [통합] 대화상자가 나타나면 '함수' 영역의 '화살표(∨)'를 클릭하여 목록에서 '최소'를 선택한 후 [확인]을 클릭한다.

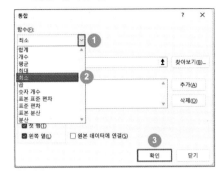

⑦ 최종결과

	A	B	C	D
1	[표1]	강동지점 지출내역서		
2	항목	1월	2월	3월
3	수리비	652,000	711,500	868,000
4	주차비	124,000	127,100	157,600
5	전기료	133,600	155,900	206,800
6	임대료	1,084,000	1,143,500	1,120,000
7				
8	[표2]	강서지점 지출내역서		
9	항목	1월	2월	3월
10	전기료	115,900	153,600	118,320
11	임대료	1,007,500	1,056,000	960,000
12	수리비	455,500	504,000	684,000
13	주차비	103,900	122,400	188,400
14				
15	[표3]	강북지점 지출내역서		
16	항목	1월	2월	3월
17	주차비	179,000	241,400	168,100
18	수리비	455,000	575,000	682,500
19	임대료	1,139,000	1,091,000	1,090,500
20	전기료	153,320	211,400	186,780
21				

	F	G	H	I
1	[표4]	1/4분기 지출 최대		
2	항목	1월	2월	3월
3	수리비	652,000	711,500	868,000
4	전기료	153,320	211,400	206,800
5	주차비	179,000	241,400	188,400
6	임대료	1,139,000	1,143,500	1,120,000
8	[표5]	1/4분기 지출 최소		
9	항목	1월	2월	3월
10	수리비	455,000	504,000	682,500
11	전기료	115,900	153,600	118,320
12	주차비	103,900	122,400	157,600
13	임대료	1,007,500	1,056,000	960,000

출제유형 2 '통합2' 시트에서 다음의 지시사항을 처리하시오.

데이터 통합 기능을 이용하여 [표1], [표2], [표3]의 제품코드별 서울과 경기의 판매수량 평균을 [표4]의 [G2:I2] 영역에 계산하시오.

문제해결 🔑

① 평균을 표시할 [G2:I2] 영역을 범위 지정한 후 [데이터]탭-[데이터 도구] 영역의 [통합]을 선택한다.

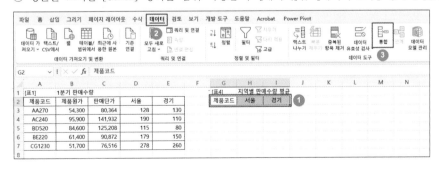

② [통합] 대화상자가 나타나면 '함수' 영역의 '화살표(∨)'를 클릭하여 목록에서 '평균'을 선택한다. 다음
으로 참조에 커서를 넣은 뒤 [A2:E7] 영역을 드래그한 후 [추가]를 클릭하여 '모든 참조 영역'에 [표1]
범위를 추가한다.

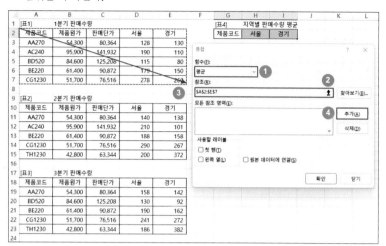

③ 같은 방법으로 [A10:E15], [A18:E23] 영역을 '모든 참조 영역'에 추가하고, 대화상자 하단의 '사용할
레이블' 항목인 '첫 행'과 '왼쪽 열'의 체크박스를 모두 체크한 후 [확인]을 클릭한다.

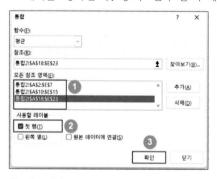

④ 최종결과

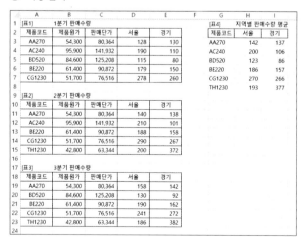

출제유형 3 '통합3' 시트에서 다음의 지시사항을 처리하시오.

데이터 통합 기능을 이용하여 '부서별 비용처리 내역서'의 부서명별 1월, 2월, 3월 처리비용의 평균을 [표4] 영역에 계산하시오.

▶ 부서명이 '영업', '홍보', '경영'으로 시작하는 데이터로 그룹화하여 표시하시오.

문제해결 🔑

① 부서명이 '영업', '홍보', '경영'으로 시작하는 데이터를 추출하기 위해 와일드카드 '*'을 이용하여 사용할 레이블을 우선 작업한다. [G3] 셀에 「**영업***」, [G4] 셀에 「**홍보***」, [G5] 셀에 「**경영***」이라 각각 입력한다.

② 평균을 표시할 [G2:J5] 영역을 범위 지정한 후 [데이터]탭-[데이터 도구] 영역의 [통합]을 선택한다.

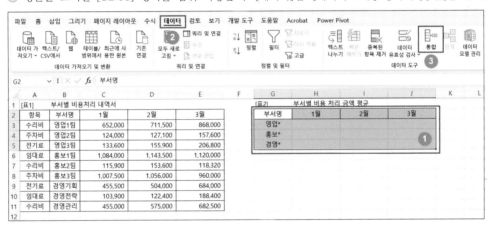

③ [통합] 대화상자가 나타나면 '함수' 영역의 '화살표(⌄)'를 클릭하여 목록에서 '평균'을 선택한다. 다음으로 참조에 커서를 넣은 뒤 [B2:E11] 영역을 드래그한 후 [추가]를 클릭하여 '모든 참조 영역'에 [표1] 범위를 추가한다.

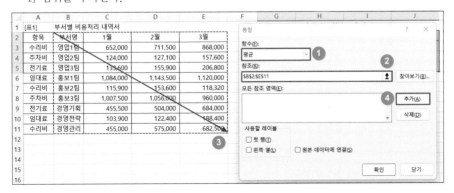

④ 대화상자 하단의 '사용할 레이블' 항목인 '첫 행'과 '왼쪽 열'의 체크박스를 모두 체크한 후 [확인]을
   클릭한다.

⑤ 최종결과

	A	B	C	D	E	F	G	H	I	J
1	[표1]	부서별 비용처리 내역서					[표2]	부서별 비용 처리 금액 평균		
2	항목	부서명	1월	2월	3월		부서명	1월	2월	3월
3	수리비	영업1팀	652,000	711,500	868,000		영업*	303,200	331,500	410,800
4	주차비	영업2팀	124,000	127,100	157,600		홍보*	735,800	784,367	732,773
5	전기료	영업3팀	133,600	155,900	206,800		경영*	338,133	400,467	518,300
6	임대료	홍보1팀	1,084,000	1,143,500	1,120,000					
7	수리비	홍보2팀	115,900	153,600	118,320					
8	주차비	홍보3팀	1,007,500	1,056,000	960,000					
9	전기료	경영기획	455,500	504,000	684,000					
10	임대료	경영전략	103,900	122,400	188,400					
11	수리비	경영관리	455,000	575,000	682,500					
12										

CHAPTER

06 데이터 유효성 검사

데이터 유효성 검사는 시트에 데이터를 입력할 때 정확도를 유지할 수 있도록 도와주며, 입력 가능한 데이터의 목록 및 범위를 설정하는 기능입니다. 입력 시 표시될 내용을 설정하거나, 지정된 조건에 맞지 않는 데이터를 입력하는 경우 표시될 오류 메시지를 설정할 수 있습니다.

● [데이터 유효성] 대화상자

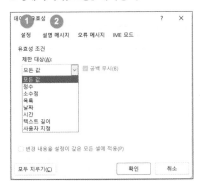 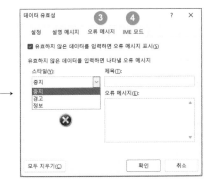

① 설정	제한 대상, 제한 방법 등을 설정하여 유효한 입력 조건을 지정합니다.
② 설명 메시지	유효성 검사 규칙이 적용된 셀을 선택했을 때 표시될 메시지를 설정합니다.
③ 오류 메시지	유효성 검사 규칙에 맞지 않는 데이터를 입력했을 때 표시될 메시지를 설정합니다.
④ IME 모드	유효성 검사 규칙이 적용된 셀의 데이터 입력 모드를 설정합니다.

출제유형 1 '유효성1' 시트에서 다음의 지시사항을 처리하시오.

▶ 데이터 유효성 검사 도구를 이용하여 [B3:B16] 영역에 '음료', '유제품', '가공식품' 목록만 입력되도록 제한 대상을 설정하시오.

▶ [B3:B16] 영역의 셀을 클릭한 경우 〈그림〉과 같은 설명 메시지를 표시하고, 유효하지 않은 데이터를 입력한 경우 〈그림〉과 같이 오류 메시지가 표시되도록 설정하시오.

① [B3:B16] 영역을 범위 지정한 후 [데이터]탭-[데이터 도구] 영역의 [유효성 검사 규칙] 아이콘(⊟◇) 을 클릭한다.

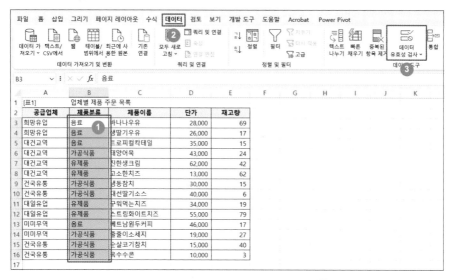

② [데이터 유효성] 대화상자가 나타나면 [설정]탭의 '제한 대상(∨)'을 클릭하여 '목록'을 선택한 후, '원 본' 구역에 「**음료,유제품,가공식품**」이라 입력한다.

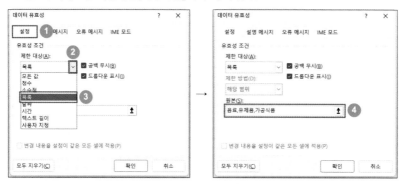

③ [설명 메시지]탭의 '제목' 영역에 「**분류목록**」, '설명 메시지' 영역에 「**음료, 유제품, 가공식품 중 택1**」이 라 입력한다.

④ [오류 메시지]탭의 '스타일(⌄)' 목록에서 '중지'를 선택하고, '제목' 영역에 「**제품분류선택**」, '오류 메시지' 영역에 「**취급하지 않는 제품유형입니다.**」와 같이 입력한 후 [확인]을 클릭한다.

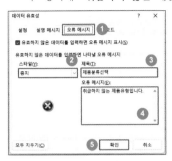

출제유형 2 '유효성2' 시트에서 다음의 지시사항을 처리하시오.

▶ 데이터 유효성 검사 도구를 이용하여 [C3:E11] 영역에 100,000이상 1,500,000이하의 정수만 입력되도록 제한 대상을 설정하시오.

▶ [C3:E11] 영역의 셀을 클릭한 경우 〈그림〉과 같은 설명 메시지를 표시하고, 유효하지 않은 데이터를 입력한 경우 〈그림〉과 같이 오류 메시지가 표시되도록 설정하시오.

▶ 조건부 서식의 셀 강조 규칙을 이용하여 [C3:E11] 영역 값이 1,000,000 보다 큰 데이터는 '진한 빨강 텍스트가 있는 연한 빨강 채우기' 서식이 적용되도록 설정하시오.

문제해결 🔑

① [C3:E11] 영역을 범위 지정한 후 [데이터]탭-[데이터 도구] 영역의 [유효성 검사 규칙] 아이콘(⊟⊘)을 클릭한다.

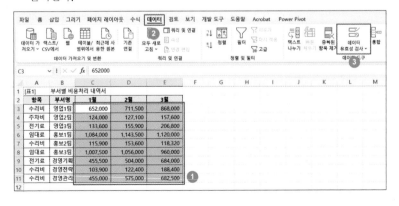

② [데이터 유효성] 대화상자가 나타나면 [설정]탭의 '제한 대상(⌄)'을 클릭하여 '정수'를 선택한다. '제한 방법(⌄)'을 '해당 범위'로 선택한 후, '최소값'을 「100000」, '최대값'을 「1500000」이라 입력한다.

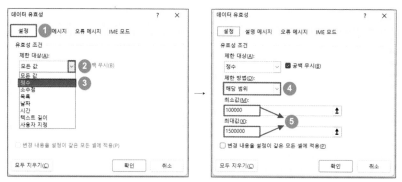

③ [설명 메시지]탭의 '제목' 영역에 **비용처리범위**, '설명 메시지' 영역에 「100,000~1,500,000 범위내로 입력」이라 입력한다.

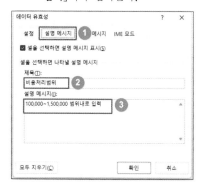

④ [오류 메시지]탭의 '스타일(⌄)' 목록에서 '정보'를 선택하고, '제목' 영역에 「※주의※」, '오류 메시지' 영역에 **비용처리 가능 금액이 아닙니다.**와 같이 입력한 후 [확인]을 클릭한다.

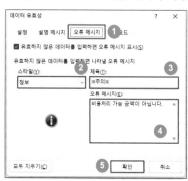

⑤ [C3:E11] 영역을 범위 지정한 후 [홈]탭-[스타일] 영역의 [조건부 서식]을 선택한 후, [셀 강조 규칙]-[보다 큼]을 선택한다.

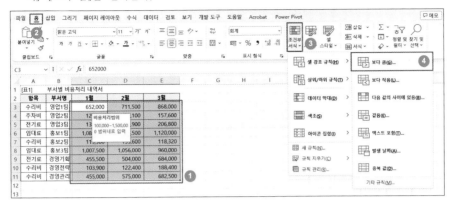

⑥ [보다 큼] 대화상자가 나타나면 '다음 값보다 큰 셀의 서식 지정' 영역에 「1000000」을 입력하고, '적용할 서식(∨)'을 '진한 빨강 텍스트가 있는 연한 빨강 채우기'를 선택한 후 [확인]을 클릭한다.

⑦ 최종결과

출제유형 3 '유효성3' 시트에서 다음의 지시사항을 처리하시오.

▶ 데이터 유효성 검사 도구를 이용하여 [A3:A14] 영역에 2024-1-1부터 2024-1-31까지의 날짜만 입력되도록 제한 대상을 설정하시오.

▶ [A3:A14] 영역의 셀을 클릭한 경우 〈그림〉과 같은 설명 메시지를 표시하고, 유효하지 않은 데이터를 입력한 경우 〈그림〉과 같이 오류 메시지가 표시되도록 설정하시오.

문제해결 🔑

① [A3:A14] 영역을 범위 지정한 후 [데이터]탭-[데이터 도구] 영역의 [유효성 검사 규칙] 아이콘(🖾)을 클릭한다.

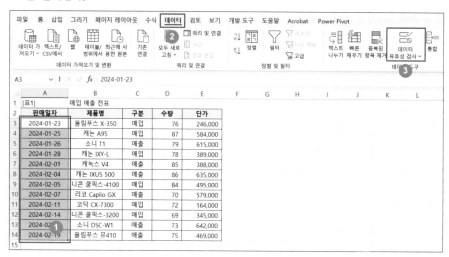

② [데이터 유효성] 대화상자가 나타나면 [설정]탭의 '제한 대상(⌄)'을 클릭하여 '날짜'를 선택한다. '제한 방법(⌄)'을 '해당 범위'로 선택한 후, '시작 날짜'에 「2024-1-1」, '끝 날짜'에 「2024-1-31」이라 입력한다.

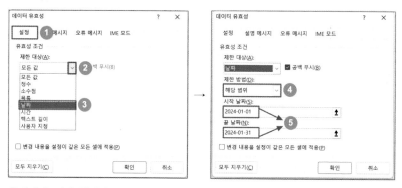

③ [설명 메시지]탭의 '제목' 영역에 「**판매기간**」, '설명 메시지' 영역에 「**1월1일~1월31일**」이라 입력한다.

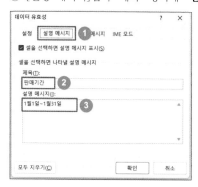

④ [오류 메시지]탭의 '스타일(⌄)' 목록에서 '중지'를 선택하고, '제목' 영역에 **「입력날짜확인」**, '오류 메시
   지' 영역에 **「입력된 날짜를 확인 해주세요.」**와 같이 입력한 후 [확인]을 클릭한다.

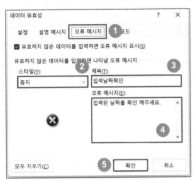

CHAPTER

07

중복된 항목 제거

중복된 항목 제거 기능은 입력된 데이터 중 특정 기준 열에 중복된 항목이 있는 경우 이를 찾아 제거하여 고유 값만을 표시하는 기능입니다. 난이도가 높지 않아 정렬, 부분합, 자동 필터 등의 분석 기능과 혼합된 형태로 출제되고 있습니다.

출제유형 1 '중복1' 시트에서 다음의 지시사항을 처리하시오.

데이터 도구를 이용하여 [A3:F23] 영역에서 '담당부서'와 '제품명'을 기준으로 중복된 값이 포함된 행을 삭제하시오.

▶ '담당부서'를 기준으로 오름차순 정렬하시오.

문제해결

① [A3:F23] 영역을 범위 지정한 후 [데이터]탭-[데이터 도구] 영역의 [중복된 항목 제거]를 선택한다.

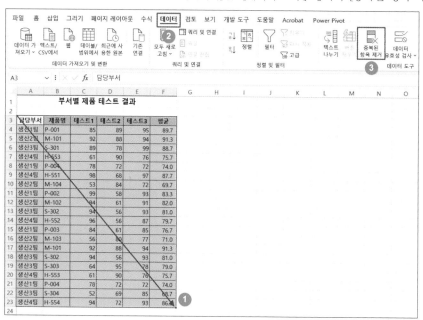

② [중복된 항목 제거] 대화상자가 나타나면 [≣ 모두 선택 취소]를 클릭하여 전체 열 항목의 체크를 해제한다. '열' 항목에서 '담당부서'와 '제품명'의 체크박스를 선택한 후 [확인]을 클릭한다.

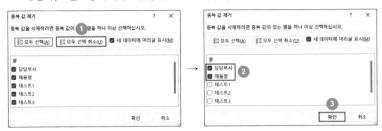

③ [Microsoft Excel] 대화상자가 나타나면 [확인]을 클릭한다.

④ 정렬을 수행하기 위해 [A3] 셀을 선택한 후 [데이터]탭-[정렬 및 필터] 영역의 [정렬]을 클릭한다.

⑤ [정렬] 대화상자가 나타나면 기준 열은 '담당부서', 정렬 기준은 '셀 값', 정렬은 '오름차순'으로 선택한 후 [확인]을 클릭한다.

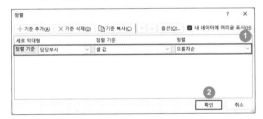

⑥ 최종결과

	A	B	C	D	E	F
1		부서별 제품 테스트 결과				
2						
3	담당부서	제품명	테스트1	테스트2	테스트3	평균
4	생산1팀	P-001	85	89	95	89.7
5	생산1팀	P-004	78	72	72	74.0
6	생산1팀	P-002	99	58	93	83.3
7	생산1팀	P-003	84	61	85	76.7
8	생산2팀	M-101	92	88	94	91.3
9	생산2팀	M-104	53	84	72	69.7
10	생산2팀	M-102	94	61	91	82.0
11	생산2팀	M-103	56	80	77	71.0
12	생산3팀	S-301	89	78	99	88.7
13	생산3팀	S-302	94	56	93	81.0
14	생산3팀	S-303	64	95	78	79.0
15	생산3팀	S-304	52	69	85	68.7
16	생산4팀	H-553	61	90	76	75.7
17	생산4팀	H-551	98	68	97	87.7
18	생산4팀	H-552	96	56	87	79.7
19	생산4팀	H-554	94	72	93	86.3
20						

데이터 도구를 이용하여 [A3:F21] 영역에서 '지역'과 '분류'를 기준으로 중복된 값이 포함된 행을 삭제하시오.

▶ '지역'을 기준으로 '경기-충청-전라-경상' 순으로 정렬하고, 동일한 지역인 경우 '분류'의 셀 색이 'RGB(255,199,206)'인 값이 위에 표시되도록 정렬하시오.

문제해결 🔑

① [A3:F21] 영역을 범위 지정한 후 [데이터]탭-[데이터 도구] 영역의 [중복된 항목 제거( )]를 선택한다.

② [중복된 항목 제거] 대화상자가 나타나면 [모두 선택 취소]를 클릭하여 전체 열 항목의 체크를 해제한다. '열' 항목에서 '지역'과 '분류'의 체크박스를 선택한 후 [확인]을 클릭한다.

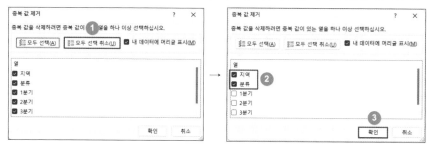

③ [Microsoft Excel] 대화상자가 나타나면 [확인]을 클릭한다.

④ 정렬을 수행하기 위해 [A3] 셀을 선택한 후 [데이터]탭-[정렬 및 필터] 영역의 [정렬( )]을 클릭한다.

⑤ [정렬] 대화상자가 나타나면 기준 열은 '지역', 정렬 기준은 '셀 값', 정렬은 '사용자 지정 목록'을 선택한다.

⑥ [사용자 지정 목록] 대화상자가 나타나면 화면 왼쪽의 '사용자 지정 목록'에서 '새 목록'을 선택한다. 화면 오른쪽 '목록 항목' 구역에 「**경기, 충청, 전라, 경상**」 순으로 입력한 후 [추가]와 [확인]을 차례로 클릭한다.

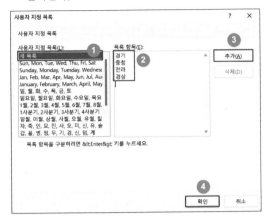

⑦ [정렬] 대화상자에서 [기준 추가]를 클릭한 후, 다음 기준 열은 '분류', 정렬 기준은 '셀 색'으로 설정하여 'RGB(255,199,206)'와 '위에 표시'를 선택한 후 [확인]을 클릭한다.

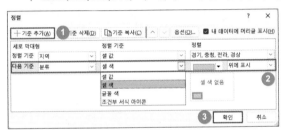

⑧ 최종결과

	A	B	C	D	E	F
1			분기별 판매 실적			
2						
3	지역	분류	1분기	2분기	3분기	4분기
4	경기	가전	506,000	589,600	291,500	343,200
5	경기	식품	275,000	275,000	319,440	323,400
6	경기	잡화	325,160	319,000	298,320	435,600
7	경기	의류	347,600	362,340	280,280	517,000
8	충청	가전	543,400	506,000	339,240	556,600
9	충청	식품	346,280	517,220	473,660	275,880
10	충청	잡화	422,400	369,600	323,400	385,000
11	충청	의류	431,200	327,800	298,540	371,580
12	전라	가전	369,600	565,400	324,500	374,000
13	전라	식품	320,540	563,200	579,700	300,300
14	전라	의류	343,860	312,400	275,000	539,000
15	전라	잡화	371,800	468,600	275,880	392,700
16	경상	가전	338,800	530,200	319,440	563,420
17	경상	의류	276,540	275,000	411,400	486,860
18	경상	식품	320,540	563,200	579,700	300,300
19	경상	잡화	411,400	275,000	298,320	436,920
20						

데이터 도구를 이용하여 [A3:E24] 영역에서 'ID'를 기준으로 중복된 값이 포함된 행을 삭제하시오.

▶ '회원등급'을 기준으로 내림차순 정렬하시오.

▶ 부분합 기능을 이용하여 '회원등급'별 '금액'의 평균을 계산하여 표시하시오.

문제해결 🔑

① [A3:E24] 영역을 범위 지정한 후 [데이터]탭-[데이터 도구] 영역의 [중복된 항목 제거(🗙)]를 선택한다.

② [중복된 항목 제거] 대화상자가 나타나면 [🔢 모두 선택 취소]를 클릭하여 전체 열 항목의 체크를 해제한다. '열' 항목에서 'ID'의 체크박스를 선택한 후 [확인]을 클릭한다.

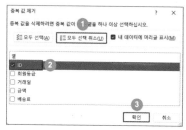

③ [Microsoft Excel] 대화상자가 나타나면 [확인]을 클릭한다.

④ 정렬을 수행하기 위해 [A3] 셀을 선택한 후 [데이터]탭-[정렬 및 필터] 영역의 [정렬(🔢)]을 클릭한다.

⑤ [정렬] 대화상자가 나타나면 기준 열은 '회원등급', 정렬 기준은 '셀 값', 정렬은 '내림차순'으로 선택한 후 [확인]을 클릭한다.

⑥ [A3] 셀이 선택이 되어져 있는 상태에서 [데이터]탭-[윤곽선] 영역의 [부분합(🔢)]을 클릭한다.

⑦ [부분합] 대화상자가 나타나면 그룹화할 항목은 '회원등급', 사용할 함수는 '평균', 부분합 계산 항목은 '금액'만 체크하고 [확인]을 클릭한다.

⑧ 최종결과

CHAPTER 08

피벗 테이블

피벗 테이블은 데이터 목록의 필드를 항목별로 구분하여 데이터를 분석 및 가공하고, 이를 표 또는 차트 형태로 표시하는 기능입니다. 피벗 테이블을 이용하여 간단한 연산 작업을 수행할 수 있고, 자동 필터나 정렬 등의 기능을 수행할 수 있습니다.

◉ 피벗 테이블 도구 - [피벗 테이블 분석]탭

① '피벗 테이블' 영역 - '옵션' 대화상자

피벗 테이블의 임의의 영역을 선택한 뒤, 해당 대화상자를 띄워 피벗 테이블의 다양한 기능을 설정할 수 있습니다.

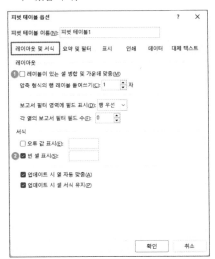
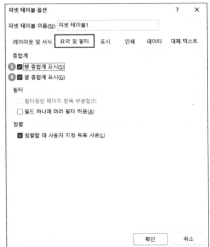

① 레이블이 있는 셀 병합 및 가운데 정렬	레이블 항목을 정 가운데 정렬하기 위해 셀을 병합합니다.
② 빈 셀 표시	빈 셀에 표시할 값을 지정합니다.
③ 행의 총합계 표시	행의 총합계를 표시합니다.
④ 열의 총합계 표시	열의 총합계를 표시합니다.

② '활성 필드' 영역 - '필드 설정' 대화상자

편집 하고자 하는 필드를 선택한 뒤, 해당 대화상자를 띄워 필드의 값 표시 방식과 형식을 설정할 수 있습니다.

① 사용자 지정 이름	필드의 이름을 변경합니다.
② 값 필드 요약 기준	필드에 적용할 함수를 변경합니다.
③ 값 표시 형식	필드에 사용자 정의 계산을 적용하여 계산 유형을 변경합니다.
④ 표시 형식	필드에 표시되는 값의 형식을 변경합니다.

③ '그룹' 영역 - '선택 항목 그룹화' 대화상자

데이터를 단위별로 그룹하거나 그룹을 해제할 때 사용합니다.

④ '계산' 영역 - '필드, 항목 및 집합' 하위 메뉴 - '계산 필드' 대화상자

계산 필드와 항목을 추가하거나 제거할 때 사용하는 기능입니다.

◉ 피벗 테이블 도구 - [디자인]탭

① '레이아웃' 영역 - '보고서 레이아웃' 항목

피벗 테이블을 작성하면 기본적으로 압축 형식으로 표시되는데, 이 경우 필드의 레이블이 표시되지 않습니다. 개요 또는 테이블 형식으로 변경할 것인지는 지문 또는 그림을 참고하여 작업합니다.

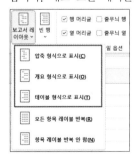

보고서 레이아웃 항목 구분	
압축 형식으로 표시	행 영역에 여러 항목의 필드를 지정한 경우 모든 항목이 하나의 열에 표시되며, 배치된 순서에 따라 들여쓰기로 구분되어 표시됩니다.
개요 형식으로 표시	행 영역에 여러 항목의 필드를 지정한 경우 배치된 순서에 따라 각각의 열로 분리되어 표시됩니다.
테이블 형식으로 표시	개요 형식과 동일하나, 필드가 배치된 순서에 따라 행이 바뀌지 않고 모두 같은 행에서부터 데이터가 표시됩니다.
모든 항목 레이블 반복	항목 레이블을 반복하여 표시합니다.
항목 레이블 반복 안 함	항목 레이블을 한 번만 표시합니다.

② '피벗 테이블 스타일' 영역

피벗 테이블에 디자인을 적용하는 메뉴이며, '밝게', '보통', '어둡게'로 구성되어 있습니다. 피벗 테이블에 스타일을 적용한 후 '피벗 테이블 스타일 옵션' 구역을 이용하여 행/열 머리글 및 줄무늬 행/열 설정을 지정할 수 있습니다.

출제유형 1 '피벗테이블1' 시트에서 다음의 지시사항을 처리하시오.

[피벗 테이블] 기능을 이용하여 '사원별 급여 지급 현황' 표의 '부서명'은 '행', '직급'은 '열'로 처리하고, '값'에 '기본급'과 '성과금'의 평균을 계산하고 'Σ값'은 '행'으로 설정하시오.

▶ 피벗 테이블 보고서는 동일 시트의 [H3] 셀에서 시작하시오.

▶ 보고서 레이아웃은 '개요 형식'으로 지정하시오.

▶ 피벗 테이블에는 '열의 총합계'만 표시하시오.

▶ 값 영역의 표시 형식은 '값 필드 설정'의 셀 서식에서 '숫자' 범주와 '1000 단위 구분 기호 사용'을 지정하시오.

▶ 피벗 테이블에 '피벗 스타일 밝게9' 서식을 지정하시오.

문제해결 🔑

① [A3] 셀을 선택한 후 [삽입]탭-[표] 영역의 [피벗 테이블] 목록에서 [테이블/범위에서]를 선택한다.

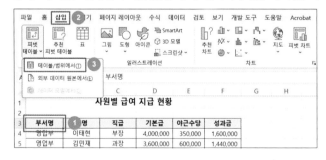

② [표 또는 범위의 피벗 테이블] 대화상자가 나타나면 표/범위가 [A3:F23] 영역인지 확인하고, 피벗 테이블을 배치할 위치를 '기존 워크시트'로 선택한다. 위치가 활성화 되면 커서를 삽입한 후 [H3] 셀을 선택하고 [확인]을 클릭한다.

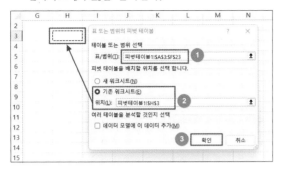

③ [피벗 테이블 필드] 화면이 나타나면 '부서명'은 '행', '직급'은 '열', '기본급'과 '성과금'은 'Σ값'으로 드래그한다.

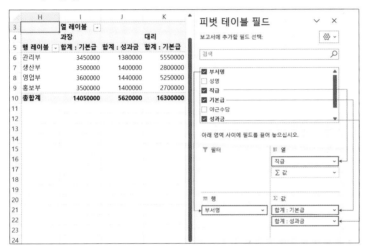

④ 'Σ 값'이 2개 이상이면 자동으로 '열' 영역에 표시되는데 이를 '행' 영역으로 드래그하여 이동시킨다.

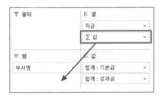

⑤ 작성된 피벗 테이블의 임의의 셀을 선택한 후 [디자인]탭-[레이아웃] 영역의 [보고서 레이아웃] 목록에서 '개요 형식으로 표시'를 선택한다.

⑥ 작성된 피벗 테이블의 임의의 셀을 선택한 후 [피벗 테이블 분석]탭-[피벗테이블] 영역의 [옵션]을 클릭한다.

⑦ [피벗 테이블 옵션] 대화상자가 나타나면 [요약 및 필터]탭의 '총합계' 중 '행 총합계 표시'의 체크박스를 해제한 후 [확인]을 클릭한다.

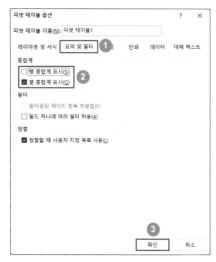

⑧ '기본급'의 합계가 표시된 임의의 셀을 선택한 후 [피벗 테이블 분석]탭-[활성 필드] 영역의 [필드 설정]을 클릭한다.

⑨ [값 필드 설정] 대화상자가 나타나면 '기본급' 필드의 계산 유형을 '평균'으로 변경한 후 대화상자 하단의 [표시 형식]을 클릭하여 [셀 서식] 대화상자를 표시한다.

⑩ [표시 형식]탭의 '범주'를 '숫자'로 설정하고, '1000단위 구분 기호(,) 사용'의 체크박스를 선택한 후 [확인]을 차례대로 클릭한다.

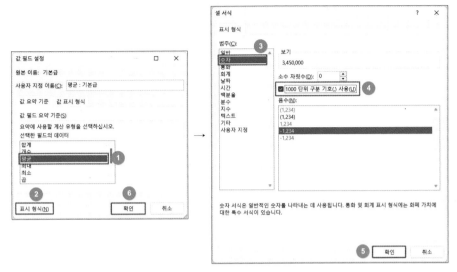

⑪ '성과금' 역시 '기본급'과 동일하게 [필드 설정]을 변경한다.

⑫ 피벗 테이블의 임의의 셀을 선택한 후 [디자인]탭-[피벗 테이블 스타일] 영역에서 '피벗 스타일 밝게9'를 선택한다.

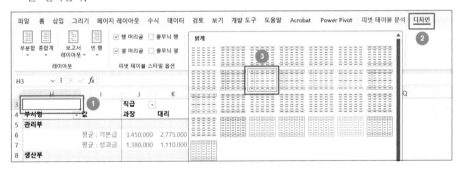

⑬ 최종결과

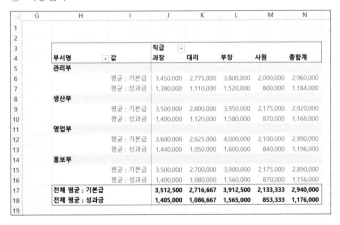

부서명	값	직급				총합계
		과장	대리	부장	사원	
관리부						
	평균 : 기본급	3,450,000	2,775,000	3,800,000	2,000,000	2,960,000
	평균 : 성과금	1,380,000	1,110,000	1,520,000	800,000	1,184,000
생산부						
	평균 : 기본급	3,500,000	2,800,000	3,950,000	2,175,000	2,920,000
	평균 : 성과금	1,400,000	1,120,000	1,580,000	870,000	1,168,000
영업부						
	평균 : 기본급	3,600,000	2,625,000	4,000,000	2,100,000	2,990,000
	평균 : 성과금	1,440,000	1,050,000	1,600,000	840,000	1,196,000
홍보부						
	평균 : 기본급	3,500,000	2,700,000	3,900,000	2,175,000	2,890,000
	평균 : 성과금	1,400,000	1,080,000	1,560,000	870,000	1,156,000
전체 평균 : 기본급		3,512,500	2,716,667	3,912,500	2,133,333	2,940,000
전체 평균 : 성과금		1,405,000	1,086,667	1,565,000	853,333	1,176,000

[피벗 테이블] 기능을 이용하여 '전자상거래 회원 거래 목록' 표의 '주문지역'은 '필터', '거래일'은 '행', '회원등급'은 '열'로 처리하고, '값'에 '금액'의 합계를 계산하시오.

▶ 피벗 테이블 보고서는 동일 시트의 [H5] 셀에서 시작하시오.

▶ 보고서 레이아웃은 '개요 형식'으로 지정하시오.

▶ '거래일' 필드는 '월' 단위로 그룹을 설정하고, 값 영역의 표시 형식은 '값 필드 설정'의 셀 서식에서 '회계' 범주 중 기호 '없음'으로 지정하시오.

▶ 피벗 테이블의 빈 셀에 '*'을 표시하고, 레이블이 있는 셀 병합 및 가운데 맞춤을 설정하시오.

▶ 피벗 테이블에 '피벗 스타일 보통 14' 서식을 지정하시오.

문제해결

① [A3] 셀을 선택한 후 [삽입]탭-[표] 영역의 [피벗 테이블] 목록에서 [테이블/범위에서]를 선택한다.

② [표 또는 범위의 피벗 테이블] 대화상자가 나타나면 표/범위가 [A3:F24] 영역인지 확인하고, 피벗 테이블을 배치할 위치를 '기존 워크시트'로 선택한다. 위치가 활성화 되면 커서를 삽입한 후 [H5] 셀을 선택하고 [확인]을 클릭한다.

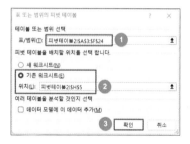

③ [피벗 테이블 필드] 화면이 나타나면 '주문지역'은 '필터', '거래일'은 '행', '회원등급'은 '열', '금액'은 'Σ값'으로 드래그한다.

④ 작성된 피벗 테이블의 임의의 셀을 선택한 후 [디자인]탭-[레이아웃] 영역의 [보고서 레이아웃] 목록
에서 '개요 형식으로 표시'를 선택한다.

⑤ 임의의 '거래일' 셀을 선택한 후 [피벗 테이블 분석]탭-[그룹] 영역의 [선택 항목 그룹화]를 클릭한다.
[그룹화] 대화상자가 나타나면 단위를 '월'로 설정하고 [확인]을 클릭한다.

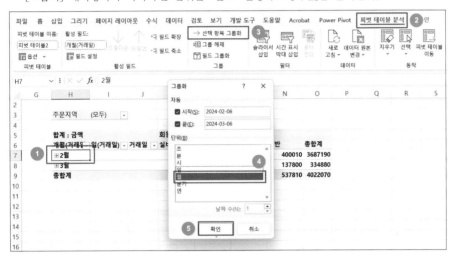

⑥ '금액'의 합계가 표시된 임의의 셀을 선택한 후 [피벗 테이블 분석]탭-[활성 필드] 영역의 [필드 설정]
을 클릭한다.

⑦ [값 필드 설정] 대화상자가 나타나면 하단의 [표시 형식]을 클릭하여 [셀 서식] 대화상자를 표시한다.
[표시 형식]탭의 '범주'를 '회계'로 설정하고, 기호를 '없음'으로 선택한 후 [확인]을 차례대로 클릭한다.

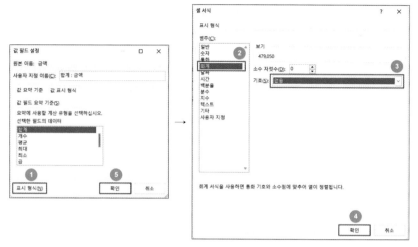

⑧ 작성된 피벗 테이블의 임의의 셀을 선택한 후 [피벗 테이블 분석]탭-[피벗 테이블] 영역의 [옵션]을 클릭한다.

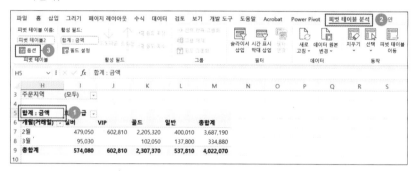

⑨ [피벗 테이블 옵션] 대화상자가 나타나면 [레이아웃 및 서식]탭의 '레이아웃' 영역에서 '레이블이 있는 셀 병합 및 가운데 맞춤'의 체크박스를 선택하고, 서식 영역의 '빈 셀 표시'에 「*」와 같이 입력한 후 [확인]을 클릭한다.

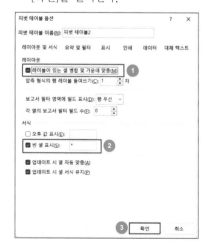

⑩ 피벗 테이블의 임의의 셀을 선택한 후 [디자인]탭-[피벗 테이블 스타일] 영역에서 '피벗 스타일 보통 14'를 선택한다.

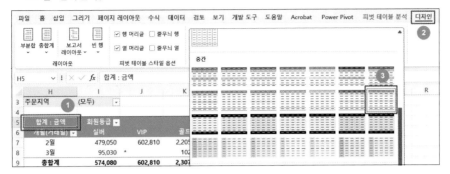

⑪ 최종결과

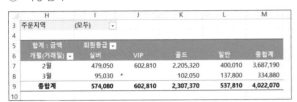

합계 : 금액	회원등급				
개월(거래일)	실버	VIP	골드	일반	총합계
2월	479,050	602,810	2,205,320	400,010	3,687,190
3월	95,030	*	102,050	137,800	334,880
총합계	574,080	602,810	2,307,370	537,810	4,022,070

Spread
sheet

P A R T

04

기타작업

CHAPTER

01

매크로

매크로는 반복되는 일련의 작업을 미리 등록해 두었다가 필요한 순간에 호출해서 사용하는 기능으로 연산 및 서식 설정, 분석 기능 등을 기록해서 사용할 수 있습니다. 매크로는 작업 내용이 코드 형태로 기록되기 때문에 내용을 수정하기가 까다롭습니다. 따라서 작업 순서에 맞춰 정확하게 기록하는 것이 무엇보다 중요합니다.

◉ 매크로 작성 시 유의사항

▶ 매크로 이름에는 공백과 기호를 사용할 수 없습니다.

▶ 도형 작성 시 [Alt]를 함께 사용하면 셀 범위에 정확하게 맞춰 그릴 수 있습니다.

▶ [매크로 보안]은 'VBA 매크로 사용(권장 안함, 위험한 코드가 시행 될 수 있음)'으로 설정합니다.

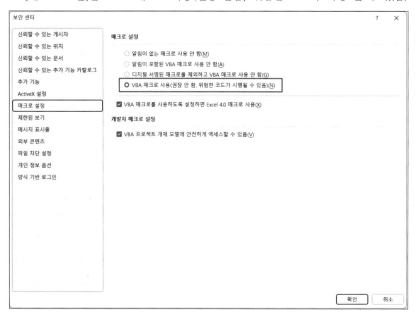

◉ [보안 위험] 알림창 해결방법

매크로가 포함되어 있는 경우 파일의 안전성을 확보하고 외부 공격으로부터 시스템을 보호하기 위해 알 수 없는 매크로 기능을 차단하게 됩니다. 출처가 분명하고 안전한 파일의 매크로를 해제하려면 아래의 작업을 수행합니다.

① Windows 파일 탐색기를 열고 파일을 저장한 폴더로 이동한다.

② 파일을 마우스 오른쪽 버튼으로 클릭한 후, 바로 가게 메뉴 중 [속성]을 선택한다.

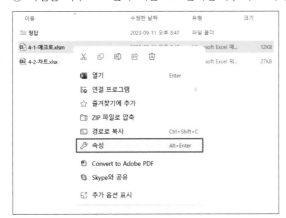

③ [일반]탭 하단에서 '차단 해제'를 선택하고 [확인]을 클릭합니다.

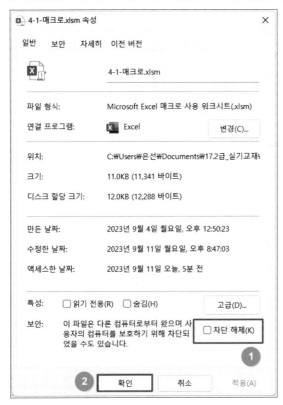

◯ 매크로 작성 전 체크항목

매크로는 리본 메뉴의 [개발 도구]탭을 사용하여 기록하는데, 만약 리본 메뉴에 [개발 도구]탭이 없다면 아래의 방법을 참고하여 설정을 변경합니다.

① 리본 메뉴 중 [홈]탭을 마우스 오른쪽으로 클릭하면 바로 가기 메뉴 목록이 나타나는데 그 중 '리본 메뉴 사용자 지정'을 선택합니다.

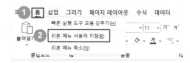

② [Excel 옵션] 대화상자가 나타나면 [리본 사용자 지정]탭의 리본 메뉴 사용자 지정 목록에서 '개발 도구'의 체크박스를 선택한 후 [확인]을 클릭합니다.

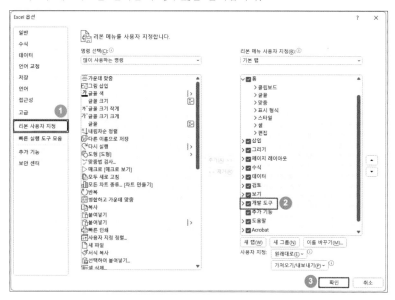

출제유형 1 '매크로1' 시트의 [표]에서 다음과 같은 기능을 수행하는 매크로를 현재 통합 문서에 작성하고 실행하시오.

① [E3:E14] 영역에 판매총액을 계산하는 매크로를 생성하고, 매크로 이름을 '판매총액'으로 지정하시오.

▶ 판매총액 = 수량 × 단가

▶ [개발 도구]→[삽입]→[양식 컨트롤]의 '단추(□)'를 동일 시트의 [G2:H3] 영역에 생성한 후 텍스트를 '판매총액'으로 입력하고, 단추를 클릭하면 '판매총액' 매크로가 실행되도록 설정할 것

② [A2:E2] 영역에 글꼴 색 '표준 색-노랑', 채우기 색 '표준 색-녹색'으로 지정하는 매크로를 생성하고, 매크로 이름을 '서식'으로 지정하시오.

▶ [삽입]→[도형]→[사각형]의 '사각형: 둥근 모서리(□)'를 동일 시트의 [G5:H6] 영역에 생성한 후 텍스트를 '서식'으로 입력한 후 가로 세로 가운데 맞춤을 설정하고, 도형을 클릭하면 '서식' 매크로가 실행되도록 설정할 것

※ 셀 포인터의 위치에 상관없이 현재 통합 문서에서 매크로가 실행되어야 정답으로 실행되도록 설정하시오.

① [개발 도구]탭–[컨트롤] 영역의 [삽입] 목록에서 양식 컨트롤의 [단추]를 선택한다.

② 마우스 포인터가 '+'로 바뀌면 [Alt] 키를 누른 채 [G2:H3] 영역에 드래그하여 컨트롤을 그려준다.

③ [매크로] 대화상자가 나타나면 매크로 이름을 「**판매총액**」으로 입력하고 [기록]을 클릭한다.

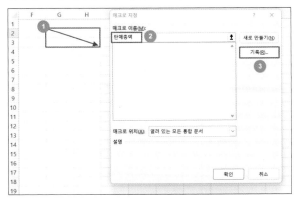

④ [매크로 기록] 화면으로 전환되면 매크로 이름이 '판매총액'인지 확인한 후 [확인]을 클릭한다.

⑤ [E3] 셀에 「=C3*D3」와 같이 입력한 후 [E14] 셀까지 수식을 복사한다.

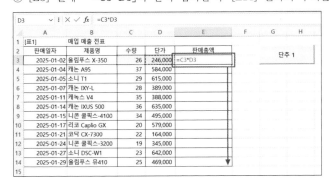

⑥ [개발 도구]탭−[코드] 영역의 [기록 중지]를 클릭한다.

⑦ 단추 컨트롤을 마우스 오른쪽으로 클릭하여 나타나는 바로 가기 메뉴에서 '텍스트 편집'을 선택한다. 텍스트 편집 상태가 되면 **「판매총액」**으로 입력하고 임의의 셀을 클릭하여 편집을 마무리한다.

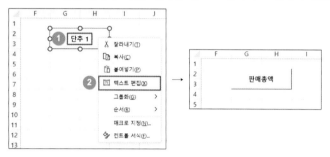

⑧ [삽입]탭−[일러스트레이션] 영역의 [도형] 목록에서 '사각형: 둥근 모서리'를 선택한다. 마우스 포인터가 '+'로 바뀌면 [Alt] 키를 누른 채 [G5:H6] 영역에 드래그하여 도형을 그려준다.

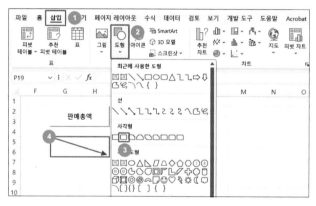

⑨ [개발 도구]탭−[코드] 영역의 [매크로 기록]을 선택한다. [매크로] 대화상자가 나타나면 매크로 이름을 **「서식」**으로 입력하고 [확인]을 클릭한다.

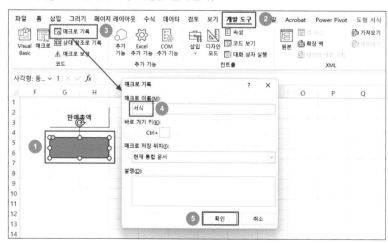

⑩ [A2:E2] 영역을 범위 지정한 후 Ctrl + 1을 눌러 [셀 서식] 대화상자를 호출한다. [셀 서식] 대화상자가 나타나면 [글꼴]탭의 색을 '노랑'으로 설정한 후, [채우기]탭에서 '녹색'을 선택하고 [확인]을 클릭한다.

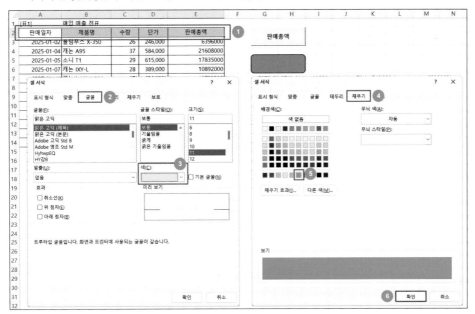

⑪ [개발 도구]탭-[코드] 영역의 [기록 중지]를 클릭한다.

⑫ 도형이 선택된 상태에서 「**서식**」이라 입력한 후, [홈]탭-[맞춤] 영역에서 가로와 세로 맞춤을 가운데로 설정한다.

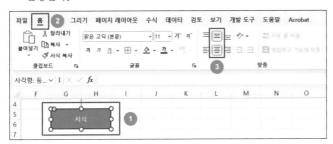

⑬ 도형을 마우스 오른쪽으로 클릭하여 나타나는 바로 가기 메뉴에서 '매크로 지정'을 선택한다.

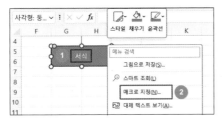

⑭ [매크로 지정] 대화상자가 나타나면 '서식'을 선택한 후 [확인]을 클릭한다.

⑮ 최종결과

출제유형 2 '매크로2' 시트의 [표]에서 다음과 같은 기능을 수행하는 매크로를 현재 통합 문서에 작성하고 실행하시오.

① [F3:F11] 영역에 1월~3월의 평균을 계산하는 매크로를 생성하고, 매크로 이름을 '평균'으로 지정하시오.
   ▶ AVERAGE 함수 사용
   ▶ [개발 도구]→[삽입]→[양식 컨트롤]의 '단추(□)'를 동일 시트의 [H2:I3] 영역에 생성한 후 텍스트를 '평균'으로 입력하고, 단추를 클릭하면 '평균' 매크로가 실행되도록 설정할 것

② [A2:F2] 영역에 셀 스타일 '강조색1'을 지정하는 매크로를 생성하고, 매크로 이름을 '스타일'로 지정하시오.
   ▶ [삽입]→[도형]→[기본도형]의 '하트(♡)'를 동일 시트의 [H5:I6] 영역에 생성한 후 텍스트를 '스타일'로 입력한 후 가로 세로 가운데 맞춤을 설정하고, 도형을 클릭하면 '스타일' 매크로가 실행되도록 설정할 것
      ※ 셀 포인터의 위치에 상관없이 현재 통합 문서에서 매크로가 실행되어야 정답으로 실행되도록 설정하시오.

문제해결 🔑

① [개발 도구]탭–[컨트롤] 영역의 [삽입] 목록에서 양식 컨트롤의 [단추]를 선택한다.

② 마우스 포인터가 '+'로 바뀌면 [Alt] 키를 누른 채 [H2:I3] 영역에 드래그하여 컨트롤을 그려준다.

③ [매크로] 대화상자가 나타나면 매크로 이름을 「**평균**」으로 입력하고 [기록]을 클릭한다.

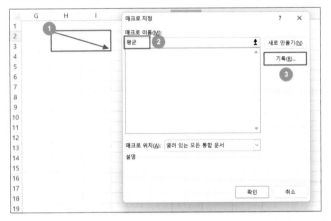

④ [매크로 기록] 화면으로 전환되면 매크로 이름이 '평균'인지 확인한 후 [확인]을 클릭한다.

⑤ [F3] 셀에 「=AVERAGE(C3:E3)」와 같이 입력한 후 [F11] 셀까지 수식을 복사한다.

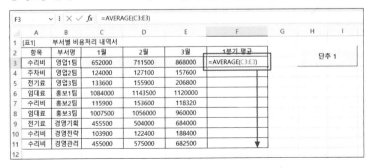

⑥ [개발 도구]탭-[코드] 영역의 [기록 중지]를 클릭한다.

⑦ 단추 컨트롤을 마우스 오른쪽으로 클릭하여 나타나는 바로 가기 메뉴에서 '텍스트 편집'을 선택한다. 텍스트 편집 상태가 되면「**평균**」으로 입력하고 임의의 셀을 클릭하여 편집을 마무리한다.

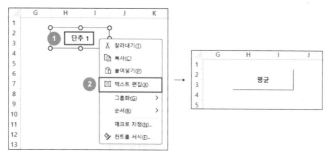

⑧ [삽입]탭-[일러스트레이션] 영역의 [도형] 목록에서 '기본도형: 하트'를 선택한다. 마우스 포인터가 '+' 로 바뀌면 [Alt] 키를 누른 채 [H5:I6] 영역에 드래그하여 도형을 그려준다.

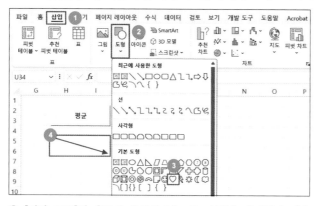

⑨ [개발 도구]탭-[코드] 영역의 [매크로 기록]을 선택한다. [매크로] 대화상자가 나타나면 매크로 이름을 「**스타일**」이라 입력하고 [확인]을 클릭한다.

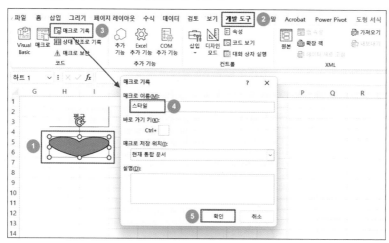

⑩ [A2:F2] 영역을 범위 지정한 후 [홈]탭-[스타일] 영역의 [셀 스타일] 목록에서 '강조색1'을 선택한다.

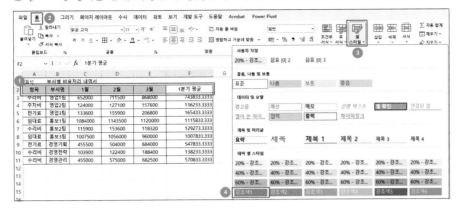

⑪ [개발 도구]탭-[코드] 영역의 [기록 중지]를 클릭한다.

⑫ 도형이 선택된 상태에서 「**스타일**」이라 입력한 후, [홈]탭-[맞춤] 영역에서 가로와 세로 맞춤을 가운데로 설정한다.

⑬ 도형을 마우스 오른쪽으로 클릭하여 나타나는 바로 가기 메뉴에서 '매크로 지정'을 선택한다.

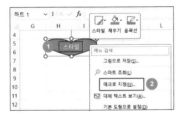

⑭ [매크로 지정] 대화상자가 나타나면 '스타일'을 선택한 후 [확인]을 클릭한다.

⑮ 최종결과

	A	B	C	D	E	F	G	H	I
1	[표1]	부서별 비용처리 내역서							
2	항목	부서명	1월	2월	3월	1분기 평균		평균	
3	수리비	영업1팀	652000	711500	868000	743833.3333			
4	주차비	영업2팀	124000	127100	157600	136233.3333			
5	전기료	영업3팀	133600	155900	206800	165433.3333		스타일	
6	임대료	홍보1팀	1084000	1143500	1120000	1115833.333			
7	수리비	홍보2팀	115900	153600	118320	129273.3333			
8	임대료	홍보3팀	1007500	1056000	960000	1007833.333			
9	전기료	경영기획	455500	504000	684000	547833.3333			
10	수리비	경영전략	103900	122400	188400	138233.3333			
11	수리비	경영관리	455000	575000	682500	570833.3333			
12									

⊘ 잠깐!

잘못 기록된 매크로는 [개발 도구]탭-[코드] 영역의 [매크로]를 클릭한 후, [매크로] 대화상자에서 [편집]을 클릭하여 코드를 수정하거나, [삭제]를 클릭하여 지운 후 다시 기록합니다. 작업 파일을 초기화 시키는 과정이 번거롭기 때문에 불필요한 단계를 최소화하여 매크로를 기록할 수 있도록 충분히 연습하도록 합니다.

CHAPTER
02 차트

차트는 입력된 데이터의 일부 또는 전체를 시각화하여 표현하는 기능입니다. 행과 열 방향에 맞춰 2차원 또는 3차원 형태의 차트로 구현이 가능하며, 서로 다른 형태의 차트를 섞어 혼합형으로 표현할 수도 있습니다.
차트는 구성 요소가 많기 때문에 각 요소의 위치와 역할을 정확하게 이해하는 것이 중요하며, 문제지에 제시되어 있는 <그림>을 참고하여 작업합니다.

◉ 차트 도구 - [차트 디자인]탭

① '차트 레이아웃' 영역 - '차트 요소 추가' 항목

차트의 구성 요소를 추가 또는 제거할 때 사용하는 메뉴입니다. 요소 추가 시 개체의 위치(위, 아래, 왼쪽, 오른쪽)를 선택하거나 정렬 방식 등을 선택하여 적용할 수 있습니다.

② '차트 스타일' 영역

차트에 디자인을 적용하는 메뉴입니다. 차트 스타일은 차트의 종류에 따라 개체수와 종류가 달라지며, 적용되는 스타일에 따라서 차트 요소의 위치와 구성이 변경됩니다.

③ '데이터' 영역 - '데이터 선택' 대화상자

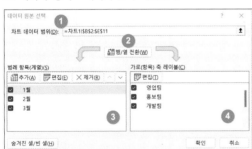

① 차트 데이터 범위	차트에 표시되는 데이터의 범위를 설정합니다.
② 행/열 전환	범례 항목과 가로 축 항목의 값을 전환하여 표시합니다.
③ 범례 항목(계열)	범례 항목에 표시되는 데이터를 확인하고 편집할 수 있습니다.
④ 가로(항목) 축 레이블	가로 축 항목에 표시되는 데이터를 확인하고 편집할 수 있습니다.

④ '종류' 영역 - '차트 종류 변경' 대화상자

차트 전체 또는 특정 계열의 차트 종류를 변경하거나 '보조 세로 축' 항목으로 지정할 때 사용합니다. 사용자 지정 조합을 이용하여 두 개 이상의 차트를 혼합형으로 설정할 수 있습니다.

⑤ '위치' 영역 - '차트 이동' 대화상자

차트의 위치를 '새 시트'로 이동시키거나 기존에 만들어져 있는 워크시트로 삽입할 수 있습니다.

◐ 차트 도구 - [서식]탭

① '현재 선택 영역' 영역

차트에서 선택한 항목의 서식 대화상자를 표시합니다.

② '도형 삽입', '도형 스타일', 'WordArt 스타일' 영역

차트에 도형 및 워드아트 개체를 삽입할 수 있고, 삽입된 개체의 서식을 변경할 수 있습니다. 또한 미리 설정되어 있는 서식 목록에서 원하는 서식을 선택하여 적용할 수 있습니다.

③ '접근성' 영역

대체 텍스트 기능은 시각 장애가 있는 사용자가 그래픽 개체를 이해할 수 있도록 도움을 줍니다. 화면 읽기 프로그램을 사용하는 경우 대체 텍스트가 적용된 그림을 보면 대체 텍스트가 들리게 됩니다.

④ '정렬', '크기' 영역

차트 및 삽입된 개체들의 정렬 방식과 크기를 변경할 수 있습니다.

출제유형 1 '차트1' 시트에서 다음의 지시사항을 처리하시오.

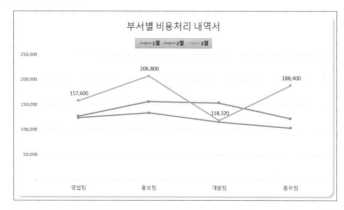

① 차트 제목은 시트의 [C1] 셀과 연결하여 표시하고, 글꼴 크기를 '16'으로 설정하시오.
② 범례의 배치는 '위쪽', 도형 스타일은 '미세효과-파랑, 강조1'로 지정하시오.

③ 차트의 종류를 '표식이 있는 꺾은선형'으로 변경하시오.

④ '3월' 데이터 계열에 데이터 레이블이 '위쪽'에 표시되도록 설정하고, 글꼴 크기를 '10'으로 설정하시오.

⑤ 차트 영역의 테두리 스타일은 '둥근 모서리', 그림자는 '오프셋: 오른쪽 아래'로 지정하시오.

문제해결 🔑

① 차트 제목을 선택한 뒤 수식 입력줄에 「=」을 입력하고 [C1] 셀을 선택한 후 [Enter]를 누른다.

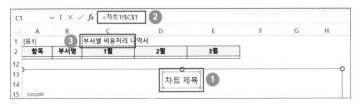

② 차트 제목이 선택된 상태에서 [홈]탭-[글꼴] 영역의 글꼴 크기를 '16'으로 설정한다.

③ 범례를 더블 클릭하여 [범례 서식] 대화상자를 표시한 후, [범례 옵션]탭-[범례 옵션(📊)] 항목에서 범례의 위치를 '위쪽'으로 선택한다.

④ 범례가 선택된 상태에서 [서식]탭-[도형 스타일] 목록에서 '미세 효과-파랑, 강조1'을 선택한다.

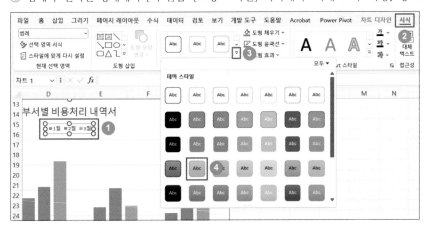

⑤ 차트 영역을 선택한 후 [차트 디자인]탭-[종류] 영역의 [차트 종류 변경]을 선택한다.

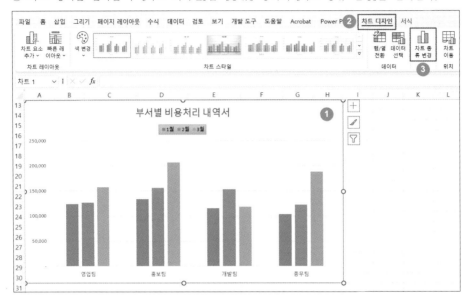

⑥ [차트 종류 변경] 대화상자의 [모든 차트]탭-[꺾은선형]에서 '표식이 있는 꺾은선형(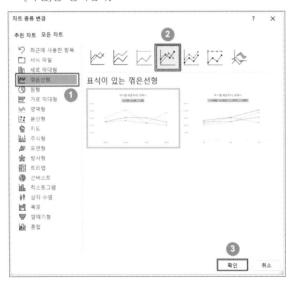)'을 선택한 후 [확인]을 클릭한다.

⑦ '3월' 데이터 계열을 선택한 후 [차트 디자인]탭-[차트 레이아웃] 영역의 [차트 요소 추가]를 선택한다. '데이터 레이블' 목록에서 '위쪽'을 선택한다.

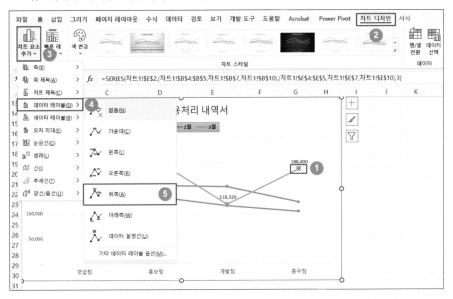

⑧ 추가된 데이터 레이블 요소를 선택한 후 [홈]탭-[글꼴] 영역의 글꼴 크기를 '10'으로 설정한다.

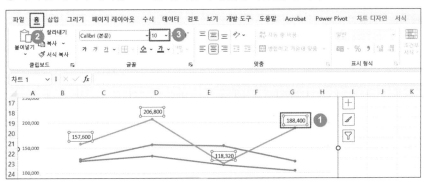

⑨ 차트 영역을 더블 클릭하여 [차트 영역 서식] 대화상자를 표시한다. [채우기 및 선(◇)]탭-[테두리] 영역에서 '둥근 모서리'의 체크박스를 선택한다.

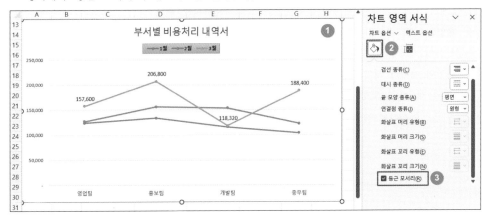

⑩ [효과( )]탭-[그림자]에서 '미리 설정( )'을 클릭하여 목록을 표시한 후, '바깥쪽' 영역의 '오프셋: 오른쪽 아래'를 선택한다.

'차트2' 시트에서 다음의 지시사항을 처리하시오.

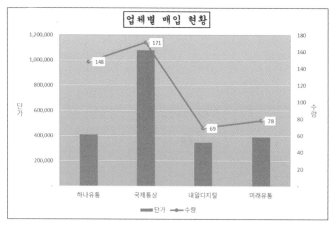

① 차트 제목은 '업체별 매입 현황'으로 입력하고, 글꼴 '궁서체', 글꼴 스타일은 '굵게', 크기는 '16', 테두리는 '실선-검정, 텍스트1'로 지정하시오.

② '수량' 계열의 차트 종류를 '표식이 있는 꺾은선형'으로 변경하고, 보조 축을 표시하시오.

③ 세로(값) 축의 제목을 〈그림〉을 참고하여 표시하고, 텍스트의 방향을 변경하시오.

④ '수량' 계열의 데이터 레이블이 '오른쪽'에 표시되도록 설정하시오.

⑤ 그림 영역의 채우기를 도형 스타일의 '미세효과-녹색, 강조6'으로 설정하시오.

문제해결 🔑

① 차트 제목을 선택한 후 '업체별 매입 현황'이라 입력한 후 [홈]탭-[글꼴] 영역에서 글꼴은 '궁서체', 글꼴 크기는 '16', 글꼴 스타일은 '굵게'로 설정한다.

② 차트 제목을 더블 클릭하여 [차트 제목 서식] 대화상자를 표시한 후 [채우기 및 색(🖌)]탭-[테두리] 영역에서 '실선'을 선택하고, '색(⌄)'을 클릭하여 '테마 색 – 검정, 텍스트 1'을 선택한다.

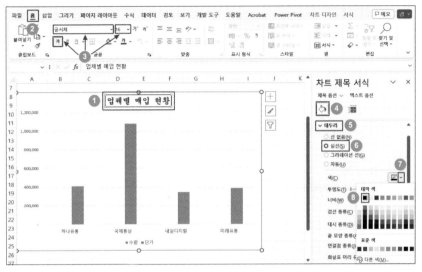

③ 차트에서 임의의 데이터 계열을 선택한 후 [차트 디자인]탭-[종류] 영역의 [차트 종류 변경]을 클릭한다.

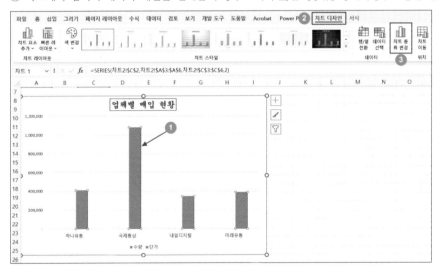

④ [차트 종류 변경] 대화상자가 나타나면 [혼합]탭에서 '수량' 계열의 차트 종류( ) 목록에서 '표식이 있는 꺾은선형'을 선택하고, '보조 축'의 체크박스를 선택한 뒤 [확인]을 클릭한다.

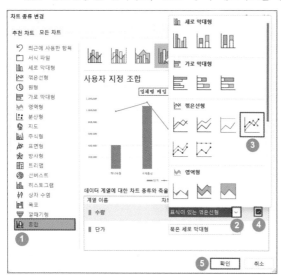

⑤ 차트가 선택된 상태에서 [차트 디자인]탭-[차트 레이아웃] 영역의 [차트 요소 추가]를 선택한다. 목록이 나타나면 [축 제목]-[기본 세로]를 선택하여 기본 세로 축 제목을 추가한 후 「**단가**」라 입력한다.

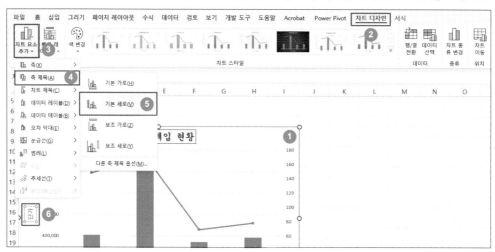

⑥ 추가 된 세로 축 제목을 더블 클릭하여 [축 제목 서식] 대화상자를 표시한다. [크기 및 속성(■)]탭-
[맞춤] 영역에서 '텍스트 방향(∨)'을 클릭하여 목록에서 '세로'를 선택한다. 동일한 방식으로 보조 세
로 축의 제목을 추가한 후 「**수량**」이라 입력한 후 '텍스트 방향'을 '세로'로 설정한다.

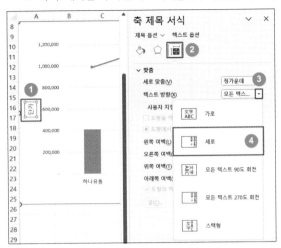

⑦ '수량' 계열을 선택한 후 [차트 디자인]탭-[차트 레이아웃] 영역의 [차트 요소 추가]를 선택한다. 목록
이 나타나면 [데이터 레이블]-[데이터 설명선]을 선택하여 레이블을 추가한다.

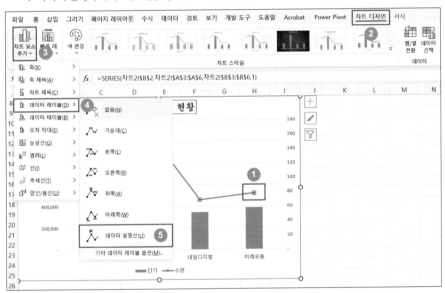

⑧ '수량'의 레이블을 더블 클릭하여 [데이터 레이블 서식] 대화상자를 표시한다. [레이블 옵션(▮▮)]탭의 '레이블 내용'에서 '값'만 체크하고, '레이블 위치'를 '오른쪽'으로 선택한다.

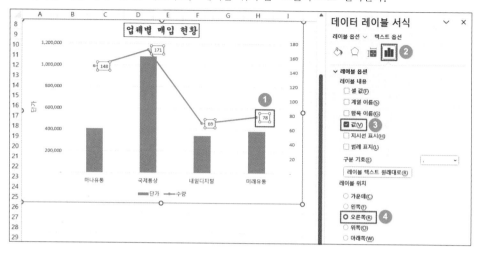

⑨ 그림 영역을 선택한 후 [서식]탭의 '도형 스타일(▾)' 목록에서 '미세 효과-녹색, 강조6'을 선택한다.

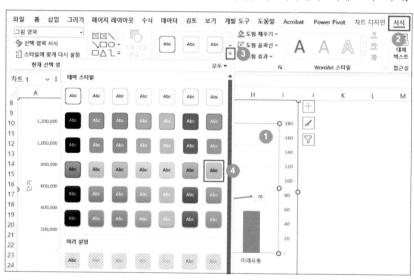

'차트3' 시트에서 다음의 지시사항을 처리하시오.

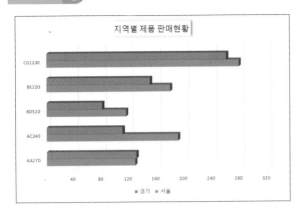

지역별 제품 판매현황

① 차트에 '경기'지역의 판매현황 데이터를 추가하시오.

② 차트 제목을 추가하여 시트의 [B1] 셀과 연결하여 표시하고, 그림자를 '오프셋: 오른쪽'으로 설정하시오.

③ 범례의 위치를 '아래쪽'으로 변경하고, 글꼴 크기를 '10'으로 설정하시오.

④ 가로(값) 축 서식의 최대값은 '320', 주 단위는 '40'으로 설정하시오.

⑤ 차트 영역의 테두리 스타일을 '둥근 모서리'로 설정하시오.

문제해결 🔑

① 차트 영역을 선택 한 후 [차트 디자인]탭-[데이터] 영역의 [데이터 선택]을 선택한다.

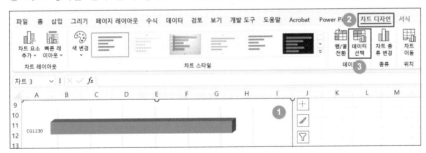

② [데이터 원본 선택] 대화상자가 나타나면 '차트 데이터 범위'를 「**=차트3!$A$2:$A$7,차트3!$D$2:$E$7**」
와 같이 설정한 후 [확인]을 클릭한다.

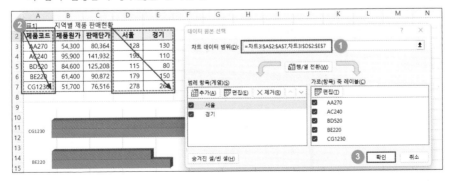

③ 차트 영역을 선택한 후 [차트 디자인]탭-[차트 레이아웃] 영역의 [차트 요소 추가]를 선택한다. 목록이 나타나면 [차트 제목]-[차트 위]를 선택한다.

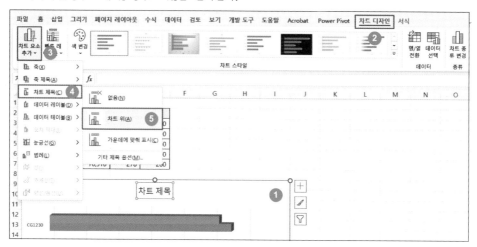

④ 차트 제목을 선택한 뒤 수식 입력줄에 「=」을 입력하고 [B1] 셀을 선택한 후 [Enter]를 눌러 마무리한다. 차트 제목을 더블 클릭하여 [차트 제목 서식] 대화상자를 표시한 후, [효과(⬠)]탭-[그림자]에서 '미리 설정(▼)'을 클릭하여 '바깥쪽' 영역의 '오프셋: 오른쪽'을 선택한다.

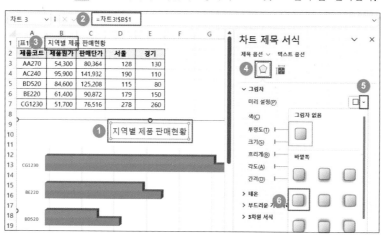

⑤ 범례를 더블 클릭하여 [범례 서식] 대화상자를 표시한 후 [범례 옵션(▉)]탭-[범례 옵션] 항목에서 '범례 위치'를 '아래쪽'으로 변경한다.

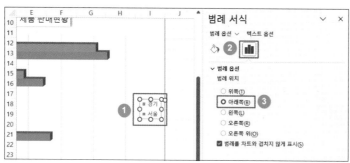

⑥ 범례 요소를 선택한 후 [홈]탭-[글꼴] 영역의 글꼴 크기를 '10'으로 설정한다.

⑦ 가로(값) 축을 더블 클릭하여 [축 서식] 대화상자를 표시한 후 [축 옵션(▮▮)]탭-[축 옵션] 영역의 '최대값'에 「320」, 단위 '기본'에 「40」이라 입력한다.

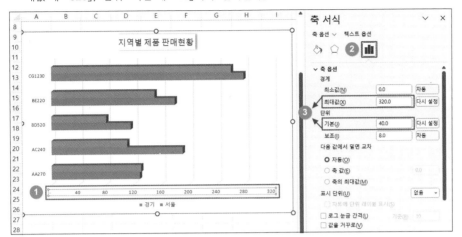

⑧ 차트 영역을 더블 클릭하여 [차트 영역 서식] 대화상자를 표시한 후 [채우기 및 색(◇)]탭-[테두리] 영역에서 '둥근 모서리'를 체크한다.

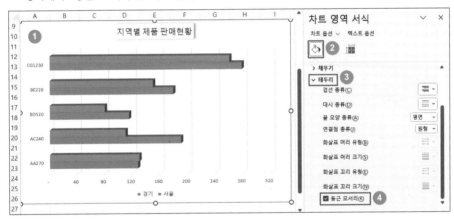

Spread
sheet

P A R T

05

모의고사

컴퓨터활용능력 2급 실기 실전모의고사 1회

프로그램명	제한시간
EXCEL 2021	40분

수험번호	
성 명	

2급	A형

< 유 의 사 항 >

■ 인적 사항 누락 및 잘못 작성으로 인한 불이익은 수험자 책임으로 합니다.

■ 화면에 암호 입력창이 나타나면 아래의 암호를 입력하여야 합니다.
　○ 암호 : *******

■ 작성된 답안은 주어진 경로 및 파일명을 변경하지 마시고 그대로 저장해야 합니다.
이를 준수하지 않으면 실격 처리됩니다.
　○ 답안 파일명의 예 : C:₩OA₩수험번호8자리.xlsm

■ 외부데이터 위치 : C:₩OA₩파일명

■ 별도의 지시사항이 없는 경우, 다음과 같이 처리 시 실격 처리됩니다.
　○ 제시된 시트 및 개체의 순서나 이름을 임의로 변경한 경우
　○ 제시된 시트 및 개체를 임의로 추가 또는 삭제한 경우
　○ 외부데이터를 시험 시작 전에 열어본 경우

■ 답안은 반드시 문제에서 지시 또는 요구한 셀에 입력하여야 하며 다음과 같이 처리 시 채점 대상에서 제외됩니다.

　○ 제시된 함수가 있을 경우 제시된 함수만을 사용하여야 하며 그 외 함수 사용 시 채점 대상에서 제외

　○ 수험자가 임의로 지시하지 않은 셀의 이동, 수정, 삭제, 변경 등으로 인해 셀의 위치 및 내용이 변경된 경우 해당 작업에 영향을 미치는 관련 문제 모두 채점 대상에서 제외

　○ 도형 및 차트의 개체가 중첩되어 있거나 동일한 계산결과 시트가 복수로 존재할 경우 해당 개체나 시트는 채점 대상에서 제외

■ 수식 작성 시 제시된 문제 파일의 데이터는 변경 가능한(가변적) 데이터임을 감안하여 문제 풀이를 하시오.

■ 별도의 지시사항이 없는 경우, 주어진 각 시트 및 개체의 설정값 또는 기본 설정값(Default)으로 처리하시오.

■ 저장 시간은 별도로 주어지지 않으므로 제한된 시간 내에 저장을 완료해야 하며, 제한 시간 내에 저장이 되지 않은 경우에는 실격 처리됩니다.

■ 출제된 문제의 용어는 Microsoft Office 2021버전으로 작성되어 있습니다.

• 스프레드시트 •

실전모의고사 1회 문제

작업 파일   : 컴활2급/모의고사/실전모의고사1회.xlsm
외부데이터 위치 : 컴활2급/외부데이터

| 제1작업 | **기본작업 (20점)**   각 시트에서 다음의 과정을 수행하고 저장하시오.

1 '기본작업-1' 시트에 다음의 자료를 주어진 대로 입력하시오. (5점)

	A	B	C	D	E	F	G
1							
2		상공마트 관리 대장					
3							
4		지역	개업일	매장코드	담당지부	업주명	연락처
5		서울	2024-05-01	Seoul-211-M	경인1부	강혜원	010-8975-4513
6		김포	2024-08-13	Kimpo-213-A	경인2부	이미주	010-5615-8755
7		안양	2025-02-01	Anyang-216-F	경인3부	김시원	010-2214-6551
8		수원	2025-04-28	Suwon-214-A	경인4부	박상희	010-7756-3491
9		인천	2024-09-10	Incheon-212-S	경인2부	임지연	010-3456-6577
10		용인	2025-03-03	Yongin-217-M	경인3부	김미래	010-9781-4545
11							

2 '기본작업-2' 시트에 대하여 다음의 지시사항을 처리하시오. (각 2점)

① [B2:H2] 영역은 '병합하고 가운데 맞춤', 글꼴 '맑은 고딕', 글꼴 크기 '16', 글꼴 스타일 '굵게', 밑줄 '이중 밑줄'로 지정하시오.

② [B6:B8], [B9:B11], [B12:B14], [B15:B17] 영역은 '병합하고 가운데 맞춤'을 지정하고, [B4:H5] 영역은 셀 스타일 ' 강조색5'를 적용하시오.

③ [C6:C17] 영역의 이름을 '상품명'으로 정의하시오.

④ [H6:H17] 영역은 사용자 지정 표시 형식을 이용하여 1,000의 배수와 숫자 뒤에 "천원"을 붙여 [표시 예]와 같이 표시하시오.

  ▶ 표시 예 : 1389000 → 1,389천원

⑤ [B4:H17] 영역에 '모든 테두리(⊞)'를 적용한 후 '굵은 바깥쪽 테두리(⊡)'를 적용하여 표시하시오.

3 '기본작업-3' 시트에 대하여 다음의 지시사항을 처리하시오. (5점)

[B4:B19] 영역에 입력된 데이터를 텍스트 나누기 기능을 이용하여 [B4:F19] 영역에 붙여 넣으시오.

  ▶ 입력된 데이터는 쉼표(,)로 구분되어 있음
  ▶ '판매량'과 '재고량' 필드는 제외할 것

1 [표1]의 300이상 이면서 판매총액[C3:C12]이 5,000,000 이상이면 비고[D3:D12] 영역에 "인기상품"이라 표시하고 나머지는 공란으로 표시하시오. (8점)

    ▶ IF, AND 함수 사용

2 [표2]를 이용하여 구분[F3:F11]이 '연극'인 데이터의 예매량[J3:J11] 합계를 [J12]셀에 계산하여 표시하시오. (8점)

    ▶ 조건은 [L11:L12] 영역에 입력할 것
    ▶ 표시 예 : 2340 → 2340건
    ▶ DSUM 함수와 & 연산자 사용

3 [표3]에서 성별[B16:B25]이 '여'이면서 직위[C16:C25]가 '대리'인 조건을 모두 만족하는 기본급[D16:D25]의 평균을 [D26] 셀에 계산하여 표시하시오. (8점)

    ▶ 평균은 천의 자리까지만 내림하여 표시하시오.
    ▶ 표시 예 : 3,375,200 → 3,375,000
    ▶ ROUNDDOWN, AVERAGEIFS 함수 사용

4 [표4]의 사번[G16:G25]과 기준일[J14]을 이용하여 [J16:J25] 영역에 근속기간을 계산하여 표시하시오. (8점)

    ▶ 근속기간 = 기준일의 연도 − 사번의 마지막 2글자 − 2000
    ▶ 표시 예 : 13 → 13년
    ▶ YEAR, RIGHT 함수와 & 연산자 사용

5 [표5]의 판매코드[A30:A39] 앞 두 글자와 여행지 코드[G29:H33] 표를 이용하여 [E30:E39] 영역에 코드별 여행지를 찾아 표시하시오. (8점)

    ▶ VLOOKUP, HLOOKUP, RIGHT, LEFT 중 알맞은 함수 사용

1 '분석작업-1'시트에 대하여 다음의 지시사항을 처리하시오. (10점)

'투자 현황' 표는 투자기간(년)[C3]과 수익률[C4]을 이용하여 수익금[C5]을 계산한 것이다. [데이터 표] 기능을 이용하여 투자기간(년)과 수익률 변화에 따른 수익금의 변화를 [D11:H20] 영역에 계산하시오.

2 '분석작업-2'시트에 대하여 다음의 지시사항을 처리하시오. (10점)

데이터 도구 [통합] 기능을 이용하여 [표1], [표2]에 대한 학생명별 '언어', '수리', '외국어', '총점'의 평균을 [표3]의 [H3:L9] 영역에 계산하시오.

1 '매크로 작업'시트에서 다음과 같은 기능을 수행하는 매크로를 현재 통합 문서에 작성하고 실행하시오. (각 5점)

① [G5:G16] 영역에 직원별 달성률을 계산하는 매크로를 생성하여 실행하시오.

▶ 매크로 이름 : 달성률

▶ 달성률 = 실적량 / 목표량

▶ [개발도구]-[삽입]-[양식 컨트롤]의 '단추(□)'를 동일 시트의 [I4:J5] 영역에 생성한 후 텍스트를 '달성률확인'으로 입력하고, 단추를 클릭하면 '달성률' 매크로가 실행되도록 설정하시오.

② [B4:G4] 영역에 글꼴 색을 '표준 색-노랑', 배경색을 '표준 색-녹색'으로 적용하는 매크로를 생성하여 실행하시오.

▶ 매크로 이름 : 서식

▶ [삽입]-[일러스트레이션]-[도형]-[기본도형]의 '사각형:빗면(▱)'을 동일 시트의 [I7:J8] 영역에 생성한 후 텍스트를 '서식확인'으로 입력하고 '가로 세로 가운데 맞춤'을 지정한 후, 도형을 클릭하면 '서식' 매크로가 실행되도록 설정하시오.

※ 매크로는 도형과 연결되어야 하며, 셀 포인터의 위치에 관계없이 매크로가 실행되어야 정답으로 인정됨

2 '차트작업'시트에서 다음의 지시사항에 따라 차트를 수정하시오. (각 2점)

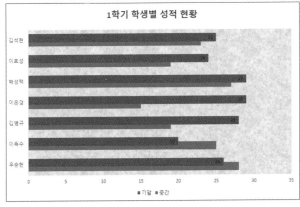

※ 차트는 반드시 문제에서 제공한 차트를 사용하여야 하며, 신규로 차트작성 시 0점 처리됨

① 차트 제목을 〈그림〉과 같이 지정하고 글꼴 크기를 '16', 글꼴 스타일을 '굵게'로 설정하시오.

② 차트에 '레이아웃 3'을 지정하시오.

③ '기말' 계열에만 데이터 레이블 '값'을 표시하고, 레이블의 위치를 '안쪽 끝에'로 설정하시오.

④ 그림 영역을 '질감-꽃다발'로 설정 하고, 눈금선이 표시되지 않도록 설정하시오.

⑤ 전체 데이터의 계열 겹치기는 '50%', 간격 너비는 '100%'로 설정하시오.

실전모의고사 1회 정답 및 해설

정답 파일 : 컴활2급/모의고사/정답/실전모의고사1회(정답).xlsm

| 제1작업 | **기본작업**

1 자료입력

'기본작업-1' 시트를 선택한 후 다음의 내용을 정확하게 입력한다.

	A	B	C	D	E	F	G
1							
2		상공마트 관리 대장					
3							
4		지역	개업일	매장코드	담당지부	업주명	연락처
5		서울	2024-05-01	Seoul-211-M	경인1부	강혜원	010-8975-4513
6		김포	2024-08-13	Kimpo-213-A	경인2부	이미주	010-5615-8755
7		안양	2025-02-01	Anyang-216-F	경인3부	김시원	010-2214-6551
8		수원	2025-04-28	Suwon-214-A	경인4부	박상회	010-7756-3491
9		인천	2024-09-10	Incheon-212-S	경인2부	임지연	010-3456-6577
10		용인	2025-03-03	Yongin-217-M	경인3부	김미래	010-9781-4545
11							

2 서식 설정

① [B2:H2] 영역을 범위 지정한 후 [홈]탭-[글꼴] 영역의 글꼴은 '맑은 고딕', 크기는 '16', 글꼴 스타일은 '굵게', 밑줄은 '이중 밑줄'로 설정하고, [맞춤] 영역의 '병합하고 가운데 맞춤'을 클릭한다.

② [B6:B8], [B9:B11], [B12:B14], [B15:B17] 영역을 범위 지정한 [홈]탭-[맞춤] 영역의 '병합하고 가운데 맞춤'을 클릭한다.

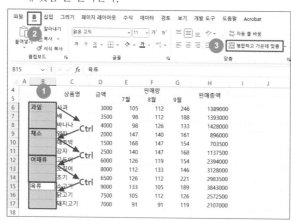

③ [B4:H5] 영역을 범위 지정한 후 [홈]탭-[스타일] 영역의 '셀 스타일'을 클릭한다. 셀 스타일 영역이 확장되면 목록에서 '강조색5'를 선택한다.

④ [C6:C17] 영역을 범위 지정한 후, 이름 상자에 「**상품명**」이라 입력하고 [Enter]를 누른다.

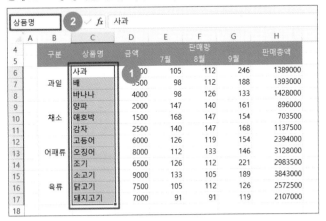

⑤ [H6:H17] 영역을 범위 지정한 후, [홈]탭-[표시 형식] 영역의 '화살표(↘)'를 클릭하여 [셀 서식] 대화상자를 호출한다. [표시 형식]탭의 '사용자 지정' 범주의 '형식'칸에 「**#,##0,"천원"**」을 입력하고 [확인]을 클릭한다.

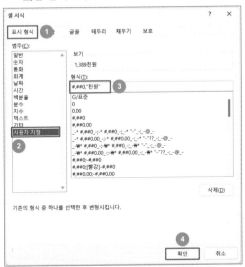

⑥ [B4:H17] 영역을 범위 지정한 후 [홈]탭-[글꼴] 영역에 '테두리' 목록 중 '모든 테두리(⊞)'를 선택하고, 연이어 '굵은 바깥쪽 테두리(⊡)'를 클릭하여 테두리를 적용한다.

⑦ 최종결과

구분	상품명	금액	판매량			판매총액
			7월	8월	9월	
과일	사과	3000	105	112	246	1,389천원
	배	3500	98	112	188	1,393천원
	바나나	4000	98	126	133	1,428천원
채소	양파	2000	147	140	161	896천원
	애호박	1500	168	147	154	704천원
	감자	2500	140	147	168	1,138천원
어패류	고등어	6000	126	119	154	2,394천원
	오징어	8000	112	133	146	3,128천원
	조기	6500	126	112	221	2,984천원
육류	소고기	9000	133	105	189	3,843천원
	닭고기	7500	105	112	126	2,573천원
	돼지고기	7000	91	91	119	2,107천원

제목: 3분기 식품 판매 현황

3 텍스트 나누기

① [B4:B19] 영역을 범위 지정한 후 [데이터]탭-[데이터 도구] 영역의 [텍스트 나누기]를 선택한다.
② [텍스트 마법사 - 3단계 중 1단계] 대화상자가 나타나면 원본 데이터의 파일 유형을 '구분 기호로 분리
됨'으로 선택하고 [다음]을 클릭한다.

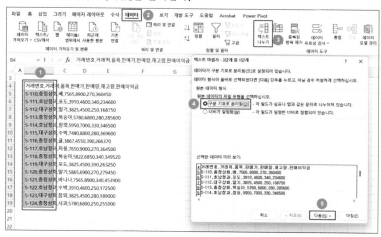

③ [텍스트 마법사 - 3단계 중 2단계] 대화상자에서 구분 기호를 '쉼표'로 변경한 후 [다음]을 클릭한다.

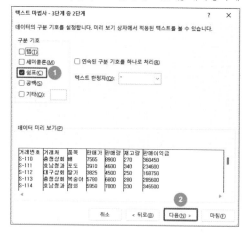

④ [텍스트 마법사 – 3단계 중 3단계] 대화상자에서 '판매량'과 '재고량'을 선택하고 '열 가져오지 않음 (건너뜀)'으로 옵션을 변경한 후 [마침]을 클릭한다.

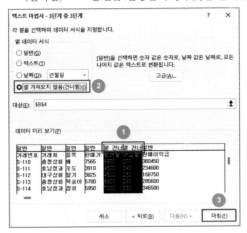

⑤ 최종결과

	A	B	C	D	E	F
1						
2	상공마트 과일 판매현황					
3						
4	거래번호	거래처	품목	판매가		판매이익금
5	S-110	충청상회	배	7565		360450
6	S-111	호남청과	포도	3910		234600
7	S-112	대구상회	딸기	3825		168750
8	S-113	충청상회	복숭아	5780		285600
9	S-114	호남청과	참외	5950		346500
10	S-115	대구상회	수박	7480		369600
11	S-116	충청상회	귤	3867		266370
12	S-117	호남청과	자몽	7650		364500
13	S-118	충청상회	복숭아	5822		349520
14	S-119	대구상회	포도	3825		263250
15	S-120	충청상회	딸기	5865		279450
16	S-121	충청상회	바나나	7565		453900
17	S-122	호남청과	수박	3910		172500
18	S-123	대구상회	참외	3825		189000
19	S-124	충청상회	사과	5780		255000
20						

| 제2작업 | 계산작업

1 비고 – [D3:D12] 영역

=IF(AND(B3>=300,C3>=5000000),"인기상품","")

	A	B	C	D
1	[표1]	제품별 주문량		
2	상품코드	주문량	판매총액	비고
3	PB001	342	6,901,500	인기상품
4	PB002	241	2,590,750	
5	PB003	289	3,106,750	
6	PB004	785	7,363,750	인기상품
7	PB005	496	3,857,750	
8	PB006	612	9,266,500	인기상품
9	PB007	571	6,138,250	인기상품
10	PB008	295	3,171,250	
11	PB009	384	6,128,000	인기상품
12	PB010	166	1,784,500	

2 예매량 합계 – [J12] 셀

=DSUM(F2:J11,J2,L11:L12)&"건"

	F	G	H	I	J	K	L
1	[표2]	공연 예매 현황					
2	구분	공연명	공연장	공연료	예매량		
3	뮤지컬	미녀와야수	공간	45,000	2,965		
4	연극	빨래	소극장	28,500	1,798		
5	무용	백조의호수	공간	39,000	2,162		
6	연극	가면무도회	상상마당	30,000	1,795		
7	뮤지컬	노트르담	아트센터	40,000	2,323		
8	무용	은하수	공간	45,500	2,805		
9	연극	엄마	센터홀	24,500	2,646		
10	뮤지컬	라이온킹	아트센터	35,800	2,118		<조건>
11	무용	돈키호테	센터홀	50,000	2,635		구분
12	연극 예매량 합계				6240건		연극

3 기본급 평균 - [D26] 셀

=ROUNDDOWN(AVERAGEIFS(D16:D25,B16:B25,"여", C16:C25,"대리"),-3)

	A	B	C	D
14	[표3]	영업부 직원별 기본급		
15	성명	성별	직위	기본급
16	강혜원	여	과장	3,600,000
17	이미주	여	대리	3,000,000
18	한상혁	남	대리	3,000,000
19	김시원	남	과장	3,450,000
20	박상민	남	과장	3,375,000
21	임지연	여	대리	2,400,000
22	최은주	여	대리	2,700,000
23	김한울	남	과장	3,450,000
24	전미라	여	대리	2,550,000
25	정찬성	남	대리	2,850,000
26	여자 대리 기본급 평균			2,662,000

4 근속기간 - [J16:J25] 영역

=YEAR($J$14)-RIGHT(G16,2)-2000&"년"

	F	G	H	I	J
14	[표4]	진급 대상자 목록		기준일 :	2025-03-01
15	사원명	사번	호봉	성과급	근속기간
16	강혜원	90-SA#10	4	4,800,000	15년
17	이미주	02-MA#22	2	4,000,000	3년
18	한상혁	04-ID#23	1	3,200,000	2년
19	김시원	98-CO#19	3	4,600,000	6년
20	박상민	96-CO#18	3	4,500,000	7년
21	임지연	03-ID#22	2	4,000,000	3년
22	최은주	96-SA#20	3	4,500,000	5년
23	김한울	00-MA#21	3	4,600,000	4년
24	전미라	06-SA#24	1	3,400,000	1년
25	정찬성	92-ID#14	4	4,800,000	11년

5 여행지 - [E30:E39] 영역

=VLOOKUP(LEFT(A30,2),$G$30:$H$33,2,FALSE)

	A	B	C	D	E	F	G	H
28	[표5]	패키지 상품 종류					<여행지 코드>	
29	판매코드	항공사	일정	판매금액	여행지		코드	여행지
30	BK35NF	LCC	3박5일	1,599,000	방콕		BK	방콕
31	CM34NF	LCC	3박4일	1,399,000	치앙마이		CM	치앙마이
32	DN35DF	FSC	3박5일	1,399,000	다낭		DN	다낭
33	SP35NF	LCC	3박5일	1,599,000	싱가폴		SP	싱가폴
34	BK23DF	FSC	2박3일	799,000	방콕			
35	DN56DF	FSC	5박6일	1,899,000	다낭			
36	SP13NF	LCC	1박3일	699,000	싱가폴			
37	BK56DF	FSC	5박6일	1,899,000	방콕			
38	CM23DF	FSC	2박3일	999,000	치앙마이			
39	DN35NF	LCC	3박5일	1,299,000	다낭			

| 제3작업 | 분석작업

1 데이터 표

① 월상환액 계산을 위해 [C5] 셀을 선택한 후 수식 입력줄을 드래그하여 입력된 수식을 복사(Ctrl + C)한다. 활성화를 해제하기 위해 [Esc]를 누른다.

② [C10] 셀을 선택하여 복사한 수식을 붙여넣기(Ctrl + V)한다.

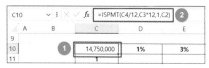

③ 수식 셀을 포함하여 [C10:H20] 영역을 범위 지정한 후 [데이터]탭-[예측] 영역의 [가상분석] 목록에서 [데이터 표]를 선택한다.

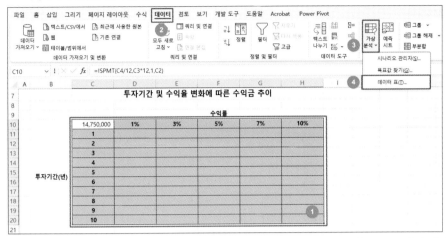

④ [데이터 표] 대화상자가 나타나면 행 입력 셀에 「$C$4」를, 열 입력 셀에 「$C$3」를 각각 지정한 후 [확인]을 클릭한다.

⑤ 최종결과

	투자기간 및 수익율 변화에 따른 수익금 추이					
				수익률		
	14,750,000	1%	3%	5%	7%	10%
	1	916,667	2,750,000	4,583,333	6,416,667	9,166,667
	2	1,916,667	5,750,000	9,583,333	13,416,667	19,166,667
	3	2,916,667	8,750,000	14,583,333	20,416,667	29,166,667
	4	3,916,667	11,750,000	19,583,333	27,416,667	39,166,667
투자기간(년)	5	4,916,667	14,750,000	24,583,333	34,416,667	49,166,667
	6	5,916,667	17,750,000	29,583,333	41,416,667	59,166,667
	7	6,916,667	20,750,000	34,583,333	48,416,667	69,166,667
	8	7,916,667	23,750,000	39,583,333	55,416,667	79,166,667
	9	8,916,667	26,750,000	44,583,333	62,416,667	89,166,667
	10	9,916,667	29,750,000	49,583,333	69,416,667	99,166,667

2 통합

① 평균을 표시할 [H3:L9] 영역을 범위 지정한 후 [데이터]탭-[데이터 도구] 영역의 [통합]을 선택한다.

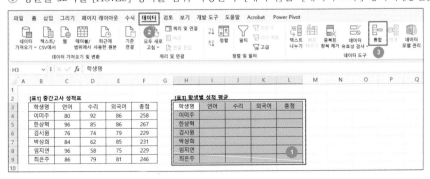

② [통합] 대화상자가 나타나면 함수 영역의 화살표(∨)를 클릭하여 목록에서 '평균'을 선택한다.

③ 참조에 커서를 넣은 뒤 [B3:F9] 영역을 드래그한 후 [추가]를 클릭하여 모든 참조 영역에 [표1] 범위를 추가한다.

④ 같은 방법으로 [B13:F19] 영역을 모든 참조 영역에 추가하고, 대화상자 하단의 사용할 레이블 항목인 '첫 행'과 '왼쪽 열'의 체크박스를 모두 체크한 후 [확인]을 클릭한다.

⑤ 최종결과

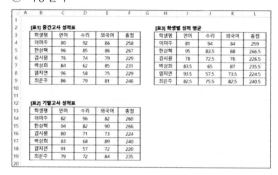

| 제4작업 | 기타작업 |

1 매크로

① [개발 도구]탭-[컨트롤] 영역의 [삽입] 목록에서 양식 컨트롤의 [단추(▭)]를 선택한 후, 마우스 포인터가 '+'로 바뀌면 [Alt] 키를 누른 채 [I4:J5] 영역에 드래그하여 컨트롤을 그려준다.

② [매크로] 대화상자가 나타나면 매크로 이름을 「달성률」로 입력하고 [기록]을 클릭한다.

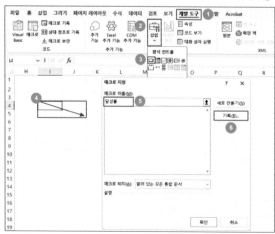

③ [매크로 기록] 화면으로 전환되면 매크로 이름이 '달성률'인지 확인한 후 [확인]을 클릭한다.

④ [G5] 셀에 「=F5/E5」와 같이 입력한 후 [G16] 셀까지 수식을 복사한다.

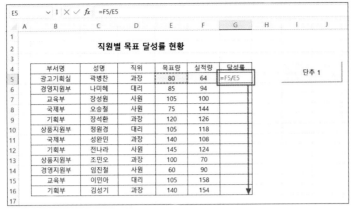

⑤ [개발 도구]탭-[코드] 영역의 [기록 중지]를 클릭한다.

⑥ 단추 컨트롤을 마우스 오른쪽으로 클릭하여 나타나는 바로 가기 메뉴에서 '텍스트 편집'을 선택한다.
텍스트 편집 상태가 되면 「**달성률확인**」으로 입력하고 임의의 셀을 클릭하여 편집을 마무리한다.

⑦ [삽입]탭-[일러스트레이션] 영역의 [도형] 목록에서 [기본도형]-[사각형:빗면(▱)]을 선택한 후, 마우스 포인터가 '+'로 바뀌면 [Alt] 키를 누른 채 [I7:J8] 영역에 드래그하여 도형을 그려준다.

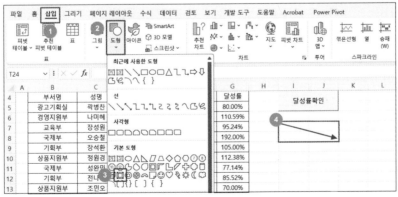

⑧ 도형이 선택된 상태에서 「**서식확인**」이라 입력한 후, [홈]탭-[맞춤] 영역에서 가로와 세로 맞춤을 가운데로 설정한다.

⑨ [개발 도구]탭-[코드] 영역의 [매크로 기록]을 선택한다. [매크로] 대화상자가 나타나면 매크로 이름을 「**서식**」으로 입력하고 [확인]을 클릭한다.

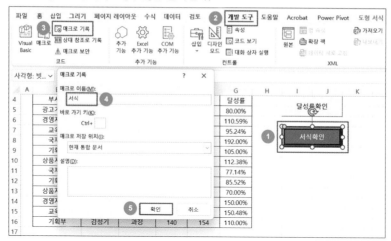

⑨ [B4:G4] 영역을 범위 지정한 후 Ctrl + 1을 눌러 [셀 서식] 대화상자를 호출한다. [셀 서식] 대화상자가 나타나면 [글꼴]탭의 글꼴 색을 '표준 색-노랑'으로 설정하고, [채우기]탭에서 배경색을 '표준 색-녹색'으로 선택한 후 [확인]을 클릭한다.

⑩ [개발 도구]탭-[코드] 영역의 [기록 중지]를 클릭한다.

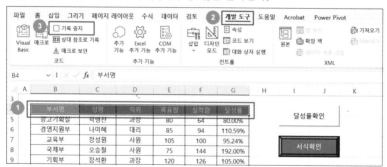

⑪ 도형을 마우스 오른쪽으로 클릭하여 나타나는 바로 가기 메뉴에서 '매크로 지정'을 선택한다.

⑫ [매크로 지정] 대화상자가 나타나면 '서식'을 선택한 후 [확인]을 클릭한다.

⑬ 최종 결과

2 차트

① 차트가 선택된 상태에서 [차트 디자인]탭-[차트 레이아웃] 영역의 [차트 요소 추가]를 선택한다. 목록
이 나타나면 [차트 제목]-[차트 위]를 선택하여 차트 제목을 추가한 후 「**1학기 학생별 성적 현황**」이라
입력한다.

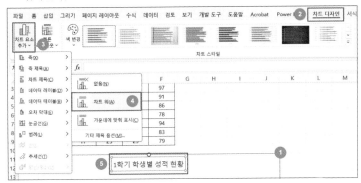

② 차트 제목을 선택한 후 [홈]탭-[글꼴] 영역에서 글꼴 크기를 '16', 글꼴 스타일을 '굵게'로 설정한다.

③ 차트가 선택된 상태에서 [차트 디자인]탭-[차트 레이아웃] 영역의 [빠른 레이아웃(▤)] 목록에서 '레
이아웃3(▤)'을 선택한다.

④ '기말' 데이터 계열을 선택한 후 [차트 디자인]탭-[차트 레이아웃] 영역의 [차트 요소 추가]를 선택한
다. 목록이 나타나면 '데이터 레이블' 목록에서 '안쪽 끝에'를 선택한다.

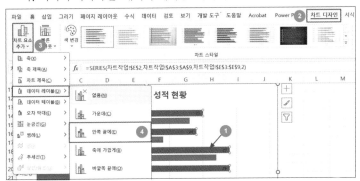

⑤ 그림 영역을 더블 클릭하여 [그림 영역 서식] 대화상자를 표시한 후 [채우기 및 선]탭에서 '채우기'를
'그림 또는 질감 채우기'로 변경한 후 '질감' 목록에서 '꽃다발'을 선택한다.

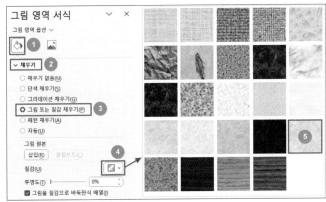

⑥ 임의의 데이터 계열을 더블 클릭하여 [데이터 계열 서식] 대화상자를 표시한다. [계열 옵션(📊)]탭에서
 '데이터 계열 지정'의 '계열 겹치기'를 「50」, '간격 너비'를 「100」으로 지정한다.

컴퓨터활용능력 2급 실기 실전모의고사 2회

프로그램명	제한시간
EXCEL 2021	40분

수험번호	
성 명	

2급	A형

<유 의 사 항 >

- 인적 사항 누락 및 잘못 작성으로 인한 불이익은 수험자 책임으로 합니다.
- 화면에 암호 입력창이 나타나면 아래의 암호를 입력하여야 합니다.
  - 암호 : *******
- 작성된 답안은 주어진 경로 및 파일명을 변경하지 마시고 그대로 저장해야 합니다.
  이를 준수하지 않으면 실격 처리됩니다.
  - 답안 파일명의 예 : C:₩OA₩수험번호8자리.xlsm
- 외부데이터 위치 : C:₩OA₩파일명
- 별도의 지시사항이 없는 경우, 다음과 같이 처리 시 실격 처리됩니다.
  - 제시된 시트 및 개체의 순서나 이름을 임의로 변경한 경우
  - 제시된 시트 및 개체를 임의로 추가 또는 삭제한 경우
  - 외부데이터를 시험 시작 전에 열어본 경우
- 답안은 반드시 문제에서 지시 또는 요구한 셀에 입력하여야 하며 다음과 같이 처리 시 채점 대상
  에서 제외됩니다.
  - 제시된 함수가 있을 경우 제시된 함수만을 사용하여야 하며 그 외 함수 사용 시 채점 대상에서
    제외
  - 수험자가 임의로 지시하지 않은 셀의 이동, 수정, 삭제, 변경 등으로 인해 셀의 위치 및 내용이
    변경된 경우 해당 작업에 영향을 미치는 관련 문제 모두 채점 대상에서 제외
  - 도형 및 차트의 개체가 중첩되어 있거나 동일한 계산결과 시트가 복수로 존재할 경우 해당 개
    체나 시트는 채점 대상에서 제외
- 수식 작성 시 제시된 문제 파일의 데이터는 변경 가능한(가변적) 데이터임을 감안하여 문제 풀이를
  하시오.
- 별도의 지시사항이 없는 경우, 주어진 각 시트 및 개체의 설정값 또는 기본 설정값(Default)으로
  처리하시오.
- 저장 시간은 별도로 주어지지 않으므로 제한된 시간 내에 저장을 완료해야 하며, 제한 시간 내에
  저장이 되지 않은 경우에는 실격 처리됩니다.
- 출제된 문제의 용어는 Microsoft Office 2021버전으로 작성되어 있습니다.

실전모의고사 2회 문제

작업 파일　　　: 컴활2급/모의고사/실전모의고사2회.xlsm
외부데이터 위치 : 컴활2급/외부데이터

│제1작업│ 기본작업 (20점)　　각 시트에서 다음의 과정을 수행하고 저장하시오.

1 '기본작업-1' 시트에 다음의 자료를 주어진 대로 입력하시오. (5점)

	A	B	C	D	E	F
1	상공 전자 거래명세표					
2						
3	거래처명	거래처코드	거래일자	제품명	납품업체	주문량
4	대한상사	E001-NBB	2024-05-01	양문형 냉장고	헤이마트	8
5	한국유통	E002-BAB	2024-05-28	로봇 청소기	오성전자	12
6	나라유통	E003-MIX	2024-05-15	식기 세척기	케이센터	16
7	대한상사	E001-NBB	2024-05-01	무선 청소기	케이센터	4
8	미래상사	E004-NBB	2024-05-21	소형 건조기	오성전자	18
9	한국유통	E002-BAB	2024-05-28	음식물 처리기	헤이마트	6
10	나라유통	E003-MIX	2024-05-15	와인 셀러	오리온전자	3
11						

2 '기본작업-2' 시트에 대하여 다음의 지시사항을 처리하시오. (각 2점)

① [A1:H1] 영역은 '선택 영역의 가운데로', 셀 스타일 '제목1', 행의 높이를 '30'으로 지정하시오.

② [A4:A5], [B4:B5], [C4:E4], [F4:H4] 영역은 '병합하고 가운데 맞춤'을 지정하고, [A4:H5] 영역은 글꼴 스타일 '굵게', 채우기 색 '표준 색-노랑'으로 지정하시오.

③ [H8] 셀에 '최고매출경신'이라는 새 노트를 삽입한 후 '자동크기'로 지정하고, 항상 표시되도록 설정하시오.

④ [C6:C17], [E6:F17], [H6:H17] 영역은 사용자 지정 표시 형식을 이용하여 천 단위 구분 기호와 숫자 뒤에 "만원"을 붙여 [표시 예]와 같이 표시하시오.
  ▶ 표시 예 : 62 → 62만원, 55800 → 55,800만원

⑤ [A4:H17] 영역에 '모든 테두리(⊞)'를 적용한 후 '굵은 바깥쪽 테두리(⊞)'를 적용하여 표시하시오.

3 '기본작업-3' 시트에서 다음의 지시사항을 처리하시오. (5점)

'지역별 재고 현황' 표에서 입고량이 3,000이상 이거나 재고량이 100미만인 데이터 값을 고급 필터를 사용하여 검색하시오.
  ▶ 고급 필터 조건은 [G3:I5] 영역 내에 알맞게 입력하시오.
  ▶ 고급 필터 결과 복사 위치는 동일 시트의 [G8] 셀에서 시작하시오.

1 [표1]의 판매량[C3:C11]과 총판매액[D3:D11]을 이용하여 [E3:E11] 영역에 포인트를 계산하시오. (8점)

▶ 포인트 = 총판매액 X 적립률
▶ 적립률은 판매량이 80이상이면 0.5%, 판매량이 60이상이면 0.3%, 나머지는 0.1%로 계산할 것
▶ 포인트는 일의 자리 이하는 버리고 십의 자리까지만 표시할 것 (21,653 → 21,650)
▶ IFS, TRUNC 함수 사용

2 [표2]의 입사일[I3:I11]과 기준일[K1], 주민등록번호[J3:J11]를 이용하여 년차와 나이를 계산하여 [K3:K11] 영역에 표시하시오. (8점)

▶ 년차 = 기준일 년도 – 입사일 년도
▶ 나이 = 기준일 년도 – 주민등록번호 앞 두 글자 – 1900
▶ 표시 예 : 입사일이 '2022-06-11'이고 주민등록번호가 '970621-1*******'이면 → 2년차-27세
▶ YEAR, LEFT 함수와 & 연산자 사용

3 [표3]의 사원코드[A15:A22] 맨 앞 글자와 부서코드[A25:D26] 표를 이용하여 부서명[E15:E22]을 찾아 표시하시오. (8점)

▶ VLOOKUP, HLOOKUP, RIGHT, LEFT 중 알맞은 함수 사용

4 [표4]에서 제조회사[H15:H26]가 상공전자인 제품의 판매가[J15:J26] 표준편차를 계산하여 [K26] 셀에 표시하시오. (8점)

▶ DSTDEV, DVAR, DAVERAGE 중 알맞은 함수 사용

5 [표5]에서 채널수[C30:C38]가 전체 채널수의 평균 이상이라면 "진입" 아니면 공란으로 표시하는 차트진입[E30:E38]을 계산하시오. (8점)

▶ IF, AVERAGE 함수 사용

1 '분석작업-1'시트에 대하여 다음의 지시사항을 처리하시오. (10점)

		A	B	C	D	E	F
	1			사원별 급여 지급 현황			
	2						
	3	부서명	성명	직급	기본급	야근수당	성과금
	4	영업부	이소연	부장	4,000,000	350,000	1,600,000
	5	생산부	최기안	부장	3,950,000	600,000	1,580,000
	6	기획부	조권식	부장	3,900,000	350,000	1,560,000
	7			부장 평균	3,950,000	433,333	1,580,000
	8	영업부	박성민	과장	3,600,000	600,000	1,440,000
	9	생산부	이혜정	과장	3,500,000	650,000	1,400,000
	10	기획부	조이영	과장	3,500,000	400,000	1,400,000
	11			과장 평균	3,533,333	550,000	1,413,333
	12	영업부	이상철	대리	2,650,000	250,000	1,060,000
	13	영업부	김주희	대리	2,600,000	450,000	1,040,000
	14	생산부	강성훈	대리	2,800,000	250,000	1,120,000
	15	기획부	이상화	대리	2,700,000	380,000	1,080,000
	16			대리 평균	2,687,500	332,500	1,075,000
	17	영업부	한예진	사원	2,100,000	500,000	840,000
	18	생산부	박신애	사원	2,150,000	600,000	860,000
	19	생산부	이석훈	사원	2,200,000	300,000	880,000
	20	기획부	이세민	사원	2,250,000	550,000	900,000
	21	기획부	장예원	사원	2,100,000	480,000	840,000
	22			사원 평균	2,160,000	486,000	864,000
	23			전체 평균	2,933,333	447,333	1,173,333
	24						

▶ [부분합] 기능을 이용하여 '사원별 급여 지급 현황' 표에 〈그림〉과 같이 직급별 '기본급', '야근수당', '성과금'의 평균을 계산하시오.

▶ 정렬은 '직급'을 기준으로 '부장-과장-대리-사원' 순으로 정렬하시오.

2 '분석작업-2'시트에 대하여 다음의 지시사항을 처리하시오. (10점)

▶ [목표값 찾기] 기능을 이용하여 '1학기 시험 성적' 표에서 박기은의 평균[F7] 점수가 80점이 되려면 영어[C7] 점수가 얼마가 되어야 하는지 계산하시오.

1 '매크로 작업'시트에서 다음과 같은 기능을 수행하는 매크로를 현재 통합 문서에 작성하고 실행하시오. (각 5점)

① [F5:F13] 영역에 상품별 총판매액을 계산하는 매크로를 생성하여 실행하시오.

▶ 매크로 이름 : 총판매액

▶ 총판매액 = 판매가 X 판매량

▶ [개발도구]-[삽입]-[양식 컨트롤]의 '단추(▭)'를 동일 시트의 [H4:I5] 영역에 생성한 후 텍스트를 '총판매액'으로 입력하고, 단추를 클릭하면 '총판매액' 매크로가 실행되도록 설정하시오.

② [B4:F4] 영역에 셀 스타일 '40%-강조색4'를 지정하는 매크로를 생성하여 실행하시오.

▶ 매크로 이름 : 스타일

▶ [삽입]-[일러스트레이션]-[도형]-[기본도형]의 '배지(◯)'를 동일 시트의 [H7:I8] 영역에 생성한 후 텍스트를 '스타일'로 입력하고 '가로 세로 가운데 맞춤'을 지정한 후, 도형을 클릭하면 '스타일' 매크로가 실행되도록 설정하시오.

※ 매크로는 도형과 연결되어야 하며, 셀 포인터의 위치에 관계없이 매크로가 실행되어야 정답으로 인정됨

2 '차트작업'시트에서 다음의 지시사항에 따라 차트를 수정하시오. (각 2점)

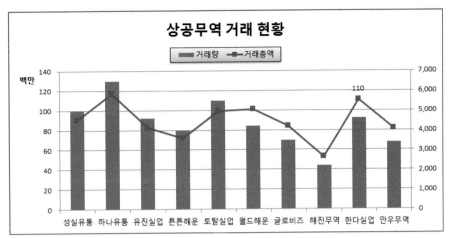

※ 차트는 반드시 문제에서 제공한 차트를 사용하여야 하며, 신규로 차트작성 시 0점 처리됨

① 차트 제목은 '차트 위'로 지정한 후 [B2] 셀과 연동되도록 설정하시오.

② '거래량' 계열의 차트 종류를 '묶은 세로 막대형'으로 변경하고, '보조 축'으로 설정하시오.

③ 범례 항목의 위치를 '위쪽'으로 설정하고, 도형 스타일을 '미세 효과-검정, 어둡게1'로 지정하시오.

④ 세로 (값) 축의 표시 단위를 '백만'으로 설정하고, 표시 단위 레이블의 텍스트 방향을 '가로'로 설정하시오.

⑤ '거래총액' 계열의 '한다실업' 요소에만 데이터 레이블 '값'을 〈그림〉과 같이 표시되도록 설정하시오.

실전모의고사 2회 정답 및 해설

정답 파일 : 컴활2급/모의고사/정답/실전모의고사2회(정답).xlsm

| 제1작업 | 기본작업

1 자료입력

'기본작업-1' 시트를 선택한 후 다음의 내용을 정확하게 입력한다.

	A	B	C	D	E	F
1	상공 전자 거래명세표					
2						
3	거래처명	거래처코드	거래일자	제품명	납품업체	주문량
4	대한상사	E001-NBB	2024-05-01	양문형 냉장고	헤이마트	8
5	한국유통	E002-BAB	2024-05-28	로봇 청소기	오성전자	12
6	나라유통	E003-MIX	2024-05-15	식기 세척기	케이센터	16
7	대한상사	E001-NBB	2024-05-01	무선 청소기	케이센터	4
8	미래상사	E004-NBB	2024-05-21	소형 건조기	오성전자	18
9	한국유통	E002-BAB	2024-05-28	음식물 처리기	헤이마트	6
10	나라유통	E003-MIX	2024-05-15	와인 셀러	오리온전자	3
11						

2 서식 설정

① [A1:H1] 영역을 범위 지정한 후, [홈]탭-[표시 형식] 영역의 '화살표(◨)'를 클릭하여 [셀 서식] 대화 상자를 호출한다. [맞춤]탭의 '텍스트 맞춤' 가로 항목 목록에서 '선택 영역의 가운데로'를 선택한 후 [확인]을 클릭한다.

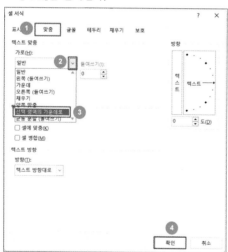

② [A1:H1] 영역을 범위 지정한 후 [홈]탭-[스타일] 영역의 '셀 스타일'을 클릭한다. 셀 스타일 영역이 확장되면 목록에서 '제목1'을 선택한다.

③ 1행의 행 번호를 선택한 뒤, 마우스 오른쪽 버튼을 클릭하여 [행 높이]를 선택한다. [행 높이] 대화상자가 나타나면 '행 높이'를 「30」으로 입력하고 [확인]을 클릭한다.

④ [A4:A5], [B4:B5], [C4:E4], [F4:H4] 영역을 범위 지정한 [홈]탭-[맞춤] 영역의 '병합하고 가운데 맞춤'을 클릭한다.

⑤ [A4:H5] 영역을 범위 지정한 후 [홈]탭-[글꼴] 영역의 글꼴 스타일은 '굵게', 채우기 색은 '표준 색-노랑'으로 설정한다.

⑥ [H8] 셀을 선택한 후, 마우스 오른쪽 버튼을 클릭하여 [새 노트]를 선택한다. 메모가 삽입되면 **최고매출경신**이라 입력한다.

⑦ [H8] 셀을 선택한 후, 마우스 오른쪽 버튼을 클릭하여 [메모 표시/숨기기]를 선택한다.

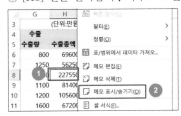

⑧ 삽입 된 메모가 선택된 상태에서, 마우스 오른쪽 버튼을 클릭하여 [메모 서식]을 선택한다.

⑨ [메모 서식] 대화상자가 나타나면 [맞춤]탭의 '자동 크기'를 선택한 후 [확인]을 클릭한다.

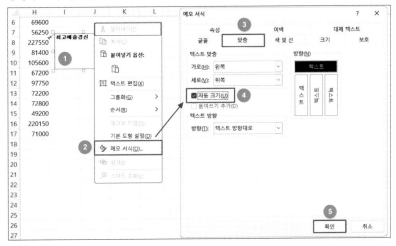

⑩ [C6:C17], [E6:F17], [H6:H17] 영역을 범위 지정한 후, [홈]탭-[표시 형식] 영역의 '화살표(⌐)'를 클릭하여 [셀 서식] 대화상자를 호출한다. [표시 형식]탭의 '사용자 지정' 범주의 '형식'칸에 「#,##0 "만원"」을 입력하고 [확인]을 클릭한다.

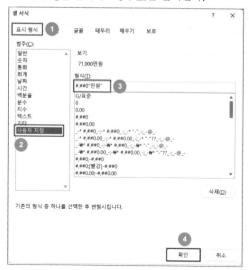

⑪ [A4:H17] 영역을 범위 지정한 후 [홈]탭-[글꼴] 영역에 '테두리' 목록 중 '모든 테두리(⊞)'를 선택하고, 연이어 '굵은 바깥쪽 테두리(⊞)'를 클릭하여 테두리를 적용한다.

⑫ 최종결과

3 고급필터

① [G3:H5] 영역에 다음과 같이 조건을 입력한다.

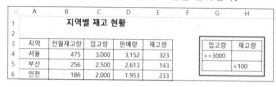

② [A3:E20] 영역을 범위 지정한 후 [데이터]탭-[정렬 및 필터] 영역의 [고급(🔻)]을 선택한다.

③ [고급 필터] 대화상자가 나타나면 목록 범위에 「$A$3:$E$20」, 조건 범위에 「$G$3:$H$5」, 복사 위치에 「$G$8」을 지정하고 [확인]을 클릭한다.

내일은 컴퓨터활용능력 2급 실기

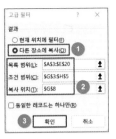

④ 최종결과

	G	H	I	J	K
3	입고량	재고량			
4	>=3000				
5		<100			
6					
7					
8	지역	전월재고량	입고량	판매량	재고량
9	서울	475	3,000	3,152	323
10	울산	204	1,500	1,607	97
11	전주	594	3,500	3,940	192
12	대전	320	3,000	3,266	67
13	분당	400	2,000	2,440	52
14	양양	255	1,800	2,009	58
15	강릉	582	3,500	3,861	270
16					

| 제2작업 | 계산작업

1 포인트 - [E3:E11] 영역

=TRUNC(D3*IFS(C3>=80,0.5%,C3>=60,0.3%,C3<60,0.1%),-1)

	A	B	C	D	E
1	[표1]	상품별 판매현황			
2	상품코드	판매가	판매량	총판매액	포인트
3	ACL-01	1,236,000	21	25,956,000	25,950
4	WCM-01	1,184,500	90	106,605,000	533,025
5	RFA-01	875,500	96	84,048,000	420,240
6	WCM-02	1,287,500	42	54,075,000	54,075
7	RFA-02	772,500	92	71,070,000	355,350
8	ACL-02	1,030,000	85	87,550,000	437,750
9	WCM-03	978,500	64	62,624,000	187,872
10	RFA-03	566,500	52	29,458,000	29,458
11	ACL-03	824,000	65	53,560,000	160,680

2 연차-나이 - [K3:K11] 영역

=YEAR($K$1)-YEAR(I3)&"년차-"&YEAR($K$1)-LEFT(J3,2)-1900&"세"

	G	H	I	J	K
1	[표2]	사원 관리 현황		기준일 :	2024-03-21
2	사원명	직위	입사일	주민등록번호	연차-나이
3	이환승	사원	2022-06-11	970621-1******	2년차-27세
4	김현정	부장	2013-08-18	880101-2******	11년차-36세
5	이하얀	과장	2017-01-11	940511-2******	7년차-30세
6	최승호	부장	2014-07-24	891204-1******	10년차-35세
7	성진우	대리	2021-06-26	971012-1******	3년차-27세
8	최미애	사원	2024-02-01	991225-2******	1년차-25세
9	정윤아	과장	2017-04-04	910904-2******	7년차-33세
10	김기현	대리	2019-11-25	950424-2******	5년차-29세
11	박성준	사원	2021-10-30	960119-1******	3년차-28세

3 부서명 - [E15:E22] 영역

=HLOOKUP(LEFT(A15,1),$B$25:$D$26,2,FALSE)

	A	B	C	D	E
13	[표3]	부서별 직위 현황			
14	사원코드	성별	직위	사원명	부서명
15	P-101	여	부장	이환승	생산부
16	M-301	여	부장	김현정	관리부
17	S-501	남	부장	이하얀	영업부
18	M-302	남	대리	최승호	관리부
19	P-103	남	대리	성진우	생산부
20	S-503	여	대리	최미애	영업부
21	S-504	남	사원	정윤아	영업부
22	M-303	여	사원	김기현	관리부
23					
24	<부서코드>				
25	코드	P	S	M	
26	부서명	생산부	영업부	관리부	

4 상공전자 표준편차 - [K26] 셀

=DSTDEV(G14:J26,J14,H14:H15)

	G	H	I	J	K
13	[표4]	스마트폰 가격표			
14	제품코드	제조회사	저장용량	판매가	
15	GA-100	상공전자	256GB	945,000	
16	IP-100	대한전자	128GB	895,000	
17	NO-100	우리전자	256GB	920,000	
18	IP-200	대한전자	512GB	1,150,000	
19	GA-200	상공전자	256GB	980,000	
20	NO-200	우리전자	128GB	880,000	
21	IP-300	대한전자	256GB	900,000	
22	NO-300	우리전자	128GB	885,000	
23	IP-400	대한전자	256GB	985,000	
24	GA-300	상공전자	512GB	1,200,000	
25	NO-400	우리전자	512GB	1,100,000	상공전자 표준편차
26	GA-400	상공전자	128GB	900,000	133,253

5 차트진입 - [E30:E38] 영역

=IF(C30>=AVERAGE($C$30:$C$38),"진입","")

	A	B	C	D	E
28	[표5]	제품 판매 현황			
29	장르	인기도	채널수	판매량	차트진입
30	댄스	★★★★★	3,250	873,600	진입
31	발라드	★★★★★	1,560	436,800	
32	힙합	★★★	750	256,500	
33	R&B	★★★★	2,600	364,000	진입
34	트로트	★★★★★	2,600	312,000	진입
35	일렉	★★★	120	612,500	
36	OST	★★★.	3,400	224,100	진입
37	인디	★★★	720	268,000	
38	뉴에이지	★★	630	283,500	

| 제3작업 | 분석작업

1 정렬 + 부분합

① 정렬을 수행하기 위해 [A3] 셀을 선택한 후 [데이터]탭-[정렬 및 필터] 영역의 [정렬(🔳)]을 클릭한다.

② [정렬] 대화상자가 나타나면 첫 번째 정렬 기준 열은 '직급', 정렬 기준은 '셀 값', 정렬은 '사용자 지정 목록'을 선택한다.

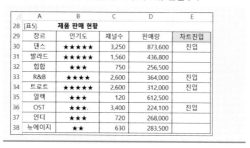

③ [사용자 지정 목록] 대화상자가 나타나면 화면 왼쪽의 '사용자 지정 목록'에서 '새 목록'을 선택한다. 화면 오른쪽 '목록 항목' 구역에 「**부장, 과장, 대리, 사원**」 순으로 입력한 후 [추가]와 [확인]을 차례로 클릭한다.

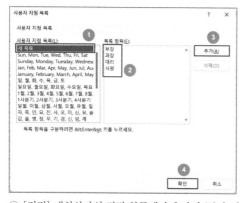

④ [정렬] 대화상자의 정렬 항목에서 추가된 '부장,과장,대리,사원' 목록을 선택한 후 [확인]을 클릭한다.

⑤ [A3] 셀이 선택이 되어져 있는 상태에서 [데이터]탭-[개요] 영역의 [부분합(🔳)]을 클릭한다.

⑥ [부분합] 대화상자가 나타나면 그룹화할 항목은 '직급', 사용할 함수는 '평균', 부분합 계산 항목은 '기본급', '야근수당', '성과금'만 체크하고 [확인]을 클릭한다.

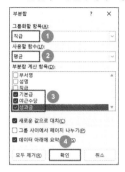

2 목표값 찾기

① 수식이 입력되어있는 [F7] 셀을 선택한 후 [데이터]탭-[예측] 영역의 [가상분석] 목록에서 [목표값 찾기]를 선택한다.

② [목표값 찾기] 대화상자가 나타나면 수식 셀에 기본적으로 [F7]이/가 설정되어 있을 것이다. 찾는 값에 「80」을 입력하고, 값을 바꿀 셀에 [C7]을/를 지정한 후 [확인]을 클릭한다.

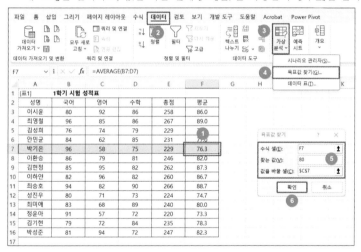

③ 최종결과

	A	B	C	D	E	F
1	[표1]	1학기 시험 성적표				
2	성명	국어	영어	수학	총점	평균
3	이시윤	80	92	86	258	86.0
4	최영철	96	85	86	267	89.0
5	김성희	76	74	79	229	76.3
6	안민균	84	62	85	231	77.0
7	박기은	96	69	75	240	80.0
8	이환승	86	79	81	246	82.0
9	김현정	85	95	82	262	87.3
10	이하얀	82	96	82	260	86.7
11	최승호	94	82	90	266	88.7
12	성진우	80	71	73	224	74.7
13	최미애	83	68	89	240	80.0
14	정윤아	91	57	72	220	73.3
15	김기현	79	72	84	235	78.3
16	박성준	81	94	72	247	82.3
17						

1 매크로

① [개발 도구]탭-[컨트롤] 영역의 [삽입] 목록에서 양식 컨트롤의 [단추(□)]를 선택한 후, 마우스 포인터가 '+'로 바뀌면 [Alt] 키를 누른 채 [H4:I5] 영역에 드래그하여 컨트롤을 그려준다.

② [매크로] 대화상자가 나타나면 매크로 이름을 「**총판매액**」으로 입력하고 [기록]을 클릭한다.

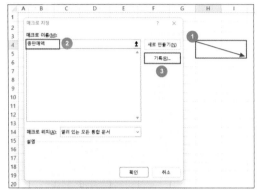

③ [매크로 기록] 화면으로 전환되면 매크로 이름이 '총판매액'인지 확인한 후 [확인]을 클릭한다.

④ [F5] 셀에 「=D5*E5」와 같이 입력한 후 [F13] 셀까지 수식을 복사한다.

⑤ [개발 도구]탭-[코드] 영역의 [기록 중지]를 클릭한다.

⑥ 단추 컨트롤을 마우스 오른쪽으로 클릭하여 나타나는 바로 가기 메뉴에서 '텍스트 편집'을 선택한다. 텍스트 편집 상태가 되면 「**총판매액**」으로 입력하고 임의의 셀을 클릭하여 편집을 마무리한다.

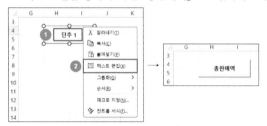

⑦ [삽입]탭-[일러스트레이션] 영역의 [도형] 목록에서 [기본도형]-[배지(⬡)]를 선택한 후, 마우스 포인터가 '+'로 바뀌면 [Alt] 키를 누른 채 [H7:I8] 영역에 드래그하여 도형을 그려준다.

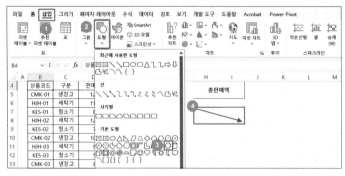

⑧ 도형이 선택된 상태에서 「**스타일**」이라 입력한 후, [홈]탭-[맞춤] 영역에서 가로와 세로 맞춤을 가운데로 설정한다.

⑨ [개발 도구]탭−[코드] 영역의 [매크로 기록]을 선택한다. [매크로] 대화상자가 나타나면 매크로 이름을 「**스타일**」로 입력하고 [확인]을 클릭한다.

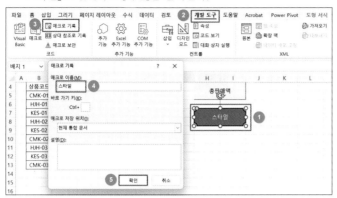

⑩ [B4:F4] 영역을 범위 지정한 후 [홈]탭−[스타일] 영역의 '셀 스타일'을 클릭한다. 셀 스타일 영역이 확장되면 목록에서 '40%−강조색4'를 선택한다.

⑪ [개발 도구]탭−[코드] 영역의 [기록 중지]를 클릭한다.

⑫ 도형을 마우스 오른쪽으로 클릭하여 나타나는 바로 가기 메뉴에서 '매크로 지정'을 선택한다.

⑬ [매크로 지정] 대화상자가 나타나면 '스타일'을 선택한 후 [확인]을 클릭한다.

⑭ 최종 결과

2 차트

① 차트가 선택된 상태에서 [차트 디자인]탭-[차트 레이아웃] 영역의 [차트 요소 추가] 목록에서 '차트 제목'의 '차트 위'를 선택한다.

② 차트 제목을 선택한 뒤 수식 입력줄에 「=」을 입력하고 [B2] 셀을 선택한 후 [Enter]를 누른다.

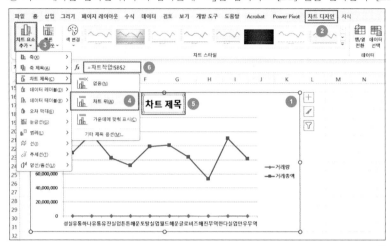

③ '거래량' 계열을 선택한 후 [차트 디자인]탭-[종류] 영역의 [차트 종류 변경(📊)]을 선택한다.

④ [차트 종류 변경] 대화상자의 [모든 차트]탭-[혼합]에서 거래량의 차트 종류를 '묶은 세로 막대형'을 선택하고, '보조 축'의 체크박스를 선택한 후 [확인]을 클릭한다.

⑤ 범례를 더블 클릭하여 [범례 서식] 대화상자를 표시한 후 [범례 옵션]탭-[범례 옵션] 항목에서 '범례 위치'를 '위쪽'으로 선택한다.

⑥ 범례를 선택한 후 [서식]탭-[도형 스타일(⌄)] 목록에서 '미세 효과-검정, 어둡게1'을 선택한다.

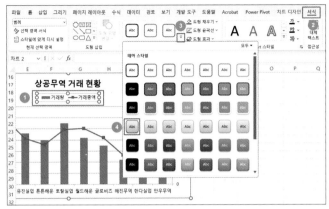

⑦ 세로 (값) 축을 더블 클릭하여 [축 서식] 대화상자를 표시한 후 [축 옵션]탭에서 '표시 단위'를 '백만'으로 선택한다.

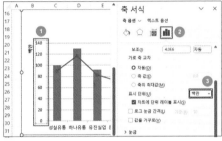

⑧ 세로 (값) 축 표시 단위 레이블을 더블 클릭하여 [표시 단위 레이블 서식] 대화상자를 표시한 후 [크기 및 속성]탭-[맞춤] 항목에서 '텍스트 방향'을 '가로'로 선택한다.

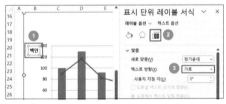

⑨ '거래총액' 계열의 '한다실업' 표식을 선택한 후 [차트 디자인]탭-[차트 레이아웃] 영역의 [차트 요소 추가]를 선택한다. 목록이 나타나면 '데이터 레이블'의 '위쪽'을 선택하여 레이블을 추가한다.

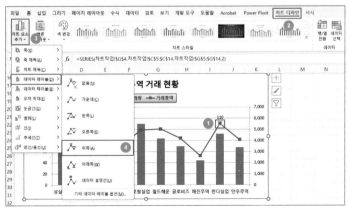

컴퓨터활용능력 2급 실기 실전모의고사 3회

프로그램명	제한시간
EXCEL 2021	40분

수험번호	
성 명	

2급	A형

< 유 의 사 항 >

- 인적 사항 누락 및 잘못 작성으로 인한 불이익은 수험자 책임으로 합니다.
- 화면에 암호 입력창이 나타나면 아래의 암호를 입력하여야 합니다.
  ○ 암호 : ********
- 작성된 답안은 주어진 경로 및 파일명을 변경하지 마시고 그대로 저장해야 합니다.
  이를 준수하지 않으면 실격 처리됩니다.
  ○ 답안 파일명의 예 : C:₩OA₩수험번호8자리.xlsm
- 외부데이터 위치 : C:₩OA₩파일명
- 별도의 지시사항이 없는 경우, 다음과 같이 처리 시 실격 처리됩니다.
  ○ 제시된 시트 및 개체의 순서나 이름을 임의로 변경한 경우
  ○ 제시된 시트 및 개체를 임의로 추가 또는 삭제한 경우
  ○ 외부데이터를 시험 시작 전에 열어본 경우
- 답안은 반드시 문제에서 지시 또는 요구한 셀에 입력하여야 하며 다음과 같이 처리 시 채점 대상에서 제외됩니다.
  ○ 제시된 함수가 있을 경우 제시된 함수만을 사용하여야 하며 그 외 함수 사용 시 채점 대상에서 제외
  ○ 수험자가 임의로 지시하지 않은 셀의 이동, 수정, 삭제, 변경 등으로 인해 셀의 위치 및 내용이 변경된 경우 해당 작업에 영향을 미치는 관련 문제 모두 채점 대상에서 제외
  ○ 도형 및 차트의 개체가 중첩되어 있거나 동일한 계산결과 시트가 복수로 존재할 경우 해당 개체나 시트는 채점 대상에서 제외
- 수식 작성 시 제시된 문제 파일의 데이터는 변경 가능한(가변적) 데이터임을 감안하여 문제 풀이를 하시오.
- 별도의 지시사항이 없는 경우, 주어진 각 시트 및 개체의 설정값 또는 기본 설정값(Default)으로 처리하시오.
- 저장 시간은 별도로 주어지지 않으므로 제한된 시간 내에 저장을 완료해야 하며, 제한 시간 내에 저장이 되지 않은 경우에는 실격 처리됩니다.
- 출제된 문제의 용어는 Microsoft Office 2021버전으로 작성되어 있습니다.

• 스프레드시트 •

실전모의고사 3회 문제

작업 파일 : 컴활2급/모의고사/실전모의고사3회.xlsm
외부데이터 위치 : 컴활2급/외부데이터

| 제1작업 | **기본작업 (20점)** 각 시트에서 다음의 과정을 수행하고 저장하시오.

---

1 '기본작업-1' 시트에 다음의 자료를 주어진 대로 입력하시오. (5점)

	A	B	C	D	E	F
1	마포구 신규 카페 목록					
2						
3	업체명	사업자명	주소	개업일정	규모(평)	전화번호
4	빅카페	이미주	아현동	Mar-03	12평	02)564-5446
5	달달한커피	한미래	공덕동	Apr-16	27평	02)124-4576
6	별다방	박강현	서교동	Apr-20	32평	02)457-8742
7	콩다방	최진철	연남동	May-3	58평	02)336-3571
8	아라비카커피	전희수	망원동	May-14	5평	02)338-1168
9	쥬시쥬스	장민호	합정동	Jun-10	15평	02)125-6501
10	오늘의 커피	차태은	서교동	Jun-25	28평	02)566-7086
11						

2 '기본작업-2' 시트에 대하여 다음의 지시사항을 처리하시오. (각 2점)

① [A3:G3] 영역은 가로와 세로 '가운데 맞춤', 글꼴 스타일 '굵게', 채우기 색 '표준 색−파랑', 글꼴 색 '표준 색−흰색, 배경1'로 지정하시오.

② [G3] 셀에 입력된 문자열 '총액'을 한자 '總額'으로 변환하시오.

③ [A4:A15] 영역은 사용자 지정 표시 형식을 이용하여 날짜에서 월(月)과 일(日)만을 [표시 예]와 같이 표시하시오.
　▶ 표시 예 : 2025−06−15 → 06월 15일

④ [G4:G15] 영역의 이름을 '총액'으로 정의하고, 표시 형식을 '쉼표 스타일'로 지정하시오.

⑤ [A3:G15] 영역에 '모든 테두리(⊞)'를 적용하고, 선 스타일 '실선', 테두리 색 '표준 색−파랑'을 적용하시오.

3 '기본작업-3' 시트에서 다음의 지시사항을 처리하시오. (5점)

[A4:G15] 영역에서 등급이 '골드' 이거나 이용금액이 500,000이상인 행 전체에 대하여 글꼴 스타일을 '굵게', 글꼴 색을 '표준 색−파랑'으로 지정하는 조건부 서식을 작성하시오.
　▶ OR 함수 사용
　▶ 단, 규칙 유형은 '수식을 사용하여 서식을 지정할 셀 결정'을 사용하고, 한 개의 규칙으로만 작성하시오.

1 [표1]의 1차[B3:B12]와 2차[C3:C12] 점수를 이용하여 [D3:D12] 영역에 평균을 계산하여 정수로 표시하시오. (8점)

   ▶ 평균 = (1차 + 2차) / 2
   ▶ 단, 평균의 결과 값이 오류라면 "실격"이라 표시할 것
   ▶ IFERROR, INT 함수 사용

2 [표2]의 주민등록번호[H3:H12] 8번째 한 글자가 1이면 '남', 2면 '여', 3이면 '남', 4면 '여'로 표시되도록 성별[I3:I12]을 계산하시오. (8점)

   ▶ CHOOSE, LEFT, RIGHT, MID 중 알맞은 함수 사용

3 [표3]의 판매총액[C16:C25]의 값이 큰 상위 5개 항목의 순위를 구하여 표시 예(3위)와 같이 성과순위[D16:D25]를 표시하시오. (8점)

   ▶ IF, RANK.EQ 함수와 & 연산자 사용

4 [표4]의 구독자수[H16:H25]를 이용하여 누적합계[I16:I25] 영역에 구독자수의 누적 합계를 계산하시오. (8점)

   ▶ SUM, SUMIF, SUMIFS 중 알맞은 함수 사용

5 [표5]에서 지역[C29:C38]이 김포인 회원의 인원수를 계산하여 표시 예(2명)와 같이 [D39] 셀에 표시하시오. (8점)

   ▶ 조건은 [F38:F39] 영역에 입력하시오.
   ▶ DCOUNT 함수와 & 연산자 사용

1 '분석작업-1'시트에 대하여 다음의 지시사항을 처리하시오. (10점)

[시나리오 관리자] 기능을 이용하여 '상공 전산 센터 강좌별 모집 현황' 표에서 할인율[D16]이 다음과 같이 변동되는 경우 필기 수강료 평균[F9]과 실기 수강료 평균[F14]의 변동 시나리오를 작성하시오.
   ▶ [D16] 셀의 이름은 '할인율', [F9] 셀의 이름은 '필기평균', [F14] 셀의 이름은 '실기평균'으로 정의하시오.
   ▶ 시나리오1 : 시나리오 이름은 '할인율 인상', 할인율은 23%으로 설정하시오.
   ▶ 시나리오2 : 시나리오 이름은 '할인율 인하', 할인율은 17%으로 설정하시오.
   ▶ 시나리오 요약 시트는 '분석작업-1' 시트 바로 왼쪽에 위치해야 함
     ※ 시나리오 요약 보고서 작성 시 정답과 일치하여야 하며, 오자로 인한 부분점수는 인정하지 않음

2 '분석작업-2'시트에 대하여 다음의 지시사항을 처리하시오. (10점)

'영업이익' 표는 판매가[B2]와 판매량[B3]을 이용하여 영업이익[B8]을 계산한 것이다. [데이터 표] 기능을 이용하여 판매가와 판매량의 변화에 따른 영업이익의 변화를 [C15:G20] 영역에 계산하시오.

| 제4작업 | 기타작업 (20점)   주어진 시트에서 다음의 과정을 수행하고 저장하시오.

---

1 '매크로 작업'시트에서 다음과 같은 기능을 수행하는 매크로를 현재 통합 문서에 작성하고 실행하시오. (각 5점)

① [G4:G15] 영역에 1분기부터 4분기까지의 합계를 계산하는 매크로를 생성하여 실행하시오.
   ▶ 매크로 이름 : 분기총액
   ▶ SUM 함수 사용
   ▶ [개발도구]-[삽입]-[양식 컨트롤]의 '단추(□)'를 동일 시트의 [I3:J4] 영역에 생성한 후 텍스트를 '분기총액'으로 입력하고, 단추를 클릭하면 '분기총액' 매크로가 실행되도록 설정하시오.

② [C4:G15] 영역에 표시 형식을 '쉼표 스타일'로 적용하는 매크로를 생성하여 실행하시오.
   ▶ 매크로 이름 : 서식
   ▶ [삽입]-[일러스트레이션]-[도형]-[기본도형]의 '육각형(⬡)'를 동일 시트의 [I6:J7] 영역에 생성한 후 텍스트를 '서식'으로 입력하고 '가로 세로 가운데 맞춤'을 지정한 후, 도형을 클릭하면 '서식' 매크로가 실행되도록 설정하시오.
   ※ 매크로는 도형과 연결되어야 하며, 셀 포인터의 위치에 관계없이 매크로가 실행되어야 정답으로 인정됨

2 '차트작업'시트에서 다음의 지시사항에 따라 차트를 수정하시오. (각 2점)

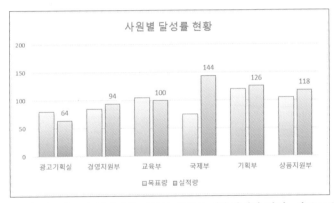

※ 차트는 반드시 문제에서 제공한 차트를 사용하여야 하며, 신규로 차트작성 시 0점 처리됨

① '달성률' 계열을 삭제하고, 가로 (항목) 축을 〈그림〉과 같이 지정하시오.
② 차트 제목은 [B1] 셀과 연동되도록 설정하고, 차트 스타일은 '스타일5'로 지정하시오.
③ '실적량' 계열에만 데이터 레이블 '값'을 〈그림〉과 같이 표시하고, 레이블의 글꼴 크기를 '10'으로 설정하시오.
④ 세로 (값) 축 눈금의 최대 값은 200, 주 단위는 50으로 설정하시오.
⑤ 차트 영역의 테두리는 '둥근 모서리'를 지정하시오.

실전모의고사 3회 정답 및 해설

정답 파일 : 컴활2급/모의고사/정답/실전모의고사3회(정답).xlsm

| 제1작업 | 기본작업

1 자료입력

'기본작업-1' 시트를 선택한 후 다음의 내용을 정확하게 입력한다.

	A	B	C	D	E	F
1	마포구 신규 카페 목록					
2						
3	업체명	사업자명	주소	개업일정	규모(평)	전화번호
4	빅카페	이미주	아현동	Mar-03	12평	02)564-5446
5	달달한커피	한미래	공덕동	Apr-16	27평	02)124-4576
6	별다방	박강현	서교동	Apr-20	32평	02)457-8742
7	콩다방	최진철	연남동	May-3	58평	02)336-3571
8	아라비카커피	전희수	망원동	May-14	5평	02)338-1168
9	쥬시쥬스	장민호	합정동	Jun-10	15평	02)125-6501
10	오늘의 커피	차태은	서교동	Jun-25	28평	02)566-7086
11						

2 서식 설정

① [A3:G3] 영역을 범위 지정한 후 [홈]탭-[맞춤] 영역의 가로와 세로를 '가운데 맞춤'으로 지정하고, [글꼴] 영역의 글꼴 스타일은 '굵게', 채우기 색은 '표준 색- 파랑', 글꼴 색은 '표준 색-흰색, 배경1'로 설정한다.

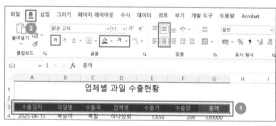

② [G3] 셀을 더블 클릭하거나 [F2]를 눌러 편집 모드로 전환하여 입력 문자를 블록 설정한 후 [한자]를 누른다.

③ [한글/한자 변환] 대화상자에서 바꿀 한자를 선택한 후 [변환]을 클릭한다.

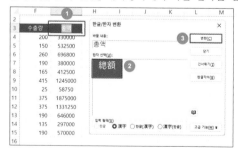

④ [A4:A15] 영역을 범위 지정한 후, [홈]탭-[표시 형식] 영역의 '화살표(⤡)'를 클릭하여 [셀 서식] 대화
상자를 호출한다. [표시 형식]탭의 '사용자 지정' 범주의 '형식'칸에 「mm"월" dd"일"」을 입력하고
[확인]을 클릭한다.

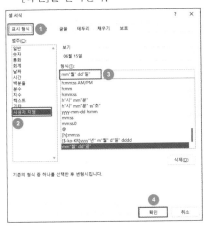

⑤ [G4:G15] 영역을 범위 지정한 후 '이름상자'에 「**총액**」이라 입력하고 [Enter]를 눌러 마무리한다.
⑥ [홈]탭-[표시형식]영역의 '쉼표 스타일(❜)'을 클릭한다.

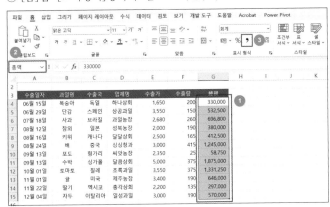

⑦ [A3:G15] 영역을 범위 지정한 후, Ctrl + 1을 눌러 [셀 서식] 대화상자를 호출한다. [테두리]탭에서
선 스타일 '실선', 색 '표준 색-파랑', 미리 설정의 '윤곽선'과 '안쪽'을 차례대로 설정한 후 [확인]을
클릭한다.

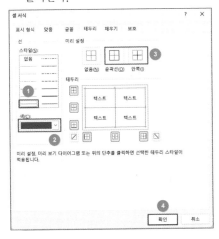

⑧ 최종결과

A	B	C	D	E	F	G
업체별 과일 수출현황							
수출일자	과일명	수출국	업체명	수출가	수출량	總額
06월 15일	복숭아	독일	하나상회	1,650	200	330,000
06월 29일	단감	스페인	상공과일	3,550	150	532,500
07월 18일	사과	브라질	과일농장	2,680	260	696,800
08월 12일	참외	일본	성북농장	2,000	190	380,000
08월 16일	키위	캐나다	달달상회	2,500	165	412,500
08월 24일	배	중국	싱싱청과	3,000	415	1,245,000
09월 13일	포도	헝가리	씨앗농장	2,350	25	58,750
09월 13일	수박	싱가폴	달콤상회	5,000	375	1,875,000
10월 01일	토마토	칠레	초록과일	3,550	375	1,331,250
11월 01일	귤	미국	제주농장	3,400	190	646,000
11월 22일	딸기	멕시코	총각상회	2,200	135	297,000
12월 04일	자두	이탈리아	일성과일	3,000	190	570,000

3 조건부 서식

① [A4:G15] 영역을 범위 지정한 후 [홈]탭-[스타일] 영역의 [조건부 서식]을 선택한다. 조건부 서식 목록이 나타나면 [새 규칙]을 선택한다.

② [새 서식 규칙] 대화상자가 나타나면 규칙 유형 선택을 '수식을 사용하여 서식을 지정할 셀 결정'을 선택한다. 다음 수식이 참인 값의 서식 지정에 「=OR($A4="골드",$F4>=500000)」를 입력하고 [서식]을 클릭한다.

③ [셀 서식] 대화상자의 [글꼴]탭에서 글꼴 스타일을 '굵게', 글꼴 색은 '표준색-파랑'으로 선택하고 [확인]을 차례대로 클릭한다.

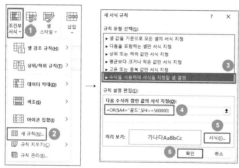

④ 최종결과

A	B	C	D	E	F	G
상공 펜션 고객 예약 현황							
등급	구분	예약자명	투숙룸	숙박일수	이용금액	할인금액
골드	회원	이미주	A동 1호	1박2일	240,000	96,000
실버	비회원	한미래	A동 2호	3박4일	600,000	90,000
일반	회원	박강현	A동 3호	2박3일	320,000	128,000
골드	비회원	최진철	A동 4호	2박3일	480,000	72,000
일반	비회원	전희수	A동 5호	1박2일	160,000	24,000
골드	비회원	장민호	B동 1호	1박2일	240,000	36,000
일반	비회원	차태은	B동 2호	3박4일	480,000	72,000
실버	회원	이지훈	B동 3호	1박2일	200,000	80,000
골드	회원	김지훌	B동 4호	2박3일	480,000	192,000
일반	비회원	강현우	A동 4호	2박3일	320,000	48,000
실버	비회원	김성은	A동 2호	1박2일	200,000	30,000
일반	회원	이지애	B동 2호	1박2일	160,000	64,000

1 평균 - [D3:D12] 영역

=IFERROR(INT((B3+C3)/2),"실격")

	A	B	C	D
1	[표1]	대회 참가 명단		
2	참가번호	1차	2차	평균
3	250701	94	86	90
4	250702	72	75	73
5	250703	85	98	91
6	250704	69	74	71
7	250705	92	86	89
8	250706	95	X	실격
9	250707	86	94	90
10	250708	76	86	81
11	250709	95	75	85
12	250710	68	X	실격

2 성별 - [I3:I12] 영역

=CHOOSE(MID(H3,8,1),"남","여","남","여")

	F	G	H	I
1	[표2]	동호회 회원 현황		
2	성명	지역	주민등록번호	성별
3	조수홍	마포구	030621-3******	남
4	최유영	서초구	930823-2******	여
5	윤정민	노원구	881201-1******	남
6	유현진	서초구	960903-1******	남
7	현상화	마포구	920817-2******	여
8	유시연	관악구	241113-4******	여
9	신선미	노원구	011023-4******	여
10	이동현	노원구	910103-1******	남
11	김강준	마포구	030802-3******	남
12	박혜리	서초구	900617-2******	여

3 성과순위 - [D16:D25] 영역

=IF(RANK.EQ(C16,$C$16:$C$25,0)<=5,RANK.EQ(C16,$C$16:$C$25,0)&"위","")

	A	B	C	D
14	[표3]	영업사원 판매 현황		
15	담당지역	사원명	판매총액	성과순위
16	마포	최유아	52,400,000	3위
17	노원	김선식	33,000,000	
18	서초	유태연	56,500,000	1위
19	노원	김소은	42,000,000	5위
20	서초	이근혁	55,000,000	2위
21	마포	마주한	24,000,000	
22	노원	강남주	49,000,000	4위
23	서초	이의정	16,500,000	
24	마포	김주영	35,800,000	
25	서초	이환주	28,400,000	

4 누적합계 - [I16:I25] 영역

=SUM($H$16:H16)

	F	G	H	I
14	[표4]	뉴튜브 음악 채널 현황		
15	업로드 장르	보고일자	구독자수	누적합계
16	댄스	2024.1	8,736	8,736
17	발라드	2024.2	4,368	13,104
18	힙합	2024.3	2,565	15,669
19	댄스	2024.5	3,640	19,309
20	발라드	2024.6	3,120	22,429
21	힙합	2024.7	2,125	24,554
22	댄스	2024.8	2,241	26,795
23	발라드	2024.9	4,689	31,484
24	힙합	2024.11	1,187	32,671
25	캐롤	2024.12	2,835	35,506

5 김포 인원수 - [D39] 셀

=DCOUNT(A28:D38,D28,F38:F39)&"명"

	A	B	C	D	E	F
27	[표5]	경기도 달리기 동호회 명단				
28	회원명	성별	지역	가입년도		
29	김지안	여	김포시 걸포동	2026		
30	조명철	남	수원시 팔달구	2023		
31	신부영	남	안양시 만안구	2024		
32	최윤희	여	수원시 권선구	2023		
33	황만수	남	김포시 풍무동	2023		
34	박예진	여	안양시 동안구	2023		
35	김태영	남	수원시 영통구	2025		
36	유선호	남	김포시 장기동	2026		
37	김환섭	남	김포시 사우동	2025		<조건>
38	윤정희	여	수원시 장안구	2026		지역
39	김포시 회원 인원수			4명		김포*

1 시나리오

① 셀의 이름을 정의하기 위해 변경 셀[D16]을 선택한 후 [이름 상자]에 커서를 두고「**할인율**」이라 입력한 후 [Enter]을 누른다. 같은 방법으로 결과 셀[F9]은「**필기평균**」, [F14]셀은「**실기평균**」이라 정의한다.

② 변경 셀[D16]을 선택한 후 [데이터]탭-[예측] 영역의 [가상분석] 목록에서 [시나리오 관리자]를 선택한다.

③ [시나리오 관리자] 대화상자가 나타나면 [추가]를 클릭한다.

④ [시나리오 추가] 대화상자가 나타나면 시나리오 이름을「**할인율 인상**」이라 입력하고 [확인]을 클릭한다.

⑤ [시나리오 값] 대화상자에서 할인율에「**0.23**」을/를 입력한 후 [추가]를 클릭한다.

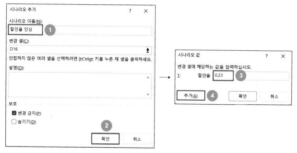

⑥ [시나리오 추가] 대화상자가 나타나면 시나리오 이름을「**할인율 인하**」라고 입력하고 [확인]을 클릭한다.

⑦ [시나리오 값] 대화상자에서 할인율에「**0.17**」을/를 입력한 후 [확인]을 클릭한다.

⑧ [시나리오 관리자] 대화상자에서 [요약]을 선택한다. [시나리오 요약] 대화상자가 나타나면 결과 셀에 [F9]와 [F14]를 지정한 후 [확인]을 클릭한다.

⑨ 최종결과

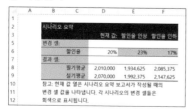

2 데이터 표

① 영업이익을 계산하기 위해 [B8] 셀을 선택한 후 수식 입력줄을 드래그하여 입력된 수식을 복사(Ctrl + C)한다. 활성화를 해제하기 위해 [Esc]를 누른다.

② [B14] 셀을 선택하여 복사한 수식을 붙여넣기(Ctrl + V)한다.

③ 수식 셀을 포함해서 [B14:G20] 영역을 범위 지정한 후 [데이터]탭-[예측] 영역의 [가상분석] 목록에서 [데이터 표]를 선택한다.

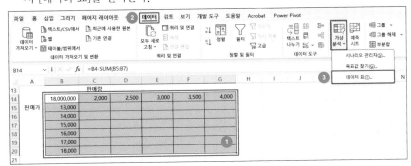

④ [데이터 표] 대화상자가 나타나면 행 입력 셀에 「$B$3」를, 열 입력 셀에 「$B$2」를 각각 지정 후 [확인]을 클릭한다.

⑤ 최종결과

	A	B	C	D	E	F	G
11		판매가와 판매량 변동에 따른 영업이익 현황					
12							
13			판매량				
14		18,000,000	2,000	2,500	3,000	3,500	4,000
15	판매가	13,000	1,500,000	6,375,000	11,250,000	16,125,000	21,000,000
16		14,000	3,000,000	8,250,000	13,500,000	18,750,000	24,000,000
17		15,000	4,500,000	10,125,000	15,750,000	21,375,000	27,000,000
18		16,000	6,000,000	12,000,000	18,000,000	24,000,000	30,000,000
19		17,000	7,500,000	13,875,000	20,250,000	26,625,000	33,000,000
20		18,000	9,000,000	15,750,000	22,500,000	29,250,000	36,000,000
21							

| 제4작업 | 기타작업

1 매크로

① [개발 도구]탭-[컨트롤] 영역의 [삽입]목록에서 양식 컨트롤의 [단추(□)]를 선택한 후, 마우스 포인터가 '+'로 바뀌면 [Alt] 키를 누른 채 [I3:J4] 영역에 드래그하여 컨트롤을 그려준다.

② [매크로] 대화상자가 나타나면 매크로 이름을 「**분기총액**」으로 입력하고 [기록]을 클릭한다.

③ [매크로 기록] 화면으로 전환되면 매크로 이름이 '분기총액'인지 확인한 후 [확인]을 클릭한다.

④ [G4] 셀에 「=SUM(C4:F4)」와 같이 입력한 후 [G15] 셀까지 수식을 복사한다.

⑤ [개발 도구]탭-[코드] 영역의 [기록 중지]를 클릭한다.

⑥ 단추 컨트롤을 마우스 오른쪽으로 클릭하여 나타나는 바로 가기 메뉴에서 '텍스트 편집'을 선택한다. 텍스트 편집 상태가 되면 「**분기총액**」으로 입력하고 임의의 셀을 클릭하여 편집을 마무리한다.

⑦ [삽입]탭-[일러스트레이션] 영역의 [도형] 목록에서 [기본도형]-[육각형(⬡)]을 선택한 후, 마우스 포인터가 '+'로 바뀌면 [Alt] 키를 누른 채 [I6:J7] 영역에 드래그하여 도형을 그려준다.

⑧ 도형이 선택된 상태에서 「**서식**」이라 입력한 후, [홈]탭-[맞춤] 영역에서 가로와 세로 맞춤을 가운데로 설정한다.

⑨ [개발 도구]탭-[코드] 영역의 [매크로 기록]을 선택한다. [매크로] 대화상자가 나타나면 매크로 이름을 「**서식**」으로 입력하고 [확인]을 클릭한다.

⑩ [C4:G15] 영역을 범위 지정한 후 [홈]탭-[표시 형식]영역의 '쉼표 스타일(❥)'을 클릭한다.

⑪ [개발 도구]탭-[코드] 영역의 [기록 중지]를 클릭한다.

⑫ 도형을 마우스 오른쪽으로 클릭하여 나타나는 바로 가기 메뉴에서 '매크로 지정'을 선택한다.

⑬ [매크로 지정] 대화상자가 나타나면 '서식'을 선택한 후 [확인]을 클릭한다.

⑭ 최종 결과

2 차트

① 차트 영역을 선택 한 후 [차트 디자인]탭-[데이터] 영역의 [데이터 선택(📊)]을 선택한다.

② [데이터 원본 선택] 대화상자가 나타나면 차트 데이터 범위를 「**=차트작업!$B$3:$B$9,차트작업!$E$3: $F$9**」와 같이 설정한 후 [확인]을 클릭한다.

③ 차트 제목을 선택한 뒤 수식 입력줄에 「=」을 입력하고 [B1] 셀을 선택한 후 [Enter]를 누른다.

④ 차트 영역을 선택한 뒤 [차트 디자인]탭-[차트 스타일(▽)] 목록에서 '스타일5'를 선택한다.

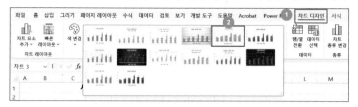

⑤ '실적량' 계열을 선택한 후 [차트 디자인]탭-[차트 레이아웃] 영역의 [차트 요소 추가(⬛)]를 선택한다. 목록이 나타나면 [데이터 레이블(⬛)]-[바깥쪽 끝에(⬛)]을 선택하여 레이블을 추가한다.

⑥ 추가된 데이터 레이블을 선택한 후 [홈]탭-[글꼴] 영역에서 글꼴 크기를 '10'으로 설정한다.

⑦ 세로 (값) 축을 더블 클릭하여 [축 서식] 대화상자를 표시한 후 [축 옵션(⬛)]탭-[축 옵션] 영역의 '최대값'에 「200」, 단위 '기본'에 「50」이라 입력한다.

⑧ 차트 영역을 더블 클릭하여 [차트 영역 서식] 대화상자를 표시한 후 [채우기 및 색(◇)]탭-[테두리] 영역에서 '둥근 모서리'를 체크한다.

컴퓨터활용능력 2급 실기 실전모의고사 4회

프로그램명	제한시간
EXCEL 2021	40분

수험번호	
성 명	

2급	A형

<유 의 사 항 >

- 인적 사항 누락 및 잘못 작성으로 인한 불이익은 수험자 책임으로 합니다.
- 화면에 암호 입력창이 나타나면 아래의 암호를 입력하여야 합니다.
  - 암호 : *******
- 작성된 답안은 주어진 경로 및 파일명을 변경하지 마시고 그대로 저장해야 합니다.
  이를 준수하지 않으면 실격 처리됩니다.
  - 답안 파일명의 예 : C:₩OA₩수험번호8자리.xlsm
- 외부데이터 위치 : C:₩OA₩파일명
- 별도의 지시사항이 없는 경우, 다음과 같이 처리 시 실격 처리됩니다.
  - 제시된 시트 및 개체의 순서나 이름을 임의로 변경한 경우
  - 제시된 시트 및 개체를 임의로 추가 또는 삭제한 경우
  - 외부데이터를 시험 시작 전에 열어본 경우
- 답안은 반드시 문제에서 지시 또는 요구한 셀에 입력하여야 하며 다음과 같이 처리 시 채점 대상에서 제외됩니다.
  - 제시된 함수가 있을 경우 제시된 함수만을 사용하여야 하며 그 외 함수 사용 시 채점 대상에서 제외
  - 수험자가 임의로 지시하지 않은 셀의 이동, 수정, 삭제, 변경 등으로 인해 셀의 위치 및 내용이 변경된 경우 해당 작업에 영향을 미치는 관련 문제 모두 채점 대상에서 제외
  - 도형 및 차트의 개체가 중첩되어 있거나 동일한 계산결과 시트가 복수로 존재할 경우 해당 개체나 시트는 채점 대상에서 제외
- 수식 작성 시 제시된 문제 파일의 데이터는 변경 가능한(가변적) 데이터임을 감안하여 문제 풀이를 하시오.
- 별도의 지시사항이 없는 경우, 주어진 각 시트 및 개체의 설정값 또는 기본 설정값(Default)으로 처리하시오.
- 저장 시간은 별도로 주어지지 않으므로 제한된 시간 내에 저장을 완료해야 하며, 제한 시간 내에 저장이 되지 않은 경우에는 실격 처리됩니다.
- 출제된 문제의 용어는 Microsoft Office 2021버전으로 작성되어 있습니다.

실전모의고사 4회 문제

작업 파일　　　: 컴활2급/모의고사/실전모의고사4회.xlsm
외부데이터 위치 : 컴활2급/외부데이터

| 제1작업 | 기본작업 (20점) 각 시트에서 다음의 과정을 수행하고 저장하시오.

1 '기본작업-1' 시트에 다음의 자료를 주어진 대로 입력하시오. (5점)

	A	B	C	D	E	F
1	직원별 목표 달성률 현황					
2						
3	부서명	성명	사번	목표량	실적량	달성률
4	광고기획실	곽병찬	GK-0201	80	64	80%
5	경영지원부	나미혜	KG-9802	85	94	110%
6	교육부	장성원	ED-9601	105	100	95%
7	국제부	오승철	GR-9406	75	144	195%
8	기획부	장석환	ID-9903	120	126	105%
9	상품지원부	정원경	MD-0004	105	118	112%
10	상품지원부	조민오	MD-9405	100	70	70%
11	경영지원부	염진철	KG-9207	60	90	150%
12						

2 '기본작업-2' 시트에 대하여 다음의 지시사항을 처리하시오. (각 2점)

① [A1:G1] 영역은 '병합하고 가운데 맞춤', 글꼴 '돋움체', 글꼴 크기 '18', 글꼴 스타일 '굵게'로 지정하시오.

② [B4:B7], [B8:B11], [B12:B15] 영역은 '병합하고 가운데 맞춤'을 적용하고, [A3:G3] 영역의 채우기 색을 '표준 색-노랑'으로 지정하시오.

③ [D4:D15] 영역은 사용자 지정 표시 형식을 이용하여 숫자 뒤에 "분"을 붙여 [표시 예]와 같이 표시하시오.
▶ 표시 예 : 70 → 70분

④ [G2] 셀의 '값'을 복사하여 할인가[F4:F15] 영역에 '연산(곱하기)' 기능으로 선택하여 붙여넣기 하시오.

⑤ [A3:G15] 영역은 텍스트 맞춤을 '가로 세로 가운데'로 지정하고 '모든 테두리(⊞)'를 적용하시오.

3 '기본작업-3' 시트에서 다음의 지시사항을 처리하시오. (5점)

다음의 텍스트 파일을 열어 생성된 데이터를 '기본작업-3' 시트의 [A3:G15] 영역에 붙여 넣으시오.
▶ 외부 데이터 파일명은 '펜션예약고객현황.txt'임
▶ 외부 데이터는 세미콜론(;)으로 구분되어 있음
▶ 열 너비는 조정하지 않음

1 [표1]의 총점[E3:E11]이 전체 총점의 평균 점수를 초과하는 학생수를 [E12] 셀에 계산하여 표시 예(2명)과 같이 표시하시오. (8점)

　▶ COUNTIF, AVERAGE 함수와 & 연산자 사용

2 [표2]의 입사일[I3:I11]로부터 24개월이 경과한 날짜가 기준일[K1] 이전이라면 진급대상자[K3:K11] 영역에 “진급대상”이라 표시하고 아니라면 “부적합”이라 표시하시오. (8점)

　▶ IF, EDATE, WORKDAY 중 알맞은 함수 사용

3 [표3]에서 담당지역[A16:A24]이 ‘마포’인 조건을 만족하는 판매총액[E16:E24]의 최대값과 최소값의 차이를 [E25] 셀에 계산하시오. (8점)

　▶ DMAX, DMIN 함수 사용

4 [표4]에서 장르[G16:G25]가 ‘댄스’인 데이터의 구독자수[H16:H25]와 채널수[I16:I25]의 비율을 [J25:K25] 영역에 계산하시오. (8점)

　▶ 댄스 구독자수 비율 = 댄스 구독자수 / 전체 구독자수
　▶ SUM, SUMIFS 함수 사용

5 [표5]의 주민등록번호[B29:B39]와 성별 구분[G28:H30] 표를 이용하여 주민등록번호 8번째 한 글자가 1이면 ‘남’, 2면 ‘여’라 표시되도록 참가자 성별[E29:E39]을 계산하시오 (8점)

　▶ LEFT, RIGHT, MID, INDEX 중 알맞은 함수 사용

---

1 ‘분석작업-1’시트에 대하여 다음의 지시사항을 처리하시오. (10점)

[피벗 테이블] 기능을 이용하여 ‘영업부 사원별 급여 현황’ 표에서 ‘부서명’은 ‘필터’, ‘직위’는 ‘행’, ‘기본급’, ‘야근수당’, ‘성과금’은 ‘값’으로 처리하여 합계를 계산하시오.
　▶ 피벗 테이블 보고서는 동일 시트의 [H5] 셀에서 시작하시오.
　▶ 보고서 레이아웃은 ‘개요 형식’으로 지정하시오.
　▶ 피벗 테이블에는 ‘영업3부’의 데이터만 표시되도록 하시오
　▶ 값 영역의 표시 형식은 ‘셀 서식’ 대화상자에서 ‘숫자’ 범주와 ‘1000단위 구분 기호 사용’을 이용하여 지정하시오.
　▶ 피벗 테이블에 ‘피벗 스타일 밝게11’ 서식을 지정하시오.

2 ‘분석작업-2’시트에 대하여 다음의 지시사항을 처리하시오. (10점)

[목표값 찾기] 기능을 이용하여 ‘과일 판매 현황’ 표에서 딸기의 총판매액[E7]이 320,000이 되려면 판매량[D7]이 얼마가 되어야 하는지 계산하시오.

1 '매크로 작업'시트에서 다음과 같은 기능을 수행하는 매크로를 현재 통합 문서에 작성하고 실행하시오. (각 5점)

① [F4:F15] 영역에 성과금을 계산하는 매크로를 생성하여 실행하시오.

▶ 매크로 이름 : 성과금

▶ 성과금 = 기본급 X 0.15

▶ [개발도구]-[삽입]-[양식 컨트롤]의 '단추(☐)'를 동일 시트의 [H3:I4] 영역에 생성한 후 텍스트를 '성과금계산'으로 입력하고, 단추를 클릭하면 '성과금' 매크로가 실행되도록 설정하시오.

② [A3:F3] 영역에 채우기 색 '표준 색-노랑', 글꼴 색 '표준 색-녹색'을 적용하는 매크로를 생성하여 실행하시오.

▶ 매크로 이름 : 서식

▶ [삽입]-[일러스트레이션]-[도형]-[기본도형]의 '하트(♡)'를 동일 시트의 [H6:I7] 영역에 생성한 후 텍스트를 '서식적용'으로 입력하고 '가로 세로 가운데 맞춤'을 지정한 후, 단추를 클릭하면 '서식' 매크로가 실행되도록 설정하시오.

※ 매크로는 도형과 연결되어야 하며, 셀 포인터의 위치에 관계없이 매크로가 실행되어야 정답으로 인정됨

2 '차트작업'시트에서 다음의 지시사항에 따라 차트를 수정하시오. (각 2점)

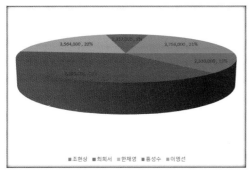

※ 차트는 반드시 문제에서 제공한 차트를 사용하여야 하며, 신규로 차트작성 시 0점 처리됨

① '구입횟수' 계열이 제거되도록 데이터 범위를 수정하시오.

② 차트 종류를 '3차원 원형'으로 변경하고, 차트 레이아웃은 '레이아웃3'을 지정하시오.

③ 계열 옵션을 이용하여 첫째 조각의 각을 '90'으로 설정하시오.

④ 데이터 계열에 데이터 레이블 '값'과 '백분율'을 표시하고, 레이블의 위치를 '안쪽 끝에'로 지정하시오.

⑤ 차트 영역의 테두리에는 그림자 '안쪽: 가운데'를 지정하시오.

실전모의고사 4회 정답 및 해설

정답 파일 : 컴활2급/모의고사/정답/실전모의고사4회(정답).xlsm

| 제1작업 | **기본작업**

1 자료입력

'기본작업-1' 시트를 선택한 후 다음의 내용을 정확하게 입력한다.

	A	B	C	D	E	F
1	직원별 목표 달성률 현황					
2						
3	부서명	성명	사번	목표량	실적량	달성률
4	광고기획실	곽병찬	GK-0201	80	64	80%
5	경영지원부	나미혜	KG-9802	85	94	110%
6	교육부	장성원	ED-9601	105	100	95%
7	국제부	오승철	GR-9406	75	144	195%
8	기획부	장석환	ID-9903	120	126	105%
9	상품지원부	정원경	MD-0004	105	118	112%
10	상품지원부	조민오	MD-9405	100	70	70%
11	경영지원부	임진철	KG-9207	60	90	150%
12						

2 서식 설정

① [A1:G1] 영역을 범위 지정한 후 [홈]탭-[맞춤] 영역의 '병합하고 가운데 맞춤'을 지정하고, [글꼴] 영역의 글꼴은 '돋움체', 글꼴 크기는 '18', 글꼴 스타일은 '굵게'로 설정한다.

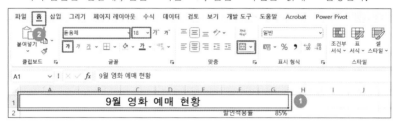

② [B4:B7], [B8:B11], [B12:B15] 영역을 범위 지정한 후 [홈]탭-[맞춤] 영역의 '병합하고 가운데 맞춤'을 지정하고, [A3:G3] 영역은 [홈]탭-[글꼴] 영역의 채우기 색을 '표준 색-노랑'으로 지정한다.

③ [D4:D15] 영역을 범위 지정한 후, [홈]탭-[표시 형식] 영역의 '화살표(⟍)'를 클릭하여 [셀 서식] 대화
상자를 호출한다. [표시 형식]탭의 '사용자 지정' 범주의 '형식'칸에 「0"분"」을 입력하고 [확인]을 클
릭한다.

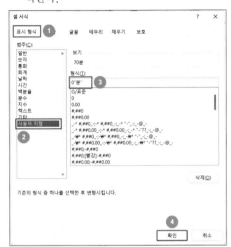

④ [G2] 셀의 값을 복사한 후 [F4:F15] 영역에서 마우스 오른쪽을 클릭하면 나타나는 목록에서 [선택하
여 붙여넣기]를 선택한다.

⑤ [선택하여 붙여넣기] 대화상자가 나타나면 붙여넣기 항목에서 '값'을, 연산 항목에서 '곱하기'를 선택
한 후 [확인]을 클릭한다.

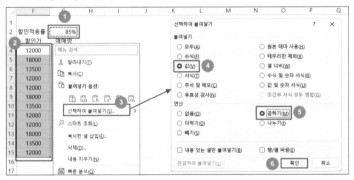

⑥ [A3:G15] 영역을 범위 지정한 후 [홈]탭-[글꼴] 영역에 '테두리' 목록 중 '모든 테두리(⊞)'를 클릭하
고, 텍스트 맞춤을 '가로 세로 가운데'로 설정한다.

⑦ 최종결과

	A	B	C	D	E	F	G
1			9월 영화 예매 현황				
2						할인적용률	85%
3	영화명	장소	관람등급	공연시간	공연료	할인가	예매량
4	미녀와 야수		8세 이상	70분	12000	10200	246
5	닥터스트레인저	CGV	15세 이상	150분	18000	15300	333
6	대지진		19세 이상	135분	13500	11475	247
7	팽권 대탐험		전체관람가	40분	12000	10200	146
8	미녀와 야수		8세 이상	70분	12000	10200	315
9	닥터스트레인저	롯데시네마	15세 이상	150분	18000	15300	386
10	대지진		19세 이상	135분	13500	11475	255
11	팽권 대탐험		전체관람가	40분	12000	10200	165
12	미녀와 야수		8세 이상	70분	12000	10200	348
13	닥터스트레인저	메가박스	15세 이상	150분	18000	15300	267
14	대지진		19세 이상	135분	13500	11475	288
15	팽권 대탐험		전체관람가	40분	12000	10200	229
16							

3 외부데이터 가져오기

① [A3] 셀을 선택한 후 [데이터]탭–[데이터 가져오기 및 변환] 영역의 [데이터 가져오기] 목록에서 [레거시 마법사]–[텍스트에서]를 선택한다.

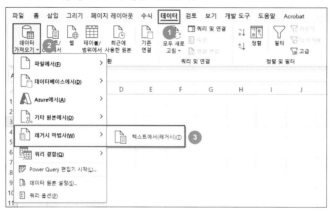

② [텍스트 파일 가져오기] 대화상자가 나타나면 외부데이터 폴더에서 '펜션예약고객현황.txt'파일을 선택하고 [가져오기]를 클릭한다.

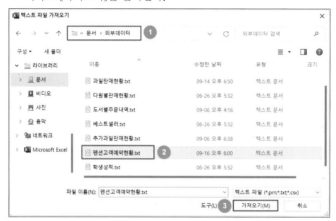

③ [텍스트 마법사 – 3단계 중 1단계] 대화상자가 나타나면 원본 데이터의 파일 유형을 '구분 기호로 분리됨'으로 선택하고 [다음]을 클릭한다.

④ [텍스트 마법사 – 3단계 중 2단계]에서 구분 기호를 '세미콜론'으로 변경한 후 [다음]을 클릭한다.

⑤ [텍스트 마법사 – 3단계 중 3단계]에서 [마침]을 클릭한다.

⑥ [데이터 가져오기] 대화상자가 나타나면 화면 하단 [속성]을 클릭한다. [외부 데이터 범위 속성] 창으로 전환되면 '열 너비 조정' 항목을 해제한 후 [확인]을 차례대로 클릭한다.

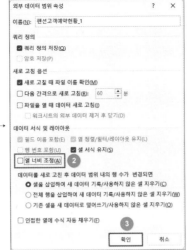

⑦ 최종결과

상공 펜션 고객 예약 현황

상품명	구분	예약자명	투숙룸	숙박일수	이용금액	할인금액
골드	회원	이미주	A동 1호	1박2일	240000	96000
실버	비회원	한미래	A동 2호	3박4일	600000	90000
일반	회원	박강현	A동 3호	2박3일	320000	128000
골드	비회원	최진철	A동 4호	2박3일	480000	72000
일반	비회원	전희수	A동 5호	1박2일	160000	24000
골드	비회원	장민호	B동 1호	1박2일	240000	36000
일반	비회원	차태은	B동 2호	3박4일	480000	72000
실버	회원	이지훈	B동 3호	1박2일	200000	80000
골드	회원	김지출	B동 4호	2박3일	480000	192000
일반	비회원	강현우	A동 4호	2박3일	320000	48000
실버	비회원	김성은	A동 1호	1박2일	200000	30000
일반	회원	이지애	B동 2호	1박2일	160000	64000

| 제2작업 | 계산작업

1 학생수 - [E12] 셀

=COUNTIF(E3:E11,">"&AVERAGE(E3:E11))&"명"

	A	B	C	D	E
1	[표1]	중간고사 결과표			
2	학생명	국어	영어	수학	총점
3	조현상	88	81	84	253
4	최희서	76	88	81	245
5	한채영	94	76	92	262
6	홍성수	86	92	99	277
7	이명선	95	76	78	249
8	차여진	84	84	82	250
9	김혜선	85	97	87	269
10	이세진	92	85	82	259
11	김상욱	73	67	94	234
12	평균 점수를 초과하는 학생수				4명

2 진급대상자 - [K3:K11] 영역

=IF(EDATE(I3,24)<=$K$1,"진급대상","부적합")

	G	H	I	J	K
1	[표2]	사원 관리 현황		기준일 :	2025-03-21
2	사원명	직위	입사일	고과점수	진급대상자
3	이환승	대리	2022-06-11	92	진급대상
4	김현정	대리	2023-08-18	88	부적합
5	이하안	부장	2017-01-11	67	진급대상
6	최승호	사원	2024-07-24	90	부적합
7	성진우	과장	2021-06-26	82	진급대상
8	최미애	사원	2024-02-01	81	부적합
9	정윤아	대리	2024-04-04	76	부적합
10	김기현	사원	2023-11-25	91	부적합
11	박성준	대리	2021-10-30	77	진급대상

3 최대-최소 차이 - [E25] 셀

=DMAX(A15:E24,E15,A15:A16)-DMIN(A15:E24,E15,A15:A16)

	A	B	C	D	E
14	[표3]	영업사원 판매 현황			
15	담당지역	사원명	성별	직위	판매총액
16	마포	최유아	여	대리	52,400,000
17	서초	김선식	남	대리	33,000,000
18	서초	유태연	여	과장	58,500,000
19	마포	김소은	여	사원	42,000,000
20	서초	이근혁	남	대리	55,000,000
21	마포	마주한	남	사원	24,000,000
22	마포	강남주	여	과장	49,000,000
23	서초	이의정	여	사원	16,500,000
24	마포	김주영	남	과장	35,800,000
25	마포 판매총액의 최대-최소 차이				28,400,000

4 댄스 장르 비율 - [J25:K25] 영역

=SUMIF($G$16:$G$25,"댄스",H16:H25)/SUM (H16:H25)

	G	H	I	J	K
14	[표4]	너튜브 음악 채널 현황			
15	장르	구독자수	채널수		
16	댄스	873,600	3,250		
17	발라드	436,800	1,560		
18	OST	256,500	750		
19	댄스	364,000	2,600		
20	발라드	312,000	2,600		
21	힙합	212,500	120		
22	댄스	224,100	3,400		
23	발라드	468,000	1,370	댄스 장르 비율	
24	힙합	283,500	630	구독자수	채널수
25	OST	512,680	1,285	37%	53%

5 참가자 성별 - [E29:E39] 영역

=INDEX($H$29:$H$30,MID(B29,8,1),1)

	A	B	C	D	E	F	G	H
27	[표5]	마라톤 대회 등록 현황					<성별 구분>	
28	성명	주민등록번호	지역	코스	참가자 성별		구분	성별
29	조수홍	800621-1******	김포	5Km	남		1	남
30	최유영	930823-2******	수원	10Km	여		2	여
31	윤정민	881201-1******	안양	Half	남			
32	조인성	830725-1******	수원	5Km	남			
33	유현진	860903-1******	김포	Full	남			
34	현상화	920817-2******	화성	10Km	여			
35	유시연	841113-2******	안양	5Km	여			
36	신선미	811023-2******	수원	Full	여			
37	이동현	910103-1******	김포	5Km	남			
38	김강준	880802-1******	화성	Half	남			
39	박혜리	900617-2******	수원	10Km	여			

| 제3작업 | 분석작업

1 피벗테이블

① [A3] 셀을 선택한 후 [삽입]탭-[표] 영역의 [피벗 테이블(📊)] 목록에서 [테이블/범위에서(📊)]를 선택한다.

② [표 또는 범위의 피벗 테이블] 대화상자가 나타나면 표/범위가 [A3:F21] 영역인지 확인하고, 피벗 테이블을 배치할 위치를 '기존 워크시트'로 선택한다. 위치가 활성화 되면 커서를 삽입한 후 [H5] 셀을 선택하고 [확인]을 클릭한다.

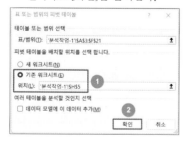

③ [피벗 테이블 필드] 화면이 나타나면 '부서명'은 '필터', '직위'는 '행', '기본급', '야근수당', '성과급'은 'Σ 값'으로 드래그한다.

④ 작성된 피벗 테이블의 임의의 셀을 선택한 후 [디자인]탭−[레이아웃] 영역의 [보고서 레이아웃] 목록 에서 '개요 형식으로 표시'를 선택한다.

⑤ [I3] 셀의 필터(▼)를 클릭하여 목록에서 '영업3팀'을 선택한 후 [확인]을 클릭한다.

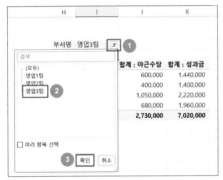

⑥ [I6:K10] 영역을 범위 지정한 후 Ctrl + 1을 눌러 [셀 서식] 대화상자를 호출한다. [표시 형식]탭의 '숫 자' 범주에서 '1000단위 구분 기호 사용'을 선택하고 [확인]을 클릭한다.

⑦ 피벗 테이블의 임의의 셀을 선택한 후 [디자인]탭−[피벗 테이블 스타일] 영역에서 '피벗 스타일 밝게 11'을 선택한다.

⑧ 최종결과

3	부서명	(모두)	▼	
4				
5	직위 ▼	합계 : 기본급	합계 : 야근수당	합계 : 성과금
6	부장	10,150,000	1,650,000	4,060,000
7	과장	9,950,000	970,000	3,980,000
8	대리	17,900,000	3,000,000	7,160,000
9	사원	16,050,000	2,310,000	6,420,000
10	총합계	54,050,000	7,930,000	21,620,000
11				

2 데이터 표

① 수식이 입력되어있는 [E7] 셀을 선택한 후 [데이터]탭-[예측] 영역의 [가상분석()] 목록에서 [목표 값 찾기]를 선택한다.

② [목표값 찾기] 대화상자가 나타나면 수식 셀에 기본적으로 [E7]이/가 설정되어 있을 것이다. 찾는 값에 「320000」을 입력하고, 값을 바꿀 셀에 [D7]을/를 지정한 후 [확인]을 클릭한다.

③ 최종결과

	A	B	C	D	E
1	[표1]	과일 판매 현황			
2	과일명	구분	판매가	판매량	판매총액
3	사과	국산	12,000	16	192,000
4	파인애플	수입산	4,000	18	72,000
5	수박	국산	13,500	24	324,000
6	체리	수입산	12,500	15	187,500
7	딸기	국산	8,000	40	320,000
8	바나나	수입산	4,500	17	76,500
9	망고	수입산	9,000	19	171,000
10	포도	국산	11,500	24	276,000
11	배	국산	15,000	12	180,000
12					

| 제4작업 | 기타작업

1 매크로

① [개발 도구]탭-[컨트롤] 영역의 [삽입]목록에서 양식 컨트롤의 [단추(▢)]를 선택한 후, 마우스 포인터가 '+'로 바뀌면 [Alt] 키를 누른 채 [H3:I4] 영역에 드래그하여 컨트롤을 그려준다.

② [매크로] 대화상자가 나타나면 매크로 이름을 「**성과금**」으로 입력하고 [기록]을 클릭한다.

③ [매크로 기록] 화면으로 전환되면 매크로 이름이 '성과금'인지 확인한 후 [확인]을 클릭한다.

④ [F4] 셀에 「=D4*0.15」와 같이 입력한 후 [F15] 셀까지 수식을 복사한다.

⑤ [개발 도구]탭-[코드] 영역의 [기록 중지]를 클릭한다.

⑥ 단추 컨트롤을 마우스 오른쪽으로 클릭하여 나타나는 바로 가기 메뉴에서 '텍스트 편집'을 선택한다. 텍스트 편집 상태가 되면 「**성과금계산**」으로 입력하고 임의의 셀을 클릭하여 편집을 마무리한다.

⑦ [삽입]탭-[일러스트레이션] 영역의 [도형] 목록에서 [기본도형]-[하트(♡)]를 선택한 후, 마우스 포인터가 '+'로 바뀌면 [Alt] 키를 누른 채 [H6:I7] 영역에 드래그하여 도형을 그려준다.

⑧ 도형이 선택된 상태에서 「**서식적용**」이라 입력한 후, [홈]탭-[맞춤] 영역에서 가로와 세로 맞춤을 가운데로 설정한다.

⑨ [개발 도구]탭-[코드] 영역의 [매크로 기록]을 선택한다. [매크로] 대화상자가 나타나면 매크로 이름을 「**서식**」으로 입력하고 [확인]을 클릭한다.

⑩ [A3:F3] 영역을 범위 지정한 후 [홈]탭-[글꼴]영역에서 채우기 색 '표준 색-노랑', 글꼴 색 '표준 색-녹색'을 지정한다.

⑪ [개발 도구]탭-[코드] 영역의 [기록 중지]를 클릭한다.

⑫ 도형을 마우스 오른쪽으로 클릭하여 나타나는 바로 가기 메뉴에서 '매크로 지정'을 선택한다.

⑬ [매크로 지정] 대화상자가 나타나면 '서식'을 선택한 후 [확인]을 클릭한다.

⑭ 최종 결과

	사원별 급여 지급 현황						
부서명	성명	직급	기본급	야근수당	성과금		
영업부	이소연	부장	4,000,000	350,000	600,000	성과금계산	
영업부	박성민	과장	3,600,000	600,000	540,000		
영업부	이상철	대리	2,650,000	250,000	397,500	서식적용	
생산부	이혜정	과장	3,500,000	650,000	525,000		
생산부	강성훈	대리	2,800,000	250,000	420,000		
생산부	박신애	사원	2,150,000	600,000	322,500		
기획부	이상화	대리	2,700,000	380,000	405,000		
기획부	이세민	사원	2,250,000	550,000	337,500		
기획부	장예원	사원	2,100,000	480,000	315,000		
경리부	최두호	과장	3,450,000	550,000	517,500		
경리부	이선경	대리	2,750,000	550,000	412,500		
경리부	김동근	사원	2,000,000	480,000	300,000		

2 차트

① 차트 영역을 선택 한 후 [차트 디자인]탭-[데이터] 영역의 [데이터 선택(⊞)]을 선택한다.

② [데이터 원본 선택] 대화상자가 나타나면 차트 데이터 범위를 「**=차트작업!$C$3:$C$8,차트작업!$E$3:$E$8**」와 같이 설정한 후 [확인]을 클릭한다.

③ 차트 영역을 선택한 후 [차트 디자인]탭-[종류] 영역의 [차트 종류 변경(📊)]을 선택한다.

④ [차트 종류 변경] 대화상자의 [모든 차트]탭-[원형]에서 '3차원 원형'을 선택한 후 [확인]을 클릭한다.

⑤ 차트 영역을 선택한 후 [차트 디자인]탭-[차트 레이아웃] 영역의 [빠른 레이아웃(▦)]를 선택한다. 목록이 나타나면 [레이아웃3(◐)]을 선택한다.

⑥ 임의의 계열을 더블 클릭하여 [데이터 계열 서식] 대화상자를 표시한 후 [계열 옵션(▬)]탭-[계열 옵션] 영역에서 '첫째 조각의 각'에 「90」이라 입력한다.

⑦ 데이터 계열을 선택한 후 [차트 디자인]탭-[차트 레이아웃] 영역의 [차트 요소 추가(▥)]를 선택한다. '데이터 레이블(▥)' 목록에서 '안쪽 끝에(▱)'를 선택한다.

⑧ 데이터 레이블을 더블 클릭하여 [데이터 레이블 서식] 대화상자를 표시한 후 [레이블 옵션(▬)]탭-[레이블 옵션] 영역에서 '레이블 내용' 항목으로 '값'과 '백분율'을 체크한다.

⑨ 차트 영역을 더블 클릭하여 [차트 영역 서식] 대화상자를 표시한다. [효과(◯)]탭-[그림자]에서 미리 설정(▾)을 클릭하여 목록을 표시한 후, '안쪽' 영역의 '안쪽: 가운데'를 선택한다.

컴퓨터활용능력 2급 실기 실전모의고사 5회

프로그램명	제한시간
EXCEL 2021	40분

수험번호	
성 명	

2급	A형

< 유 의 사 항 >

- 인적 사항 누락 및 잘못 작성으로 인한 불이익은 수험자 책임으로 합니다.
- 화면에 암호 입력창이 나타나면 아래의 암호를 입력하여야 합니다.
  ○ 암호 : *******
- 작성된 답안은 주어진 경로 및 파일명을 변경하지 마시고 그대로 저장해야 합니다.
  이를 준수하지 않으면 실격 처리됩니다.
  ○ 답안 파일명의 예 : C:₩OA₩수험번호8자리.xlsm
- 외부데이터 위치 : C:₩OA₩파일명
- 별도의 지시사항이 없는 경우, 다음과 같이 처리 시 실격 처리됩니다.
  ○ 제시된 시트 및 개체의 순서나 이름을 임의로 변경한 경우
  ○ 제시된 시트 및 개체를 임의로 추가 또는 삭제한 경우
  ○ 외부데이터를 시험 시작 전에 열어본 경우
- 답안은 반드시 문제에서 지시 또는 요구한 셀에 입력하여야 하며 다음과 같이 처리 시 채점 대상
  에서 제외됩니다.
  ○ 제시된 함수가 있을 경우 제시된 함수만을 사용하여야 하며 그 외 함수 사용 시 채점 대상에서
    제외
  ○ 수험자가 임의로 지시하지 않은 셀의 이동, 수정, 삭제, 변경 등으로 인해 셀의 위치 및 내용이
    변경된 경우 해당 작업에 영향을 미치는 관련 문제 모두 채점 대상에서 제외
  ○ 도형 및 차트의 개체가 중첩되어 있거나 동일한 계산결과 시트가 복수로 존재할 경우 해당 개
    체나 시트는 채점 대상에서 제외
- 수식 작성 시 제시된 문제 파일의 데이터는 변경 가능한(가변적) 데이터임을 감안하여 문제 풀이를
  하시오.
- 별도의 지시사항이 없는 경우, 주어진 각 시트 및 개체의 설정값 또는 기본 설정값(Default)으로
  처리하시오.
- 저장 시간은 별도로 주어지지 않으므로 제한된 시간 내에 저장을 완료해야 하며, 제한 시간 내에
  저장이 되지 않은 경우에는 실격 처리됩니다.
- 출제된 문제의 용어는 Microsoft Office 2021버전으로 작성되어 있습니다.

실전모의고사 5회 **문제**

작업 파일   : 컴활2급/모의고사/실전모의고사5회.xlsm
외부데이터 위치 : 컴활2급/외부데이터

| 제1작업 | **기본작업 (20점)**   각 시트에서 다음의 과정을 수행하고 저장하시오.

1 '기본작업-1' 시트에 다음의 자료를 주어진 대로 입력하시오. (5점)

	A	B	C	D	E	F
1	마라톤 대회 등록 현황					
2						
3	회원명	지역	신청일자	코스	기록(분)	입상여부
4	김지언	김포시 걸포동	2025-05-10	5Km	35	해당
5	조명철	수원시 팔달구	2025-05-15	10Km	72	일반
6	신부영	안양시 만안구	2025-05-22	Half	96	해당
7	최윤희	수원시 권선구	2025-05-08	5Km	42	일반
8	황만수	김포시 풍무동	2025-05-28	Full	185	해당
9	조현우	안양시 동안구	2025-05-02	10Km	115	일반
10	박예진	수원시 영통구	2025-05-16	5Km	88	일반
11	김태영	김포시 장기동	2025-05-07	Full	210	일반
12						

2 '기본작업-2' 시트에 대하여 다음의 지시사항을 처리하시오. (각 2점)

① [A1:E1] 영역은 '병합하고 가운데 맞춤', 글꼴 '궁서체', 글꼴 크기 '18', 글꼴 스타일 '굵게'로 지정하시오.

② 제목 '상공컴퓨터학원 신규강좌 개설 현황' 앞뒤에 특수 문자 '◎'를 삽입하시오.

③ [A3:E3] 영역은 텍스트 맞춤을 '가로-균등분할(들여쓰기)'로 지정하고, 셀 스타일을 '강조색4'로 지정하시오.

④ [D4:D13] 영역은 사용자 지정 표시 형식을 이용하여 날짜 형식을 [표시 예]와 같이 표시하시오.
   ▶ 표시 예 : 2025-08-22 → 08월 22일(금요일)

⑤ [A3:E14] 영역은 '모든 테두리(⊞)'를 적용하고, [A14:C14] 영역은 셀 병합 후 대각선(X) 테두리를 적용하시오.

3 '기본작업-3' 시트에서 다음의 지시사항을 처리하시오. (5점)

'사원별 급여 지급 현황' 표에서 직급이 '대리'이면서 근속기간이 5년 이상 10년 미만인 데이터의 '부서명', '성명', '직급', '근속기간' 필드만을 고급필터를 사용하여 검색하시오.
   ▶ 고급 필터 조건은 [A20:C22] 영역 내에 알맞게 입력하시오.
   ▶ 고급 필터 결과 복사 위치는 동일 시트의 [A24] 셀에서 시작하시오.

| 제2작업 | **계산작업 (40점)**   '계산작업' 시트에서 다음의 과정을 수행하고 저장하시오.

1 [표1]에서 입력 행의 번호가 짝수라면 "천안창고" 홀수라면 "김포창고"라고 표시되도록 물품보관소[D3:D11] 를 계산하시오. (8점)

▶ IF, MOD, ROW, COLUMN 중 알맞은 함수 사용

2 [표2]의 총점[I3:I11]을 기준으로 점수가 높은 사원의 순위를 구한 후 1위는 "최우수", 2위는 "우수"라 표시하고 나머지는 공란으로 수상자[J3:J11] 영역에 표시하시오. (8점)

▶ IFERROR, RANK.EQ, CHOOSE 함수 사용

3 [표3]에서 팀명[C15:C24]이 '백호'인 학생수의 비율을 구하여 [D25] 셀에 표시 예(20%)와 같이 표시하시오. (8점)

▶ 백호팀 학생 비율 = 백호 학생수 / 전체 학생수 X 100
▶ DCOUNT, COUNTA 함수와 & 연산자 사용

4 [표4]에서 담당지역[F15:F24]이 '마포'이면서 성별[H15:H24]이 '남'인 조건을 만족하는 영업이익[J15:J24] 의 합계를 [J25] 셀에 계산하시오. (8점)

▶ SUMIFS 함수 사용

5 [표5]의 사원코드[A29:A36] 첫 번째 글자와 부서코드[F35:I36] 표를 이용하여 부서명[D29:D36]을 찾아 표시하시오 (8점)

▶ LEFT, RIGHT, VLOOKUP, HLOOKUP 중 알맞은 함수 사용

| 제3작업 | **분석작업 (20점)**   주어진 시트에서 다음의 과정을 수행하고 저장하시오.

1 '분석작업-1'시트에 대하여 다음의 지시사항을 처리하시오. (10점)

[유효성 검사 규칙] 기능을 이용하여 [C4:C15] 영역에는 직위목록[I4:I7]의 값이 목록으로 입력되도록 제한대상을 설정하시오.
▶ 유효하지 않은 데이터를 입력한 경우 〈그림〉과 같은 오류 메시지가 표시되도록 설정하시오.

2 '분석작업-2'시트에 대하여 다음의 지시사항을 처리하시오. (10점)

데이터 도구 [통합] 기능을 이용하여 [표1]에 대한 분류별 1분기~4분기 판매실적의 평균을 [표2]의 [I2:M2] 영역에 계산하시오.

1 '매크로 작업'시트에서 다음과 같은 기능을 수행하는 매크로를 현재 통합 문서에 작성하고 실행하시오. (각 5점)

① [F4:F15] 영역에 실구매가를 계산하는 매크로를 생성하여 실행하시오.

▶ 매크로 이름 : 실구매가

▶ 실구매가 = 판매가 X (1 – 할인율)

▶ [개발도구]–[삽입]–[양식 컨트롤]의 '단추(□)'를 동일 시트의 [H3:I4] 영역에 생성한 후 텍스트를 '실구매가'로 입력하고, 단추를 클릭하면 '실구매가' 매크로가 실행되도록 설정하시오.

② [E4:E15] 영역에 표시 형식을 '백분율' 형식으로 지정하는 매크로를 생성하여 실행하시오.

▶ 매크로 이름 : 백분율

▶ [삽입]–[일러스트레이션]–[도형]–[기본도형]의 '십자형(✚)'를 동일 시트의 [H6:I7] 영역에 생성한 후 텍스트를 '백분율'로 입력하고 '가로 세로 가운데 맞춤'을 지정한 후, 단추를 클릭하면 '백분율' 매크로가 실행되도록 설정하시오.

※ 매크로는 도형과 연결되어야 하며, 셀 포인터의 위치에 관계없이 매크로가 실행되어야 정답으로 인정됨

2 '차트작업'시트에서 다음의 지시사항에 따라 차트를 수정하시오. (각 2점)

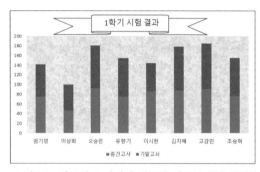

※ 차트는 반드시 문제에서 제공한 차트를 사용하여야 하며, 신규로 차트작성 시 0점 처리됨

① 차트에 '이시현' 데이터가 표시되도록 데이터 범위를 수정하고, 가로 (항목) 축의 값을 〈그림〉과 같이 변경하시오.

② 차트의 종류를 '누적 세로 막대형'으로 변경하시오.

③ 차트 제목은 '차트 위'로 지정한 후 [B1] 셀과 연동되도록 지정하시오.

④ 차트 제목에 도형을 〈그림〉과 같이 배치하고, 채우기는 '없음', 윤곽선의 색은 '표준 색–파랑', 두께는 '1pt'으로 설정하시오.

⑤ 그림 영역의 채우기를 '질감–꽃다발'을 정하시오.

실전모의고사 5회 정답 및 해설

정답 파일 : 컴활2급/모의고사/정답/실전모의고사5회(정답).xlsm

| 제1작업 | 기본작업

1 자료입력

'기본작업-1' 시트를 선택한 후 다음의 내용을 정확하게 입력한다.

	A	B	C	D	E	F
1	마라톤 대회 등록 현황					
2						
3	회원명	지역	신청일자	코스	기록(분)	입상여부
4	김지언	김포시 걸포동	2025-05-10	5Km	35	해당
5	조명철	수원시 팔달구	2025-05-15	10Km	72	일반
6	신부영	안양시 만안구	2025-05-22	Half	96	해당
7	최윤희	수원시 권선구	2025-05-08	5Km	42	일반
8	황만수	김포시 풍무동	2025-05-28	Full	185	해당
9	조현우	안양시 동안구	2025-05-02	10Km	115	일반
10	박예진	수원시 영통구	2025-05-16	5Km	88	일반
11	김태영	김포시 장기동	2025-05-07	Full	210	일반
12						

2 서식 설정

① [A1:E1] 영역을 범위 지정한 후 [홈]탭-[맞춤] 영역의 '병합하고 가운데 맞춤'을 지정하고, [글꼴] 영역의 글꼴은 '궁서체', 글꼴 크기는 '18', 글꼴 스타일은 '굵게'로 설정한다.

② [A1] 셀을 더블 클릭하여 편집 모드로 전환한 후 문자열 앞에 커서를 삽입한다.

③ 한글 자음 「ㅁ」을 입력하고 곧바로 [한자]를 눌러 특수 문자 입력창을 띄워준다. 하단 화살표를 클릭하여 두 번째 페이지로 이동한 후 '◎' 선택한다. 문자열 뒤에도 동일하게 작업하거나 복사한다.

④ [A3:E3] 영역을 범위 지정한 후, [홈]탭-[맞춤] 영역의 '화살표(↘)'를 클릭하여 [셀 서식] 대화상자를 호출한다. [맞춤]탭의 '텍스트 맞춤' 가로 항목 목록에서 '균등 분할(들여쓰기)'를 선택하고 [확인]을 클릭한다.

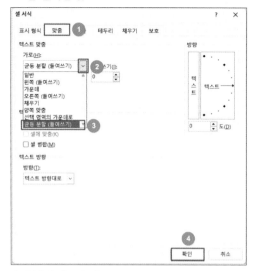

⑤ [홈]탭-[스타일] 영역의 '셀 스타일'을 클릭하면 나타나는 목록에서 '강조색4'를 선택한다.

⑥ [D4:D13] 영역을 범위 지정한 후, [홈]탭-[표시 형식] 영역의 '화살표(↘)'를 클릭하여 [셀 서식] 대화상자를 호출한다. [표시 형식]탭의 '사용자 지정' 범주의 '형식'칸에 「mm"월" dd"일("aaaa")"」을 입력하고 [확인]을 클릭한다.

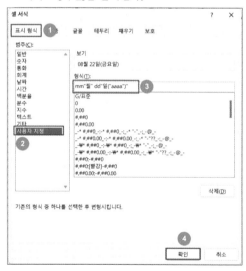

⑦ [A3:E14] 영역을 범위 지정한 후 [홈]탭-[글꼴] 영역에 '테두리' 목록 중 '모든 테두리(⊞)'를 클릭한다.

⑧ [A14:C14] 영역을 범위 지정한 후 [홈]탭-[맞춤] 영역의 '화살표(↘)'를 클릭하여 [셀 서식] 대화상자를 호출한다. [맞춤]탭의 '텍스트 조정' 영역에서 '셀 병합' 항목을 선택한다.

⑨ [테두리]탭에서 대각선을 지정한 후 [확인]을 클릭한다.

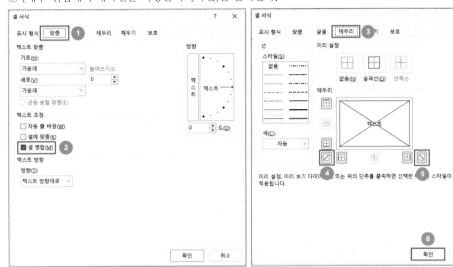

⑩ 최종결과

	A	B	C	D	E
1	◎상공컴퓨터학원 신규강좌 개설 현황◎				
2					
3	강 좌 명	강 사 명	강 의 실	강 좌 개 강 일	수강인원(명)
4	워드프로세스 필기	김현아	본관 1강의실	08월 22일(금요일)	35
5	컴퓨터활용능력 1급 필기	이동훈	본관 2강의실	08월 25일(월요일)	40
6	컴퓨터활용능력 2급 필기	김기섭	본관 3강의실	08월 21일(목요일)	25
7	컴퓨터활용능력 1급 실기	강찬욱	별관 실습1실	08월 20일(수요일)	25
8	컴퓨터활용능력 2급 실기	이선식	별관 실습2실	08월 25일(월요일)	25
9	워드프로세스 필기	최태훈	본관 1강의실	08월 20일(수요일)	30
10	컴퓨터활용능력 1급 필기	신기남	본관 2강의실	08월 22일(금요일)	30
11	컴퓨터활용능력 2급 필기	안철희	본관 3강의실	08월 19일(화요일)	30
12	컴퓨터활용능력 1급 실기	김민경	별관 실습1실	08월 22일(금요일)	25
13	컴퓨터활용능력 2급 실기	정지훈	별관 실습2실	08월 25일(월요일)	25
14				합계	290
15					

3 고급필터

① [A20:C21] 영역에 다음과 같이 조건을 입력한다.

	A	B	C
20	직급	근속기간	근속기간
21	대리	>=5	<10
22			

② [A24:D24] 영역에 다음과 같이 결과로 표시할 필드명을 입력한다.

	A	B	C	D
20	직급	근속기간	근속기간	
21	대리	>=5	<10	
22				
23				
24	부서명	성명	직급	근속기간
25				

③ [A3:F18] 영역을 범위 지정한 후 [데이터]탭-[정렬 및 필터] 영역의 [고급(🔽)]을 선택한다.

④ [고급 필터] 대화상자가 나타나면 목록 범위에 「$A$3:$F$18」, 조건 범위에 「$A$20:$C$21」, 복사 위치에 「$A$24:$D$24」를 지정하고 [확인]을 클릭한다.

⑤ 최종결과

	A	B	C	D
24	부서명	성명	직급	근속기간
25	영업부	이상철	대리	5
26	영업부	김주희	대리	6
27	기획부	이상화	대리	5
28				

| 제2작업 | 계산작업

1 물품보관소 - [D3:D11] 영역

=IF(MOD(ROW(),2)=0,"천안창고","김포창고")

	A	B	C	D
1	[표1]	상품 정보		
2	상품코드	주문량	판매총액	물품보관소
3	PB001	342	6,901,500	김포창고
4	PB002	241	2,590,750	천안창고
5	PB003	289	3,106,750	김포창고
6	PB004	785	7,363,750	천안창고
7	PB005	496	9,857,750	김포창고
8	PB006	612	9,266,500	천안창고
9	PB007	571	6,138,250	김포창고
10	PB008	295	3,171,250	천안창고
11	PB009	384	4,128,000	김포창고

2 수상자 - [J3:J11] 영역

=IFERROR(CHOOSE(RANK.EQ(I3,$I$3:$I$11,0),"최우수", "우수"),"")

	F	G	H	I	J
1	[표2]	한자 경시 대회 결과			
2	응시번호	읽기	쓰기	총점	수상자
3	M25001	50	48	98	최우수
4	M25001	43	44	87	
5	M25001	41	49	90	
6	M25001	42	35	77	
7	M25001	43	37	80	
8	M25001	49	47	96	
9	M25001	47	50	97	우수
10	M25001	44	34	78	
11	M25001	46	42	88	

3 백호팀 비율 - [D13] 셀

=DCOUNT(A14:D24,D14,C14:C15)/COUNTA(C15:C24)*100&"%"

	A	B	C	D
1	[표3]	교내 체육대회 팀배정		
2	성명	성별	팀명	학년
3	이소연	여	주작	1
4	박성민	남	청룡	2
5	이상철	남	백호	1
6	김주희	여	청룡	2
7	한예진	여	백호	1
8	최기안	남	주작	2
9	이혜정	여	백호	1
10	강성훈	남	청룡	2
11	박신애	여	백호	1
12	이석훈	남	주작	2
13	백호팀 비율			30%

4 영업이익 합계 - [J13] 셀

=SUMIFS(J15:J24,F15:F24,"마포",H15:H24,"남")

	F	G	H	I	J
1	[표4]	사원별 영업이익			
2	담당지역	사원명	성별	직위	영업이익
3	마포	최유아	여	대리	52,400,000
4	노원	김선식	남	대리	33,000,000
5	서초	유태연	여	과장	56,500,000
6	노원	김소은	여	사원	42,000,000
7	서초	이근혁	남	대리	55,000,000
8	마포	마주한	남	사원	24,000,000
9	노원	강남주	여	과장	49,000,000
10	노원	한상중	남	대리	41,000,000
11	서초	이의정	여	사원	16,500,000
12	마포	김주영	남	과장	35,800,000
13	마포지역 담당 남직원의 판매총액 합계				59,800,000

5 부서명 - [D29:D36] 영역

=HLOOKUP(LEFT(A29,1),$G$35:$I$36,2,FALSE)

| 제3작업 | 분석작업 |

1 유효성 검사 규칙

① [C4:C15] 영역을 범위 지정한 후 [데이터]탭-[데이터 도구] 영역의 [유효성 검사 규칙] 아이콘(▤✓)을 클릭한다.

② [데이터 유효성] 대화상자가 나타나면 [설정]탭의 제한 대상(⌄)을 클릭하여 '목록'을 선택한 후, 원본 구역에 커서를 삽입하고 [I4:I7] 영역을 드래그하여 「=$I$4:$I$7」와 같이 입력한다.

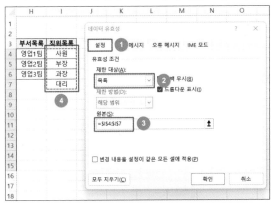

③ [오류 메시지]탭의 스타일(⌄) 목록에서 '중지'를 선택하고, 제목 영역에 **「입력오류」**, 오류 메시지 영역에 **「입력된 값을 확인해주세요.」**와 같이 입력한 후 [확인]을 클릭한다.

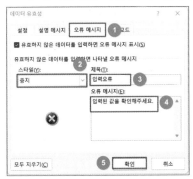

④ 최종결과

2 통합

① 평균을 표시할 [I2:M2] 영역을 범위 지정한 후 [데이터]탭—[데이터 도구] 영역의 [통합]을 선택한다.

② [통합] 대화상자가 나타나면 함수 영역의 화살표(∨)를 클릭하여 목록에서 '평균'을 선택한다.

③ 참조에 커서를 넣은 뒤 [B2:F18] 영역을 드래그한 후 [추가]를 클릭한다.

④ 대화상자 하단의 사용할 레이블 항목인 '첫 행'과 '왼쪽 열'의 체크박스를 모두 체크한 후 [확인]을 클릭한다.

⑤ 최종결과

	I	J	K	L	M
1	[표2]	분류별 판매 실적 평균			
2	분류	1분기	2분기	3분기	4분기
3	식품	302,665	337,563	361,295	393,462
4	의류	350,533	305,067	328,313	465,813
5	잡화	359,332	388,490	330,624	381,827
6	가전	403,810	490,490	315,630	428,890

1 매크로

① [개발 도구]탭−[컨트롤] 영역의 [삽입]목록에서 양식 컨트롤의 [단추(□)]를 선택한 후, 마우스 포인터가 '+'로 바뀌면 [Alt] 키를 누른 채 [H3:I4] 영역에 드래그하여 컨트롤을 그려준다.

② [매크로] 대화상자가 나타나면 매크로 이름을 「**실구매가**」로 입력하고 [기록]을 클릭한다.

③ [매크로 기록] 화면으로 전환되면 매크로 이름이 '실구매가'인지 확인한 후 [확인]을 클릭한다.

④ [F4] 셀에 「**=D4*(1−E4)**」와 같이 입력한 후 [F15] 셀까지 수식을 복사한다.

⑤ [개발 도구]탭−[코드] 영역의 [기록 중지]를 클릭한다.

⑥ 단추 컨트롤을 마우스 오른쪽으로 클릭하여 나타나는 바로 가기 메뉴에서 '텍스트 편집'을 선택한다. 텍스트 편집 상태가 되면 「**실구매가**」로 입력하고 임의의 셀을 클릭하여 편집을 마무리한다.

제품코드	제조회사	저장용량	판매가	할인율	실구매가		실구매가
GA-100	상공전자	256GB	945,000	0.05	897,750		
IP-100	대한전자	512GB	1,150,000	0.07	1,069,500		
NO-100	우리전자	256GB	920,000	0.05	874,000		
IP-200	대한전자	128GB	895,000	0.05	850,250		
GA-200	상공전자	256GB	880,000	0.12	774,400		
NO-200	우리전자	512GB	980,000	0.05	931,000		
IP-300	대한전자	256GB	900,000	0.05	855,000		
NO-300	우리전자	512GB	1,200,000	0.07	1,116,000		
IP-400	대한전자	256GB	985,000	0.12	866,800		
GA-300	상공전자	128GB	885,000	0.05	840,750		
NO-400	우리전자	128GB	900,000	0.05	855,000		
GA-400	상공전자	512GB	1,100,000	0.07	1,023,000		

스마트폰 거래 내역

⑦ [삽입]탭−[일러스트레이션] 영역의 [도형] 목록에서 [기본도형]−[십자형(✚)]을 선택한 후, 마우스 포인터가 '+'로 바뀌면 [Alt] 키를 누른 채 [H6:I7] 영역에 드래그하여 도형을 그려준다.

⑧ 도형이 선택된 상태에서 「**백분율**」이라 입력한 후, [홈]탭−[맞춤] 영역에서 가로와 세로 맞춤을 가운데로 설정한다.

⑨ [개발 도구]탭−[코드] 영역의 [매크로 기록]을 선택한다. [매크로] 대화상자가 나타나면 매크로 이름을 「**백분율**」로 입력하고 [확인]을 클릭한다.

⑩ [E4:E15] 영역을 범위 지정한 후 [홈]탭−[표시 형식] 영역에서 '백분율(**%**)'을 선택한다.

⑪ [개발 도구]탭−[코드] 영역의 [기록 중지]를 클릭한다.

⑫ 도형을 마우스 오른쪽으로 클릭하여 나타나는 바로 가기 메뉴에서 '매크로 지정'을 선택한다.

⑬ [매크로 지정] 대화상자가 나타나면 '백분율'을 선택한 후 [확인]을 클릭한다.

⑭ 최종 결과

제품코드	제조회사	저장용량	판매가	할인율	실구매가		실구매가
GA-100	상공전자	256GB	945,000	5%	897,750		백분율
IP-100	대한전자	512GB	1,150,000	7%	1,069,500		
NO-100	우리전자	256GB	920,000	5%	874,000		
IP-200	대한전자	128GB	895,000	5%	850,250		
GA-200	상공전자	256GB	880,000	12%	774,400		
NO-200	우리전자	512GB	980,000	5%	931,000		
IP-300	대한전자	256GB	900,000	5%	855,000		
NO-300	우리전자	512GB	1,200,000	7%	1,116,000		
IP-400	대한전자	256GB	985,000	12%	866,800		
GA-300	상공전자	128GB	885,000	5%	840,750		
NO-400	우리전자	128GB	900,000	5%	855,000		
GA-400	상공전자	512GB	1,100,000	7%	1,023,000		

스마트폰 거래 내역

2 차트

① 차트 영역을 선택 한 후 [차트 디자인]탭-[데이터] 영역의 [데이터 선택(🔲)]을 선택한다.

② [데이터 원본 선택] 대화상자가 나타나면 차트 데이터 범위를 「**=차트작업!$B$2:$D$10**」와 같이 설정한 후 [확인]을 클릭한다.

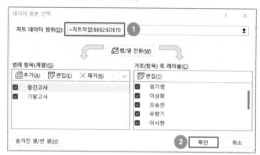

③ 차트 영역을 선택한 후 [차트 디자인]탭-[종류] 영역의 [차트 종류 변경(🔳)]을 선택한다.

④ [차트 종류 변경] 대화상자의 [모든 차트]탭-[세로 막대형]에서 '누적 세로 막대형'을 선택한 후 [확인]을 클릭한다.

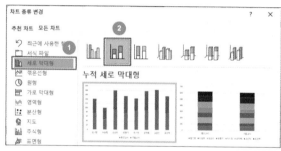

⑤ 차트가 선택된 상태에서 [차트 디자인]탭-[차트 레이아웃] 영역의 [차트 요소 추가(🔳)] 목록에서 '차트 제목(🔳)'의 '차트 위(🔳)'를 선택한다.

⑥ 차트 제목을 선택한 뒤 수식 입력줄에 「=」을 입력하고 [B1] 셀을 선택한 후 [Enter]를 누른다.

⑦ [삽입]탭-[일러스트레이션] 영역의 [도형] 목록에서 '별 및 현수막'의 '리본: 위로 기울어짐(🎀)'을 선택한 후, 마우스 포인터가 '+'로 바뀌면 〈그림〉과 같이 컨트롤을 그려준다.

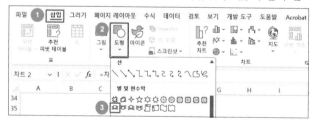

⑧ 도형을 더블 클릭하여 [도형 서식] 대화상자를 표시한 후 [채우기 및 선(◇)]탭-[채우기] 영역에서 '채우기 없음'으로 옵션을 변경한다.

⑨ [선] 영역에서 '실선'으로 옵션을 변경한 후 '색'을 '표준 색-파랑'으로 지정하고, '너비'에 「1」을 입력한다.

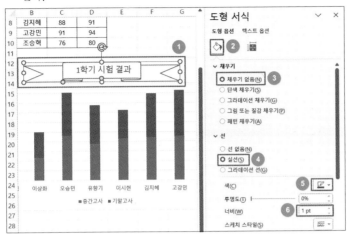

⑩ 그림 영역을 더블 클릭하여 [그림 영역 서식] 대화상자를 표시한다. [채우기 및 선(◇)]탭-[채우기] 영역에서 '그림 또는 질감 채우기'로 옵션을 변경한다. 그림 원본에서 '질감(⌄)'의 '꽃다발'을 선택한다.

컴퓨터활용능력 2급 실기 실전모의고사 6회

프로그램명	제한시간
EXCEL 2021	40분

수험번호	
성 명	

2급	A형

<유 의 사 항 >

- 인적 사항 누락 및 잘못 작성으로 인한 불이익은 수험자 책임으로 합니다.
- 화면에 암호 입력창이 나타나면 아래의 암호를 입력하여야 합니다.
  ○ 암호 : ********
- 작성된 답안은 주어진 경로 및 파일명을 변경하지 마시고 그대로 저장해야 합니다.
  이를 준수하지 않으면 실격 처리됩니다.
  ○ 답안 파일명의 예 : C:\OA\수험번호8자리.xlsm
- 외부데이터 위치 : C:\OA\파일명
- 별도의 지시사항이 없는 경우, 다음과 같이 처리 시 실격 처리됩니다.
  ○ 제시된 시트 및 개체의 순서나 이름을 임의로 변경한 경우
  ○ 제시된 시트 및 개체를 임의로 추가 또는 삭제한 경우
  ○ 외부데이터를 시험 시작 전에 열어본 경우
- 답안은 반드시 문제에서 지시 또는 요구한 셀에 입력하여야 하며 다음과 같이 처리 시 채점 대상에서 제외됩니다.
  ○ 제시된 함수가 있을 경우 제시된 함수만을 사용하여야 하며 그 외 함수 사용 시 채점 대상에서 제외
  ○ 수험자가 임의로 지시하지 않은 셀의 이동, 수정, 삭제, 변경 등으로 인해 셀의 위치 및 내용이 변경된 경우 해당 작업에 영향을 미치는 관련 문제 모두 채점 대상에서 제외
  ○ 도형 및 차트의 개체가 중첩되어 있거나 동일한 계산결과 시트가 복수로 존재할 경우 해당 개체나 시트는 채점 대상에서 제외
- 수식 작성 시 제시된 문제 파일의 데이터는 변경 가능한(가변적) 데이터임을 감안하여 문제 풀이를 하시오.
- 별도의 지시사항이 없는 경우, 주어진 각 시트 및 개체의 설정값 또는 기본 설정값(Default)으로 처리하시오.
- 저장 시간은 별도로 주어지지 않으므로 제한된 시간 내에 저장을 완료해야 하며, 제한 시간 내에 저장이 되지 않은 경우에는 실격 처리됩니다.
- 출제된 문제의 용어는 Microsoft Office 2021버전으로 작성되어 있습니다.

실전모의고사 6회 문제

작업 파일   : 컴활2급/모의고사/실전모의고사6회.xlsm
외부데이터 위치 : 컴활2급/외부데이터

| 제1작업 | 기본작업 (20점) 각 시트에서 다음의 과정을 수행하고 저장하시오.

1 '기본작업-1' 시트에 다음의 자료를 주어진 대로 입력하시오. (5점)

	A	B	C	D	E	F	G
1							
2		제품 관리 대장					
3							
4		제품코드	생산일자	사용기한	승인부서	구매자	청구비용
5		KEY350	2021-12-10	36개월	기획1팀	이환승	18,500
6		KEY694	2020-05-13	36개월	영업3팀	김현정	21,300
7		MOU295	2022-04-03	60개월	전산팀	이혀안	8,500
8		MOU407	2023-10-16	60개월	홍보팀	최승호	7,000
9		PRI366	2019-08-31	48개월	기획2팀	성진우	25,400
10		PRI577	2020-09-21	48개월	인사팀	최미애	27,500
11		SAN504	2024-03-11	60개월	홍보팀	정윤아	55,000
12		SAN522	2021-07-24	60개월	영업2팀	김기현	48,600
13							

2 '기본작업-2' 시트에 대하여 다음의 지시사항을 처리하시오. (각 2점)

① [A1:F1] 영역은 '병합하고 가운데 맞춤', 글꼴 '궁서체', 글꼴 크기 '16', 글꼴 스타일 '굵게', 밑줄은 '이중 밑줄'로 지정하시오.

② [B4:B15] 영역의 이름을 '생산코드'로 정의하시오.

③ [H4] 셀의 '값'을 복사하여 할인금액[D4:D15] 영역에 '연산(곱하기)' 기능으로 선택하여 붙여넣기 하시오.

④ [F4:F15] 영역은 사용자 지정 표시 형식을 이용하여 1,000,000의 배수와 숫자 뒤에 "백만원"을 붙여 [표시 예]와 같이 표시하시오.

   ▶ 표시 예 : 138000000 → 138백만원

⑤ [A3:F15] 영역에 '모든 테두리(⊞)'를 적용한 후 '굵은 바깥쪽 테두리(⊡)'를 적용하여 표시하시오.

3 '기본작업-3' 시트에 대하여 다음의 지시사항을 처리하시오. (5점)

[A4:G15] 영역에서 접수코드가 'A'로 시작하는 행 전체에 대하여 글꼴 색을 '표준 색−빨강'으로 지정하는 조건부 서식을 작성하시오.

   ▶ LEFT 함수 사용

   ▶ 단, 규칙 유형은 '수식을 사용하여 서식을 지정할 셀 결정'을 사용하고, 한 개의 규칙으로만 작성하시오.

1 [표1]의 주문량[B3:B11]이 500이상인 데이터의 미수금[D3:D11] 평균을 [D12] 셀에 계산하시오. (8점)

▶ 평균은 백의 자리에서 반올림하여 천의 자리까지만 표시할 것

▶ 표시 예 : 425,230 → 425,000

▶ AVERAGEIF, ROUND, ROUNDUP, ROUNDDOWN 중 알맞은 함수 사용

2 [표2]를 이용하여 구분[F3:F11]이 '연극'인 데이터의 예매량[I3:I11] 평균을 [I12]셀에 계산하여 표시하시오. (8점)

▶ 조건은 [K2:K3] 영역에 입력할 것

▶ DSUM, DCOUNTA 함수 사용

3 [표3]에서 학번[B16:B25]의 3번째, 4번째 글자를 추출하여 학과명[D16:D25]을 계산하시오. (8점)

▶ 추출 글자가 'SA'이면 "경영", 'MA'이면 "광고홍보", 'CO'이면 "컴퓨터공학"으로 표시할 것

▶ 표시 예 : 90-SA#10 → 경영

▶ SWITCH, MID 함수 사용

4 [표4]의 휴가 신청일[G16:G25], 휴가일수[H16:H25]와 공휴일[K15:L25] 표를 이용하여 복직일[I16:I25]을 계산하시오. (8점)

▶ 복직일은 휴가 신청일로부터 휴가일수와 주말 및 공휴일이 경과된 날짜로 반환할 것

▶ WORKDAY, EDATE, WEEKDAY 중 알맞은 함수 사용

5 [표5]의 판매코드[A29:A38]과 여행지 코드[F28:G32] 표를 이용하여 [D29:D38] 영역에 코드별 여행지를 찾아 표시하시오. (8점)

▶ INDEX, MATCH 함수 사용

1 '분석작업-1'시트에 대하여 다음의 지시사항을 처리하시오. (10점)

[시나리오 관리자] 기능을 이용하여 '상공은행 예/적금 현황' 표에서 연이율[B5]이 다음과 같이 변하는 경우 만기금액[B7]의 변동 시나리오를 작성하시오.

▶ 셀 이름 정의 : [B5] 셀은 '연이율', [B7] 셀은 '만기금액'으로 정의하시오.

▶ 시나리오1 : 시나리오 이름은 '연이율인상'과 같이 지정하고 연이율은 '8%'로 설정하시오.

▶ 시나리오2 : 시나리오 이름은 '연이율인하'와 같이 지정하고 연이율은 '4%'로 설정하시오.

▶ 시나리오 요약 시트는 '분석작업-1' 시트의 바로 오른쪽에 위치해야 함

※ 시나리오 요약 보고서 작성 시 정답과 일치하여야 하며, 오자로 인한 부분점수는 인정하지 않음

2 '분석작업-2'시트에 대하여 다음의 지시사항을 처리하시오. (10점)

'대출 현황' 표는 기간(년)[C3]과 이자율[C4]을 이용하여 월상환액[C5]을 계산한 것이다. [데이터 표] 기능을 이용하여 기간(년)과 이자율 변화에 따른 월상환액의 변화를 [D11:H15] 영역에 계산하시오.

| 제4작업 | **기타작업 (20점)** 주어진 시트에서 다음의 과정을 수행하고 저장하시오.

1 '**매크로 작업**'시트에서 다음과 같은 기능을 수행하는 매크로를 현재 통합 문서에 작성하고 실행하시오. (각 5점)

① [F4:F13] 영역에 사원별 급여 수령액을 계산하는 매크로를 생성하여 실행하시오.
- ▶ 매크로 이름 : 수령액
- ▶ 수령액 = 본봉 + 수당 − 세금
- ▶ [개발도구]−[삽입]−[양식 컨트롤]의 '단추(☐)'를 동일 시트의 [H3:I4] 영역에 생성한 후 텍스트를 '수령액 계산'으로 입력하고, 단추를 클릭하면 '수령액' 매크로가 실행되도록 설정하시오.

② [A3:F13] 영역에 '모든 테두리(⊞)'를 적용하는 매크로를 생성하여 실행하시오.
- ▶ 매크로 이름 : 테두리
- ▶ [삽입]−[일러스트레이션]−[도형]−[기본도형]의 '사각형:빗면(☐)'을 동일 시트의 [H6:I7] 영역에 생성한 후 텍스트를 '테두리 적용'으로 입력하고 '가로 세로 가운데 맞춤'을 지정한 후, 단추를 클릭하면 '테두리' 매크로가 실행되도록 설정하시오.
  - ※ 매크로는 도형과 연결되어야 하며, 셀 포인터의 위치에 관계없이 매크로가 실행되어야 정답으로 인정됨

2 '**차트작업**'시트에서 다음의 지시사항에 따라 차트를 수정하시오. (각 2점)

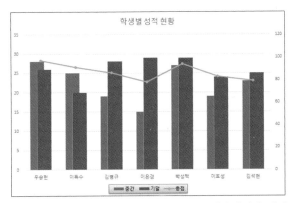

※ 차트는 반드시 문제에서 제공한 차트를 사용하여야 하며, 신규로 차트작성 시 0점 처리됨

① '총점' 데이터가 차트에 표시되도록 데이터 범위를 추가하시오.
② '총점' 계열의 차트 종류를 '표식이 있는 꺾은선형'으로 변경하고, '보조 축'으로 지정하시오.
③ 차트의 '레이아웃3'을 적용하고, 제목을 〈그림〉과 같이 지정하시오.
④ '중간'과 '기말' 데이터의 계열 겹치기는 '50%', 간격 너비는 '100%'로 설정하시오.
⑤ 범례 항목에 도형 스타일 '미세효과−파랑, 강조1'을 지정하시오.

실전모의고사 6회 정답 및 해설

정답 파일 : 컴활2급/모의고사/정답/실전모의고사6회(정답).xlsm

| 제1작업 | 기본작업

1 자료입력

'기본작업-1' 시트를 선택한 후 다음의 내용을 정확하게 입력한다.

	A	B	C	D	E	F	G
1							
2		제품 관리 대장					
3							
4		제품코드	생산일자	사용기한	승인부서	구매자	청구비용
5		KEY350	2021-12-10	36개월	기획1팀	이환승	18,500
6		KEY694	2020-05-13	36개월	영업3팀	김현정	21,300
7		MOU295	2022-04-03	60개월	전산팀	이하안	8,500
8		MOU407	2023-10-16	60개월	홍보팀	최승호	7,000
9		PRI366	2019-08-31	48개월	기획2팀	성진우	25,400
10		PRI577	2020-09-21	48개월	인사팀	최미애	27,500
11		SAN504	2024-03-11	60개월	홍보팀	정윤아	55,000
12		SAN522	2021-07-24	60개월	영업2팀	김기현	48,600
13							

2 서식 설정

① [A1:F1] 영역을 범위 지정한 후 [홈]탭-[맞춤] 영역의 '병합하고 가운데 맞춤'을 지정하고, [글꼴] 영역의 글꼴은 '궁서체', 글꼴 크기는 '16', 글꼴 스타일은 '굵게', 밑줄은 '이중 밑줄'로 설정한다.

② [B4:B15] 영역을 범위 지정한 후, '이름상자'에 「**생산코드**」라 입력하고 [Enter]를 눌러 마무리한다.

③ [H4] 셀의 값을 복사한 후 [D4:D15] 영역에서 마우스 오른쪽을 클릭하면 나타나는 목록에서 [선택하여 붙여넣기]를 선택한다.

④ [선택하여 붙여넣기] 대화상자가 나타나면 붙여넣기 항목에서 '값'을, 연산 항목에서 '곱하기'를 선택한 후 [확인]을 클릭한다.

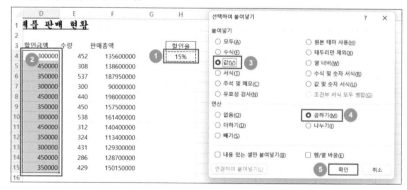

⑤ [F4:F15] 영역을 범위 지정한 후, [홈]탭-[표시 형식] 영역의 '화살표(⤵)'를 클릭하여 [셀 서식] 대화상자를 호출한다. [표시 형식]탭의 '사용자 지정' 범주의 '형식'칸에 「#,,"백만원"」을 입력하고 [확인]을 클릭한다.

⑥ [A3:F15] 영역을 범위 지정한 후 [홈]탭-[글꼴] 영역에 '테두리' 목록 중 '모든 테두리(⊞)'를 선택하고, 연이어 '굵은 바깥쪽 테두리(⊟)'를 클릭하여 테두리를 적용한다.

⑦ 최종결과

제조회사	생산코드	판매금액	할인금액	수량	판매총액
		제조사별 제품 판매 현황			
제조회사	생산코드	판매금액	할인금액	수량	판매총액
상공전자	GA-100	300,000	45,000	452	136백만원
대한전자	IP-100	450,000	67,500	308	139백만원
우리전자	NO-100	350,000	52,500	537	188백만원
대한전자	IP-200	300,000	45,000	300	90백만원
상공전자	GA-200	450,000	67,500	440	198백만원
우리전자	NO-200	350,000	52,500	450	158백만원
대한전자	IP-300	300,000	45,000	538	161백만원
우리전자	NO-300	450,000	67,500	312	140백만원
대한전자	IP-400	350,000	52,500	324	113백만원
상공전자	GA-300	300,000	45,000	431	129백만원
우리전자	NO-400	450,000	67,500	286	129백만원
상공전자	GA-400	350,000	52,500	429	150백만원

3 조건부서식

① [A4:G15] 영역을 범위 지정한 후 [홈]탭-[스타일] 영역의 [조건부 서식(▦)]을 선택한다. 조건부 서식 목록이 나타나면 [새 규칙(⊞)]을 선택한다.

② [새 서식 규칙] 대화상자가 나타나면 규칙 유형 선택을 '수식을 사용하여 서식을 지정할 셀 결정'을 선택한다. 다음 수식이 참인 값의 서식 지정에 「=LEFT($C4,1)="A"」를 입력하고 [서식]을 클릭한다.

③ [셀 서식] 대화상자의 [글꼴]탭에서 글꼴 색은 '표준 색-빨강'으로 선택하고 [확인]을 클릭한다.

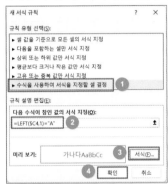

④ 최종결과

희망대학	수강생명	접수코드	학년	목표점수	취득점수	달성률
		상공 입시 학원 학생 성적표				
희망대학	수강생명	접수코드	학년	목표점수	취득점수	달성률
고려대	곽병찬	T-101	3학년	330	264	80.0%
연세대	나미혜	A-102	2학년	335	294	87.8%
서강대	장성원	T-103	3학년	355	300	84.5%
성균관대	오승철	A-104	2학년	325	344	105.8%
한양대	장석환	A-105	2학년	370	326	88.1%
중앙대	정원경	T-106	3학년	355	318	89.6%
고려대	성완민	T-107	3학년	390	308	79.0%
연세대	전나라	A-108	2학년	395	324	82.0%
서울대	조민오	T-109	3학년	350	270	77.1%
시립대	임진철	T-110	3학년	310	290	93.5%
한양대	이민아	A-111	2학년	355	358	100.8%
성균관대	김성기	T-112	3학년	390	354	90.8%

1 미수금 평균 - [D12] 셀

=ROUND(AVERAGEIF(B3:B11,">=500",D3:D11),-3)

	A	B	C	D
1	[표1]	제품별 주문량		
2	상품코드	주문량	판매금액	미수금
3	PB001	342	1,000,000	150,000
4	PB002	241	960,000	60,000
5	PB003	289	1,925,000	425,000
6	PB004	785	2,250,000	250,000
7	PB005	496	1,215,000	115,000
8	PB006	612	1,080,000	80,000
9	PB007	571	2,600,000	800,000
10	PB008	295	900,000	300,000
11	PB009	384	900,000	400,000
12	주문량 500이상 미수금 평균			377,000

2 예매량 평균 - [I12] 셀

=DSUM(F2:I11,I2,K2:K3)/DCOUNTA(F2:I11,I2,K2:K3)

	F	G	H	I		K
1	[표2]	공연 예매 현황				<조건>
2	구분	공연명	공연료	예매량		구분
3	뮤지컬	미녀와야수	45,000	2,965		연극
4	연극	빨래	28,500	1,798		
5	무용	백조의호수	39,000	2,162		
6	연극	가면무도회	30,000	1,795		
7	뮤지컬	노트르담	40,000	2,323		
8	무용	은하수	45,500	2,805		
9	연극	염마	24,500	2,646		
10	뮤지컬	라이온킹	35,800	2,118		
11	무용	돈키호테	50,000	2,635		
12	연극 예매량 평균			2,080		

3 학과명 - [D16:D25] 영역

=SWITCH(MID(B16,4,2),"SA","경영","MA","광고홍보",
"컴퓨터공학")

	A	B	C	D
14	[표3]	수강신청 목록		
15	학생명	학번	학년	학과명
16	강혜원	90-SA#10	4	경영
17	이미주	02-MA#22	4	광고홍보
18	한상혁	04-SA#23	1	경영
19	김시원	98-CO#19	3	컴퓨터공학
20	박상민	96-CO#18	3	컴퓨터공학
21	임지연	03-MA#22	2	광고홍보
22	최은주	96-SA#20	3	경영
23	김한율	00-MA#21	3	광고홍보
24	전미라	06-SA#24	1	경영
25	정찬성	92-CO#14	4	컴퓨터공학

4 복직일 - [I16:I25] 영역

=WORKDAY(G16,H16,$L$16:$L$25)

	F	G	H	I	J	K	L
14	[표4]	총무팀 휴가 신청 목록				<공휴일>	
15	성명	휴가 신청일	휴가일수	복직일		내용	날짜
16	강혜원	2024-06-11	3	2024-06-14		구정	02월 10일
17	이미주	2024-08-13	5	2024-08-21		3.1절	03월 01일
18	한상혁	2024-01-11	7	2024-01-22		어린이날	05월 05일
19	김시원	2024-07-24	3	2024-07-29		석가탄신일	05월 15일
20	박상민	2024-06-26	7	2024-07-05		현충일	06월 06일
21	임지연	2024-02-01	3	2024-02-06		광복절	08월 15일
22	최은주	2024-04-04	3	2024-04-09		추석	09월 17일
23	김한율	2024-11-25	5	2024-12-02		개천절	10월 03일
24	전미라	2024-10-30	4	2024-11-05		한글날	10월 09일
25	정찬성	2024-09-29	2	2024-10-01		크리스마스	12월 25일

5 여행지 - [D29:D38] 영역

=INDEX($G$29:$G$32,MATCH(A29,$F$29:$F$32,0),1)

	A	B	C	D	E	F	G
27	[표5]	패키지 상품 종류				<여행지 코드>	
28	판매코드	항공사	일정	여행지		코드	여행지
29	BK	LCC	3박5일	방콕		BK	방콕
30	CM	LCC	3박4일	치앙마이		CM	치앙마이
31	DN	FSC	3박5일	다낭		DN	다낭
32	SP	LCC	3박5일	싱가폴		SP	싱가폴
33	BK	FSC	2박3일	방콕			
34	DN	FSC	5박6일	다낭			
35	SP	LCC	1박3일	싱가폴			
36	BK	FSC	5박6일	방콕			
37	CM	FSC	2박3일	치앙마이			
38	DN	LCC	3박5일	다낭			

1 시나리오

① 셀의 이름을 정의하기 위해 변경 셀[B5]을 선택한 후 [이름 상자]에 커서를 두고 「**연이율**」이라 입력한 후 [Enter]을 누른다. 같은 방법으로 결과 셀[B7]은 「**만기금액**」이라 정의한다.

② 변경 셀[B5]을 선택한 후 [데이터]탭–[예측] 영역의 [가상분석(▦)] 목록에서 [시나리오 관리자]를 선택한다.

③ [시나리오 관리자] 대화상자가 나타나면 [추가]를 클릭한다.

④ [시나리오 추가] 대화상자가 나타나면 시나리오 이름을 「**연이율인상**」이라 입력하고 [확인]을 클릭한다.

⑤ [시나리오 값] 대화상자에서 할인율에 「**0.08**」을/를 입력한 후 [추가]를 클릭한다.

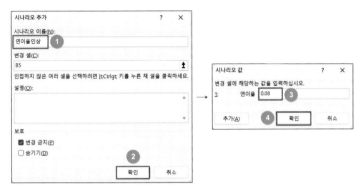

⑥ [시나리오 추가] 대화상자가 나타나면 시나리오 이름을 「**연이율인하**」라고 입력하고 [확인]을 클릭한다.

⑦ [시나리오 값] 대화상자에서 할인율에 「**0.04**」을/를 입력한 후 [확인]을 클릭한다.

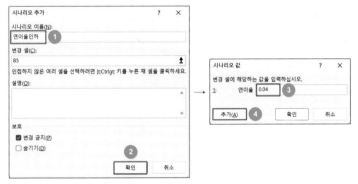

⑧ [시나리오 관리자] 대화상자에서 [요약]을 선택한다. [시나리오 요약] 대화상자가 나타나면 결과 셀에 [B7]을/를 지정한 후 [확인]을 클릭한다.

⑨ '시나리오 요약' 시트가 삽입되면 시트의 위치를 '분석작업–1' 시트 뒤로 이동시킨다.

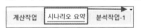

⑩ 최종결과

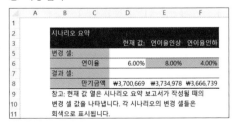

2 데이터 표

① 월상환액을 계산하기 위해 [C5] 셀을 선택한 후 수식 입력줄을 드래그하여 입력된 수식을 복사(Ctrl + C)한다. 활성화를 해제하기 위해 [Esc]를 누른다.

② [C10] 셀을 선택하여 복사한 수식을 붙여넣기(Ctrl + V)한다.

③ 수식 셀을 포함해서 [C10:H15] 영역을 범위 지정한 후 [데이터]탭−[예측] 영역의 [가상분석] 목록에서 [데이터 표]를 선택한다.

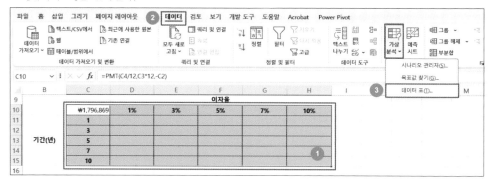

④ [데이터 표] 대화상자가 나타나면 행 입력 셀에 「$C$4」를, 열 입력 셀에 「$C$3」를 각각 지정 후 [확인]을 클릭한다.

⑤ 최종결과

---

1 매크로

① [개발 도구]탭−[컨트롤] 영역의 [삽입]목록에서 양식 컨트롤의 [단추(□)]를 선택한 후, 마우스 포인터가 '+'로 바뀌면 [Alt] 키를 누른 채 [H3:I4] 영역에 드래그하여 컨트롤을 그려준다.

② [매크로] 대화상자가 나타나면 매크로 이름을 「**수령액**」으로 입력하고 [기록]을 클릭한다.

③ [매크로 기록] 화면으로 전환되면 매크로 이름이 '수령액'인지 확인한 후 [확인]을 클릭한다.

④ [F4] 셀에 「=C4+D4−E4」와 같이 입력한 후 [F13] 셀까지 수식을 복사한다.

⑤ [개발 도구]탭−[코드] 영역의 [기록 중지]를 클릭한다.

⑥ 단추 컨트롤을 마우스 오른쪽으로 클릭하여 나타나는 바로 가기 메뉴에서 '텍스트 편집'을 선택한다. 텍스트 편집 상태가 되면 「**수령액 계산**」으로 입력하고 임의의 셀을 클릭하여 편집을 마무리한다.

	A	B	C	D	E	F	G	H	I
1			사원별 9월 급여 수령액						
2									
3	성명	직급	본봉	수당	세금	수령액			
4	강혜원	과장	2,257,500	400,000	87,698	2,569,803		수령액 계산	
5	이미주	부장	2,580,000	500,000	101,640	2,978,360			
6	한상혁	사원	978,000	100,000	35,574	1,042,426			
7	김시원	부장	3,097,500	500,000	118,718	3,478,783			
8	박상민	대리	1,153,500	200,000	44,666	1,308,835			
9	임지연	과장	2,002,500	400,000	79,283	2,323,218			
10	최은주	사원	1,065,000	100,000	38,445	1,126,555			
11	김한율	부장	2,475,000	500,000	98,175	2,876,825			
12	전미라	부장	2,625,000	500,000	103,125	3,021,875			
13	정찬성	대리	1,237,500	200,000	47,438	1,390,063			
14									

⑦ [삽입]탭-[일러스트레이션] 영역의 [도형] 목록에서 [기본도형]-[사각형:빗면(▱)]을 선택한 후, 마우스 포인터가 '+'로 바뀌면 [Alt] 키를 누른 채 [H6:I7] 영역에 드래그하여 도형을 그려준다.

⑧ 도형이 선택된 상태에서 「**테두리 적용**」이라 입력한 후, [홈]탭-[맞춤] 영역에서 가로와 세로 맞춤을 가운데로 설정한다.

⑨ [개발 도구]탭-[코드] 영역의 [매크로 기록]을 선택한다. [매크로] 대화상자가 나타나면 매크로 이름을 「**테두리**」로 입력하고 [확인]을 클릭한다.

⑩ [A3:F13] 영역을 범위 지정한 후 [홈]탭-[글꼴]영역의 테두리 목록에서 '모든 테두리(⊞)'를 선택한다.

⑪ [개발 도구]탭-[코드] 영역의 [기록 중지]를 클릭한다.

⑫ 도형을 마우스 오른쪽으로 클릭하여 나타나는 바로 가기 메뉴에서 '매크로 지정'을 선택한다.

⑬ [매크로 지정] 대화상자가 나타나면 '테두리'를 선택한 후 [확인]을 클릭한다.

⑭ 최종 결과

	A	B	C	D	E	F	G	H	I
1			사원별 9월 급여 수령액						
2									
3	성명	직급	본봉	수당	세금	수령액			
4	강혜원	과장	2,257,500	400,000	87,698	2,569,803		수령액 계산	
5	이미주	부장	2,580,000	500,000	101,640	2,978,360			
6	한상혁	사원	978,000	100,000	35,574	1,042,426		테두리 적용	
7	김시원	부장	3,097,500	500,000	118,718	3,478,783			
8	박상민	대리	1,153,500	200,000	44,666	1,308,835			
9	임지연	과장	2,002,500	400,000	79,283	2,323,218			
10	최은주	사원	1,065,000	100,000	38,445	1,126,555			
11	김한율	부장	2,475,000	500,000	98,175	2,876,825			
12	전미라	부장	2,625,000	500,000	103,125	3,021,875			
13	정찬성	대리	1,237,500	200,000	47,438	1,390,063			
14									

2 차트

① 차트 영역을 선택 한 후 [차트 디자인]탭-[데이터] 영역의 [데이터 선택(▦)]을 선택한다.

② [데이터 원본 선택] 대화상자가 나타나면 차트 데이터 범위를 「**=차트작업!$A$2:$A$9,차트작업!$D$2: $F$9**」와 같이 설정한 후 [확인]을 클릭한다.

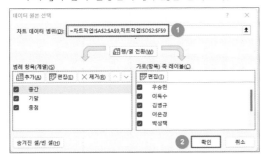

③ '총점' 계열을 선택한 후 [차트 디자인]탭-[종류] 영역의 [차트 종류 변경()]을 선택한다.

④ [차트 종류 변경] 대화상자가 나타나면 '총점' 계열의 차트 종류를 '표식이 있는 꺾은선형'으로 변경하고, '보조 축'의 체크박스를 선택한 후 [확인]을 클릭한다.

계열 이름	차트 종류	보조 축
중간	묶은 세로 막대형	☐
기말	묶은 세로 막대형	☐
총점	표식이 있는 꺾은선형	☑

데이터 계열에 대한 차트 종류와 축을 선택합니다:

⑤ 차트 영역을 선택한 후 [차트 디자인]탭-[차트 레이아웃] 영역의 [빠른 레이아웃(▦)]를 선택한다. 목록이 나타나면 '레이아웃3(▦)'을 선택한다.

⑥ 차트 제목을 선택한 뒤 「**학생별 성적 현황**」과 같이 입력하고 [Enter]를 누른다.

⑦ '중간' 또는 '기말' 계열을 더블 클릭하여 [데이터 계열 서식] 대화상자를 표시한 후 [계열 옵션(▮▮)]탭-[계열 옵션] 영역에서 '계열 겹치기'에 「**50**」, '간격 너비'에 「**100**」을 입력한다.

⑧ 범례를 더블 클릭하여 [범례 서식] 대화상자를 표시한 후 [서식]탭-[도형 스타일] 목록에서 '미세효과 -파랑, 강조1'을 선택한다.

컴퓨터활용능력 2급 실기 실전모의고사 7회

프로그램명	제한시간
EXCEL 2021	40분

수험번호	
성 명	

2급	A형

<유 의 사 항 >

- 인적 사항 누락 및 잘못 작성으로 인한 불이익은 수험자 책임으로 합니다.
- 화면에 암호 입력창이 나타나면 아래의 암호를 입력하여야 합니다.
  - ○ 암호 : *******
- 작성된 답안은 주어진 경로 및 파일명을 변경하지 마시고 그대로 저장해야 합니다.
  이를 준수하지 않으면 실격 처리됩니다.
  - ○ 답안 파일명의 예 : C:₩OA₩수험번호8자리.xlsm
- 외부데이터 위치 : C:₩OA₩파일명
- 별도의 지시사항이 없는 경우, 다음과 같이 처리 시 실격 처리됩니다.
  - ○ 제시된 시트 및 개체의 순서나 이름을 임의로 변경한 경우
  - ○ 제시된 시트 및 개체를 임의로 추가 또는 삭제한 경우
  - ○ 외부데이터를 시험 시작 전에 열어본 경우
- 답안은 반드시 문제에서 지시 또는 요구한 셀에 입력하여야 하며 다음과 같이 처리 시 채점 대상에서 제외됩니다.
  - ○ 제시된 함수가 있을 경우 제시된 함수만을 사용하여야 하며 그 외 함수 사용 시 채점 대상에서 제외
  - ○ 수험자가 임의로 지시하지 않은 셀의 이동, 수정, 삭제, 변경 등으로 인해 셀의 위치 및 내용이 변경된 경우 해당 작업에 영향을 미치는 관련 문제 모두 채점 대상에서 제외
  - ○ 도형 및 차트의 개체가 중첩되어 있거나 동일한 계산결과 시트가 복수로 존재할 경우 해당 개체나 시트는 채점 대상에서 제외
- 수식 작성 시 제시된 문제 파일의 데이터는 변경 가능한(가변적) 데이터임을 감안하여 문제 풀이를 하시오.
- 별도의 지시사항이 없는 경우, 주어진 각 시트 및 개체의 설정값 또는 기본 설정값(Default)으로 처리하시오.
- 저장 시간은 별도로 주어지지 않으므로 제한된 시간 내에 저장을 완료해야 하며, 제한 시간 내에 저장이 되지 않은 경우에는 실격 처리됩니다.
- 출제된 문제의 용어는 Microsoft Office 2021버전으로 작성되어 있습니다.

실전모의고사 7회 문제

작업 파일   : 컴활2급/모의고사/실전모의고사7회.xlsm
외부데이터 위치 : 컴활2급/외부데이터

| 제1작업 | **기본작업 (20점)** 각 시트에서 다음의 과정을 수행하고 저장하시오.

1 '기본작업-1' 시트에 다음의 자료를 주어진 대로 입력하시오. (5점)

	A	B	C	D	E	F
1	상공전자 제품별 주문 현황					
2						
3	제품명	제품코드	주문일	배달지역	판매가	쿠폰적용가
4	양문형냉장고	Ref-2106	2024-06-02	서울	1,800,000	1,530,000
5	건조기	Dry-3917	2024-06-14	경기	1,200,000	1,020,000
6	음식물처리기	Dis-3846	2024-06-15	강원	750,000	637,500
7	식기세척기	Wsh-5047	2024-06-21	충남	480,000	408,000
8	전자레인지	Mcr-1802	2024-06-24	경기	115,000	97,750
9	냉온수정수기	Wat-1154	2024-06-30	인천	270,000	229,500
10						

2 '기본작업-2' 시트에 대하여 다음의 지시사항을 처리하시오. (각 2점)

① [A1:F1] 영역은 '병합하고 가운데 맞춤', 글꼴 '맑은 고딕', 글꼴 크기 '16', 글꼴 스타일 '굵게'로 지정하고, 1행의 행 높이를 26으로 지정하시오.

② [A3:F3] 영역에 채우기 색 '표준 색−파랑', 글꼴 색 '테마 색−흰색, 배경1'을 지정하시오.

③ [H4:H13] 영역의 '값'을 복사하여 재고율[E4:E13] 영역에 '연산(더하기)' 기능으로 선택하여 붙여넣기 하시오.

④ [C4:E13] 영역은 사용자 지정 표시 형식을 이용하여 숫자 뒤에 "개"를 붙여 [표시 예]와 같이 표시하시오.
  ▶ 표시 예 : 550 → 550개

⑤ [A3:F13] 영역은 '가로 가운데 맞춤'을 지정하고, '모든 테두리(⊞)'를 적용하시오.

3 '기본작업-3' 시트에 대하여 다음의 지시사항을 처리하시오. (5점)

'사원별 급여 지급 현황' 표에서 성과금이 1,000,000 초과이면서 부서명이 '영업'으로 시작하는 데이터를 사용자 지정 필터를 사용하여 표시하시오.
  ▶ 필터의 결과는 [A3:F23] 영역의 데이터를 이용하여 추출하시오.

| 제2작업 | **계산작업 (40점)** '계산작업' 시트에서 다음의 과정을 수행하고 저장하시오.

1 [표1]의 수강료납부[D3:D11]를 이용하여 미납된 수강생의 인원수를 [D12] 셀에 계산하시오. (8점)

  ▶ 미납자수 = 전체 인원수 − 납부 완료자수

▶ 표기 예 : 3 → 3명

▶ DCOUNTA, COUNTA 함수와 & 연산자 사용

2 [표2]에서 성적[H3:H12]이 3번째로 높은 학생의 성명을 찾아 [I3] 셀에 표시하시오. (8점)

▶ VLOOKUP, HLOOKUP, LARGE, SMALL 중 알맞은 함수 사용

3 [표3]의 주민등록번호[B16:B23]를 이용하여 생년월일[D16:D23]을 계산하시오. (8점)

▶ 생년월일의 '연도'는 2000+주민등록번호 1~2번째 글자, '월'은 주민등록번호 3~4번째 글자, '일'은 주민등록번호 5~6번째 글자임
▶ DATE, MID, LEFT 함수 사용

4 [표4]의 주행거리[H16:H23]와 정비여부[I16:I23]을 이용하여 판매등급[J16:J23]을 계산하시오. (8점)

▶ 주행거리가 60,000미만이면서 정비여부가 'O'이면 판매등급을 "최상급"으로, 주행거리가 100,000미만이면서 정비여부가 'O'이면 판매등급을 "상급"으로 표시하고, 나머지는 공란으로 표시하시오.
▶ IF, AND 함수 사용

5 [표5]의 제조회사[B27:B36]가 '상공전자'이면서 저장용량[C27:C36]이 '256GB'인 조건을 만족하는 판매가 [D27:D36]의 합계를 [E27] 셀에 계산하시오. (8점)

▶ AVERAGEIFS, SUMIF, SUMIFS 중 알맞은 함수 사용

| 제3작업 | 분석작업 (20점)   주어진 시트에서 다음의 과정을 수행하고 저장하시오.

1 '분석작업-1'시트에 대하여 다음의 지시사항을 처리하시오. (10점)

	A	B	C	D	E	F
1	사원별 급여 지급 현황					
3	부서명	성명	직급	기본급	야근수당	성과금
4	영업부	이소연	부장	4,000,000	350,000	1,600,000
5	영업부	박성민	과장	3,600,000	600,000	1,440,000
6	영업부	이상철	대리	2,650,000	250,000	1,060,000
7	영업부	김주희	대리	2,600,000	450,000	1,040,000
8	영업부	한예진	사원	2,100,000	500,000	840,000
9	영업부 최소			2,100,000	250,000	840,000
10	영업부 최대			4,000,000	600,000	1,600,000
11	생산부	최기안	부장	3,950,000	600,000	1,580,000
12	생산부	이혜정	과장	3,500,000	650,000	1,400,000
13	생산부	강성훈	대리	2,800,000	250,000	1,120,000
14	생산부	박신애	사원	2,150,000	400,000	860,000
15	생산부	이석훈	사원	2,200,000	300,000	880,000
16	생산부 최소			2,150,000	250,000	860,000
17	생산부 최대			3,950,000	650,000	1,580,000
18	전체 최소값			2,100,000	250,000	840,000
19	전체 최대값			4,000,000	650,000	1,600,000

[부분합] 기능을 이용하여 '사원별 급여 지급 현황' 표에 〈그림〉과 같이 부서명별 '기본급', '야근수당', '성과금'의 최대값과 최소값을 계산하시오.

▶ [A3:F15] 영역은 데이터 도구 [중복된 항목 제거]를 이용하여 '부서명'과 '성명'을 기준으로 중복된 항목 값을 제거하시오.
▶ 최대값과 최소값은 위에 명시된 순서대로 처리하시오.

PART 05 모의고사

PART 5 모의고사

273

2 '분석작업-2'시트에 대하여 다음의 지시사항을 처리하시오. (10점)

[정렬] 기능을 이용하여 '분기별 판매 실적' 표의 '분류'를 기준으로 '의류-식품-잡화' 순으로 정렬하고, 동일한 분류에 대해서는 '4분기'의 셀 색이 'RGB(255,199,206)'인 값이 위로 표시되도록 정렬하시오.

| 제4작업 | 기타작업 (20점) 주어진 시트에서 다음의 과정을 수행하고 저장하시오.

1 '매크로 작업'시트에서 다음과 같은 기능을 수행하는 매크로를 현재 통합 문서에 작성하고 실행하시오. (각 5점)

① [H4:H9] 영역에 학생별 출석, 과제, 중간, 기말의 총점을 계산하는 매크로를 생성하여 실행하시오.
  ▶ 매크로 이름 : 총점
  ▶ SUM 함수 사용
  ▶ [개발도구]-[삽입]-[양식 컨트롤]의 '단추(□)'를 동일 시트의 [H12:I13] 영역에 생성한 후 텍스트를 '총점계산'으로 입력하고, 단추를 클릭하면 '총점' 매크로가 실행되도록 설정하시오.
② [A3:L3] 영역에 채우기 색 '표준 색-녹색', 글꼴 색 '표준 색-노랑'을 적용하는 매크로를 생성하여 실행하시오.
  ▶ 매크로 이름 : 서식
  ▶ [삽입]-[일러스트레이션]-[도형]-[기본도형]의 '타원(○)'을 동일 시트의 [K12:L13] 영역에 생성한 후 텍스트를 '서식적용'으로 입력하고 '가로 세로 가운데 맞춤'을 지정한 후, 단추를 클릭하면 '서식' 매크로가 실행되도록 설정하시오.
  ※ 매크로는 도형과 연결되어야 하며, 셀 포인터의 위치에 관계없이 매크로가 실행되어야 정답으로 인정됨

2 '차트작업'시트에서 다음의 지시사항에 따라 차트를 수정하시오. (각 2점)

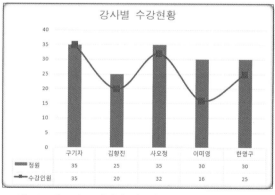

※ 차트는 반드시 문제에서 제공한 차트를 사용하여야 하며, 신규로 차트작성 시 0점 처리됨

① '김향진'의 항목 값을 차트 데이터 범위에 추가하시오.
② 차트 제목은 [B1] 셀과 연결하여 표시하고, 글꼴은 '돋움체', 글꼴 크기는 '16'으로 설정하시오.
③ '수강인원' 계열의 차트 종류를 '표식이 있는 꺾은선형'으로 변경하고, 표식 '사각형(■)'의 크기를 10, 선 스타일은 '완만한 선'으로 지정하시오.
④ 차트 영역의 '데이터 테이블'을 '범례 표지 포함'으로 지정하고, 범례 항목은 제거하시오.
⑤ 차트 영역의 테두리 스타일은 '둥근 모서리', 그림자는 '안쪽 가운데'로 표시하시오.

실전모의고사 7회 **정답 및 해설**

정답 파일 : 컴활2급/모의고사/정답/실전모의고사7회(정답).xlsm

| 제1작업 | 기본작업

1 자료입력

'기본작업-1' 시트를 선택한 후 다음의 내용을 정확하게 입력한다.

	A	B	C	D	E	F
1	상공전자 제품별 주문 현황					
2						
3	제품명	제품코드	주문일	배달지역	판매가	쿠폰적용가
4	양문형냉장고	Ref-2106	2024-06-02	서울	1,800,000	1,530,000
5	건조기	Dry-3917	2024-06-14	경기	1,200,000	1,020,000
6	음식물처리기	Dis-3846	2024-06-15	강원	750,000	637,500
7	식기세척기	Wsh-5047	2024-06-21	충남	480,000	408,000
8	전자레인지	Mcr-1802	2024-06-24	경기	115,000	97,750
9	냉온수정수기	Wat-1154	2024-06-30	인천	270,000	229,500
10						

2 서식 설정

① [A1:F1] 영역을 범위 지정한 후 [홈]탭-[맞춤] 영역의 '병합하고 가운데 맞춤'을 지정하고, [글꼴] 영역의 글꼴은 '맑은 고딕', 글꼴 크기는 '16', 글꼴 스타일은 '굵게'로 설정한다.

② 1행의 행 번호를 선택한 뒤, 마우스 오른쪽 버튼을 클릭하여 [행 높이] 메뉴를 선택한다. [행 높이] 대화상자가 나타나면 '행 높이'를 「26」으로 입력하고 [확인]을 클릭한다.

③ [A3:F3] 영역을 범위 지정한 후 [홈]탭-[글꼴] 영역에서 채우기 색은 '표준 색-파랑', 글꼴 색은 '테마 색-흰색, 배경1'로 설정한다.

④ [H4:H13] 영역의 값을 복사한 후 [E4:E13] 영역에서 마우스 오른쪽을 클릭하면 나타나는 목록에서 [선택하여 붙여넣기]를 선택한다.

⑤ [선택하여 붙여넣기] 대화상자가 나타나면 붙여넣기 항목에서 '값'을, 연산 항목에서 '더하기'를 선택한 후 [확인]을 클릭한다.

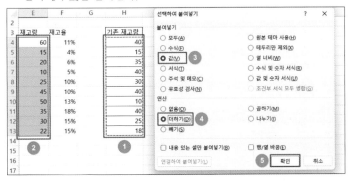

⑥ [C4:E13] 영역을 범위 지정한 후, [홈]탭-[표시 형식] 영역의 '화살표(↘)'를 클릭하여 [셀 서식] 대화상자를 호출한다. [표시 형식]탭의 '사용자 지정' 범주의 '형식'칸에 「#"개"」을/를 입력하고 [확인]을 클릭한다.

⑦ [A3:F13] 영역을 범위 지정한 후 [홈]탭−[글꼴] 영역에서 '모든 테두리(⊞)'를 선택하고, [맞춤] 영역에서 가로 '가운데 맞춤'을 선택한다.

⑧ 최종결과

3 자동필터

① 데이터 범위 내 임의의 셀을 선택한 뒤 [데이터]탭−[정렬 및 필터] 영역의 [필터(▽)]를 클릭한다.

② '성과금' 필드 제목[F3]의 필터 단추(▼)를 클릭한 후 목록에서 [숫자 필터]−[보다 큼]을 선택한다.

③ [사용자 지정 자동 필터] 대화상자가 나타나면 성과금 조건에 「**1000000**」을 입력한 후 [확인]을 클릭한다.

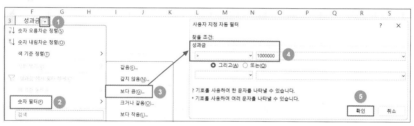

④ '부서명' 필드 제목[A3]의 필터 단추(▼)를 클릭한 후 목록에서 [텍스트 필터]−[시작 문자]를 선택한다.

⑤ [사용자 지정 자동 필터] 대화상자가 나타나면 부서명 조건에 「**영업**」을 입력한 후 [확인]을 클릭한다.

⑥ 최종결과

1 미납자수 - [D12] 셀

=COUNTA(B3:B11)-DCOUNTA(A2:D11,B2,D2:D3)&"명"

	A	B	C	D
1	[표1]	신규 등록 원생		
2	등록코드	수강생명	등록과정	수강료납부
3	20250801	강혜원	컴활필기	완료
4	20250802	이미주	컴활실기	
5	20250803	한상혁	정처기	완료
6	20250804	김시원	컴활실기	완료
7	20250805	박상민	컴활실기	완료
8	20250806	임지연	정처기	
9	20250807	최은주	정처기	완료
10	20250808	김한올	컴활필기	완료
11	20250809	전미라	컴활실기	
12	수강료 미납자수			3명

2 3등 참가자 성명 - [I3] 셀

=VLOOKUP(LARGE(G3:G12,3),G3:H12,2,FALSE)

	F	G	H	I
1	[표2]	영어 말하기 대회 성적		
2	응시번호	성적	성명	3등
3	es-043	85	곽병찬	장성원
4	es-078	56	나미혜	
5	es-053	90	장성원	
6	es-068	78	오승철	
7	es-063	53	장석환	
8	es-048	45	정원경	
9	es-058	98	성완민	
10	es-073	86	전나라	
11	es-083	100	조민오	
12	es-081	88	임진철	

3 생년월일 - [D16:D23] 영역

=DATE("20"&LEFT(B16,2),MID(B16,3,2),MID(B16,5,2))

	A	B	C	D
14	[표3]	어린이집 원아 명단		
15	학생명	주민등록번호		생년월일
16	강혜원	220604-456****		2022-06-04
17	이미주	230303-445****		2023-03-03
18	한우빈	201105-323****		2020-11-05
19	김시원	240101-332****		2024-01-01
20	박상현	201212-467****		2020-12-12
21	임지연	220331-394****		2022-03-31
22	최나래	210325-423****		2021-03-25
23	김한올	240508-324****		2024-05-08

4 판매등급 - [J16:J23] 영역

=IF(AND(H16<60000,I16="O"),"최상급",IF(AND(H16<100000,I16="O"),"상급",""))

	F	G	H	I	J
14	[표4]	중고차 거래 등록 차량			
15	모델	연식	주행거리	정비여부	판매등급
16	카니*	2013년 7월	128,250	O	
17	쏘나*	2021년 3월	42,700	O	최상급
18	그랜*	2016년 11월	116,430		
19	스파*	2019년 8월	51,300		
20	투*	2017년 12월	89,650	O	상급
21	그랜*	2023년 10월	20,800	O	최상급
22	레*	2017년 4월	81,700		
23	모*	2020년 5월	77,680	O	상급

5 상공전자 판매가 합계 - [E27] 셀

=SUMIFS(D27:D36,B27:B36,B27,C27:C36,C27)

	A	B	C	D	E	F
25	[표5]	스마트폰 가격표				
26	제품코드	제조회사	저장용량	판매가	상공전자 256GB	
27	GA-100	상공전자	256GB	945,000	1,925,000	
28	IP-100	대한전자	128GB	895,000		
29	NO-100	우리전자	256GB	920,000		
30	IP-200	대한전자	512GB	1,150,000		
31	GA-200	상공전자	256GB	980,000		
32	NO-200	우리전자	128GB	880,000		
33	IP-300	대한전자	256GB	900,000		
34	NO-300	우리전자	128GB	885,000		
35	IP-400	대한전자	256GB	985,000		
36	GA-300	상공전자	512GB	1,200,000		

1 중복된 항목 제거 + 부분합

① [A3:F15] 영역을 범위 지정한 후 [데이터]탭-[데이터 도구] 영역의 [중복된 항목 제거(⬚×)]를 선택한다.

② [중복된 항목 제거] 대화상자가 나타나면 [⬚ 모두 선택 취소]를 클릭하여 전체 열 항목의 체크를 해
제한다. 열 항목에서 '부서명'과 '성명'의 체크박스를 선택한 후 [확인]을 클릭한다.

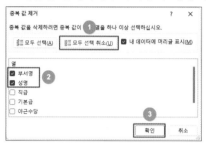

③ 부분합을 수행하기 위해 [A3] 셀을 선택한 후 [데이터]탭-[윤곽선] 영역의 [부분합(🪟)]을 클릭한다.

④ [부분합] 대화상자가 나타나면 그룹화할 항목은 '부서명', 사용할 함수는 '최대', 부분합 계산 항목은
'기본급', '야근수당', '성과금'을 체크하고 [확인]을 클릭한다.

⑤ 최소를 수행하기 위해 다시 한 번 [데이터]탭-[개요] 영역의 [부분합]을 클릭한다. [부분합] 대화상자
가 나타나면 사용할 함수만 '최소'로 변경하고, '새로운 값으로 대치' 항목의 체크박스를 해제한 후 [확
인]을 클릭한다.

2 정렬

① 정렬을 수행하기 위해 [A3] 셀을 선택한 후 [데이터]탭−[정렬 및 필터] 영역의 [정렬(📇)]을 클릭한다.

② [정렬] 대화상자가 나타나면 첫 번째 정렬 기준 열은 '분류', 정렬 기준은 '셀 값', 정렬은 '사용자 지정 목록'으로 선택한다.

③ [사용자 지정 목록] 대화상자가 나타나면 화면 왼쪽의 사용자 지정 목록에서 '새 목록'을 선택한다. 화면 오른쪽 목록 항목 구역에 「**의류, 식품, 잡화**」 순으로 입력한 후 [추가]와 [확인]을 차례로 클릭한다.

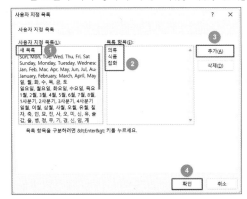

④ [정렬] 대화상자의 정렬 목록에서 추가된 '의류,식품,잡화'를 선택한 후 [기준 추가] 버튼을 클릭한다.

⑤ 추가된 다음 기준의 열은 '4분기', 정렬 기준은 '셀 색'으로 설정하여 'RGB(255,199,206)'와 '위에 표시'를 차례대로 선택한 후 [확인]을 클릭한다.

⑥ 최종결과

지역	분류	1분기	2분기	3분기	4분기
전라	의류	343,860	312,400	275,000	539,000
경상	의류	276,540	275,000	411,400	486,860
충청	의류	431,200	327,800	298,540	371,580
경기	의류	506,000	589,600	291,500	343,200
경상	식품	338,800	530,200	319,440	563,420
경기	식품	275,000	275,000	319,440	323,400
충청	식품	346,280	517,220	473,660	275,880
전라	식품	369,600	565,400	324,500	374,000
충청	잡화	543,400	506,000	339,240	556,600
경기	잡화	325,160	319,000	298,320	435,600
전라	잡화	371,800	468,600	275,880	392,700
경상	잡화	411,400	275,000	298,320	436,920

1 매크로

① [개발 도구]탭-[컨트롤] 영역의 [삽입]목록에서 양식 컨트롤의 [단추(□)]를 선택한 후, 마우스 포인터가 '+'로 바뀌면 [Alt] 키를 누른 채 [H12:I13] 영역에 드래그하여 컨트롤을 그려준다.

② [매크로] 대화상자가 나타나면 매크로 이름을 「**총점**」으로 입력하고 [기록]을 클릭한다.

③ [매크로 기록] 화면으로 전환되면 매크로 이름이 '총점'인지 확인한 후 [확인]을 클릭한다.

④ [H4] 셀에 「=SUM(D4:G4)」와 같이 입력한 후 [H9] 셀까지 수식을 복사한다.

⑤ [개발 도구]탭-[코드] 영역의 [기록 중지]를 클릭한다.

⑥ 단추 컨트롤을 마우스 오른쪽으로 클릭하여 나타나는 바로 가기 메뉴에서 '텍스트 편집'을 선택한다. 텍스트 편집 상태가 되면 「**총점계산**」으로 입력하고 임의의 셀을 클릭하여 편집을 마무리한다.

	A	B	C	D	E	F	G	H	I	J	K	L
1						학생별 학사 관리 현황						
2												
3	학번	이름	학과	출석	과제	중간	기말	총점	편차	가중평균	중간석차	기말학점
4	240301	조인성	경영	60	60	60	90	270	15.0	78.0	5	C
5	240302	차태현	경영	100	50	70	90	310	22.2	85.5	4	B
6	240303	전소미	전산	85	90	50	100	325	21.7	88.3	3	B
7	240304	김우빈	전산	65	40	80	80	265	18.9	77.8	6	C
8	240305	한효주	경영	95	60	100	95	350	18.5	99.3	1	A
9	240306	김태우	경영	75	90	90	80	335	7.5	92.8	2	A
10												
11	<학점기준표>											
12	가중평균	0	60	70	80	90		총점계산				
13	평점	F	D	C	B	A						
14												

⑦ [삽입]탭-[일러스트레이션] 영역의 [도형] 목록에서 [기본도형]-[타원(○)]을 선택한 후, 마우스 포인터가 '+'로 바뀌면 [Alt] 키를 누른 채 [K12:L13] 영역에 드래그하여 도형을 그려준다.

⑧ 도형이 선택된 상태에서 「**서식적용**」이라 입력한 후, [홈]탭-[맞춤] 영역에서 가로와 세로 맞춤을 가운데로 설정한다.

⑨ [개발 도구]탭-[코드] 영역의 [매크로 기록]을 선택한다. [매크로] 대화상자가 나타나면 매크로 이름을 「**서식**」으로 입력하고 [확인]을 클릭한다.

⑩ [A3:L3] 영역을 범위 지정한 후 [홈]탭-[글꼴]영역에서 채우기 색 '표준 색-녹색', 글꼴 색 '표준 색-노랑'으로 지정한다.

⑪ [개발 도구]탭-[코드] 영역의 [기록 중지]를 클릭한다.

⑫ 도형을 마우스 오른쪽으로 클릭하여 나타나는 바로 가기 메뉴에서 '매크로 지정'을 선택한다.

⑬ [매크로 지정] 대화상자가 나타나면 '서식'을 선택한 후 [확인]을 클릭한다.

⑭ 최종 결과

	A	B	C	D	E	F	G	H	I	J	K	L
1						학생별 학사 관리 현황						
2												
3	학번	이름	학과	출석	과제	중간	기말	총점	편차	가중평균	중간석차	기말학점
4	240301	조인성	경영	60	60	60	90	270	15.0	78.0	5	C
5	240302	차태현	경영	100	50	70	90	310	22.2	85.5	4	B
6	240303	전소미	전산	85	90	50	100	325	21.7	88.3	3	B
7	240304	김우빈	전산	65	40	80	80	265	18.9	77.8	6	C
8	240305	한효주	경영	95	60	100	95	350	18.5	99.3	1	A
9	240306	김태우	경영	75	90	90	80	335	7.5	92.8	2	A
10												
11	<학점기준표>											
12	가중평균	0	60	70	80	90		총점계산			서식적용	
13	평점	F	D	C	B	A						
14												

2 차트

① 차트 영역을 선택 한 후 [차트 디자인]탭–[데이터] 영역의 [데이터 선택(📊)]을 선택한다.

② [데이터 원본 선택] 대화상자가 나타나면 차트 데이터 범위를 「=**차트작업!**$A$2:$C$5,**차트작업!**$A$8:
$C$9」와 같이 설정한 후 [확인]을 클릭한다.

③ 차트 제목을 선택한 뒤 수식 입력줄에 「=」을 입력하고 [B1] 셀을 선택한 후 [Enter]를 누른다.

④ 차트 제목이 선택된 상태에서 [홈]탭–[글꼴] 영역에서 글꼴은 '돋움체', 글꼴 크기는 '16'으로 설정한다.

⑤ '수강인원' 계열을 선택한 후 [차트 디자인]탭–[종류] 영역의 [차트 종류 변경(📊)]을 선택한다.

⑥ [차트 종류 변경] 대화상자가 나타나면 '수강인원' 계열의 차트 종류를 '표식이 있는 꺾은선형'으로 변
경한다.

⑦ 꺾은선형의 임의의 표식을 더블 클릭하여 [데이터 계열 서식] 대화상자를 표시한 후 [채우기 및 서식
(🖌)]탭에서 [표식]을 선택한다.

⑧ 표식 옵션을 '기본 제공'으로 변경하고 형식(ﬗ) 목록에서 '■'를 선택하고, 크기에 「10」을 입력한다.

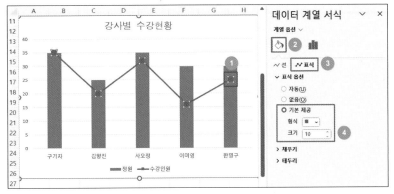

⑨ 테두리에서 '완만한 선'의 체크박스를 선택한다.

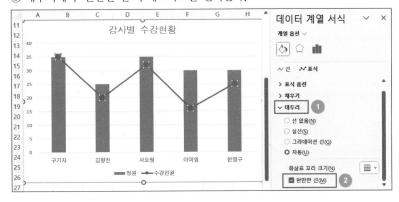

⑩ 차트 영역을 선택한 후 [차트 디자인]탭-[차트 레이아웃] 영역의 [차트 요소 추가]를 선택한다. 목록이 나타나면 '데이터 테이블'의 '범례 표지 포함'을 선택한다.

⑪ 범례 항목을 선택한 후 [Delete]를 눌러 제거한다.

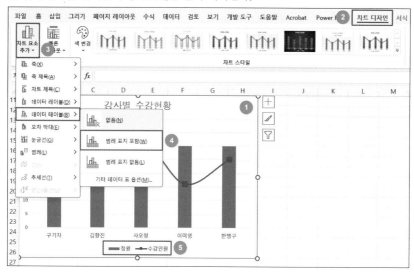

⑫ 차트 영역을 선택한 후 더블 클릭하여 [차트 영역 서식] 대화상자를 표시한다. [채우기 및 선(◇)]탭-[테두리] 영역에서 '둥근 모서리'의 체크박스를 선택한다.

⑬ [효과(⬠)]탭-[그림자]에서 '미리 설정(⌄)'을 클릭하여 목록을 표시한 후, '안쪽' 영역의 '안쪽: 가운데'를 선택한다.

컴퓨터활용능력 2급 실기 실전모의고사 8회

프로그램명	제한시간
EXCEL 2021	40분

수험번호	
성 명	

2급	A형

< 유 의 사 항 >

- 인적 사항 누락 및 잘못 작성으로 인한 불이익은 수험자 책임으로 합니다.
- 화면에 암호 입력창이 나타나면 아래의 암호를 입력하여야 합니다.
  - 암호 : *******
- 작성된 답안은 주어진 경로 및 파일명을 변경하지 마시고 그대로 저장해야 합니다.
  이를 준수하지 않으면 실격 처리됩니다.
  - 답안 파일명의 예 : C:\OA\수험번호8자리.xlsm
- 외부데이터 위치 : C:\OA\파일명
- 별도의 지시사항이 없는 경우, 다음과 같이 처리 시 실격 처리됩니다.
  - 제시된 시트 및 개체의 순서나 이름을 임의로 변경한 경우
  - 제시된 시트 및 개체를 임의로 추가 또는 삭제한 경우
  - 외부데이터를 시험 시작 전에 열어본 경우
- 답안은 반드시 문제에서 지시 또는 요구한 셀에 입력하여야 하며 다음과 같이 처리 시 채점 대상에서 제외됩니다.
  - 제시된 함수가 있을 경우 제시된 함수만을 사용하여야 하며 그 외 함수 사용 시 채점 대상에서 제외
  - 수험자 임의로 지시하지 않은 셀의 이동, 수정, 삭제, 변경 등으로 인해 셀의 위치 및 내용이 변경된 경우 해당 작업에 영향을 미치는 관련 문제 모두 채점 대상에서 제외
  - 도형 및 차트의 개체가 중첩되어 있거나 동일한 계산결과 시트가 복수로 존재할 경우 해당 개체나 시트는 채점 대상에서 제외
- 수식 작성 시 제시된 문제 파일의 데이터는 변경 가능한(가변적) 데이터임을 감안하여 문제 풀이를 하시오.
- 별도의 지시사항이 없는 경우, 주어진 각 시트 및 개체의 설정값 또는 기본 설정값(Default)으로 처리하시오.
- 저장 시간은 별도로 주어지지 않으므로 제한된 시간 내에 저장을 완료해야 하며, 제한 시간 내에 저장이 되지 않은 경우에는 실격 처리됩니다.
- 출제된 문제의 용어는 Microsoft Office 2021버전으로 작성되어 있습니다.

실전모의고사 8회 문제

작업 파일   : 컴활2급/모의고사/실전모의고사8회.xlsm
외부데이터 위치 : 컴활2급/외부데이터

|제1작업| 기본작업 (20점) 각 시트에서 다음의 과정을 수행하고 저장하시오.

1 '기본작업-1' 시트에 다음의 자료를 주어진 대로 입력하시오. (5점)

	A	B	C	D	E	F
1	신입사원 공개채용 현황					
2						
3	지원자명	지원코드	성별	나이	인적성	면접
4	이소연	lsy-240301	여	28	98	88
5	박성민	psm-240302	남	30	91	89
6	이상철	lsc-240303	남	29	88	92
7	김주희	kjh-240304	여	26	96	94
8	한예진	hhj-240305	여	26	86	60
9	최기안	cga-240306	남	27	89	76
10	이혜정	lhj-240307	여	28	92	91
11	이석훈	lsh-240310	남	30	78	86
12						

2 '기본작업-2' 시트에 대하여 다음의 지시사항을 처리하시오. (각 2점)

① [A3:A4], [B3:B4], [C3:F3], [G3:G4], [H3:H4] 영역은 '병합하고 가운데 맞춤', [A3:H4] 영역은 채우기 색 '표준 색-노랑'을 지정하시오.

② [A5:A13] 영역은 사용자 지정 표시 형식을 이용하여 문자 앞에 "20"을 붙여 [표시 예]와 같이 표시하시오.
  ▶ 표시 예 : 25-0301 → 2025-0301

③ [H5] 셀에 '성적우수자'라는 새 노트를 삽입한 후 '자동크기'로 지정하고, 항상 표시되도록 설정하시오.

④ [H15] 셀의 '값'을 복사하여 합계[G5:G13] 영역에 '연산(더하기)' 기능으로 선택하여 붙여넣기 하시오

⑤ [A3:H13] 영역에 '모든 테두리(⊞)'를 적용한 후 '굵은 바깥쪽 테두리(⊡)'를 적용하여 표시하시오.

3 '기본작업-3' 시트에 대하여 다음의 지시사항을 처리하시오. (5점)

다음의 텍스트 파일을 열어 생성된 데이터를 '기본작업-3' 시트의 [B2:G21] 셀에 붙여 넣으시오.
  ▶ 외부 데이터 파일명은 '다원별판매현황.txt'임
  ▶ 외부 데이터는 쉼표(,)로 구분되어 있음
  ▶ '용량' 열은 제외할 것

| 제2작업 | 계산작업 (40점) '계산작업' 시트에서 다음의 과정을 수행하고 저장하시오.

1 [표1]의 영어[C3:C11]와 수학[D3:D11]을 이용하여 [C12:D12] 영역에 표준편차를 계산하시오. (8점)

- ▶ 표준편차는 소수 둘째자리까지만 표시할 것
- ▶ 표기 예 : 12.4578 → 12.45
- ▶ TRUNC, ABS, STDEV.S, VAR.S 중 알맞은 함수 사용

2 [표2]에서 매출액[G3:G12]이 전체 매출액을 초과하거나 거래기간[H3:H12]이 5이상인 지점은 평가[I3:I12] 영역에 "우수지점"이라 표시하고 아니라면 공란으로 표시하시오. (8점)

- ▶ IF, AVERAGE, OR 함수 사용

3 [표3]에서 평균[D16:D23]이 80점대인 학생수를 구하여 [D24] 셀에 표시 예(3명)와 같이 표시하시오. (8점)

- ▶ COUNTIF 함수와 & 연산자 사용

4 [표4]에서 택배 배송 요금[G16:J19]과 지역 번호표[F21:J22]를 이용하여 출발지와 도착지에 따른 택배 요금 [J25]을 계산하시오. (8점)

- ▶ INDEX, HLOOKUP 함수 사용

5 [표5]의 회원코드[A28:A35]와 가입일[C28:C35]을 이용하여 가입기간[E28:E35]을 계산하시오. (8점)

- ▶ 가입기간 = 재등록일 − 가입일
- ▶ 재등록일 = 2000 + 회원코드의 3~4번째 글자
- ▶ DATE, YEAR, LEFT, MID 중 알맞은 함수 사용

| 제3작업 | 분석작업 (20점) 주어진 시트에서 다음의 과정을 수행하고 저장하시오.

1 '분석작업-1'시트에 대하여 다음의 지시사항을 처리하시오. (10점)

[피벗 테이블] 기능을 이용하여 '9월 직원 급여명세표'에서 '이름'은 '필터', '부서명'은 '행', '직위'는 '열' 로 처리하고, '상여급'의 최대값과 '실수령액'의 평균은 '값'으로 처리하시오.
- ▶ 피벗 테이블 보고서는 동일 시트의 [A18] 셀에서 시작하시오.
- ▶ 보고서 레이아웃은 '개요 형식'으로 지정하시오.
- ▶ 피벗 테이블 보고서의 빈 셀은 '*'기호로 표시하고, 행 및 열의 총합계를 해제하시오.
- ▶ 상여급과 실수령액의 표시 형식은 '값 필드 설정'의 '셀 서식' 대화상자에서 '숫자' 범주와 '1000단위 구분 기호 사용'을 이용하여 지정하시오.
- ▶ 피벗 테이블에 '피벗 스타일 보통6' 서식을 지정하시오.

2 '분석작업-2'시트에 대하여 다음의 지시사항을 처리하시오. (10점)

[목표값 찾기] 기능을 이용하여 '대출현황' 표에서 월상환액[C6]이 100,000이 되려면 상환기간(연)[C4] 이 얼마가 되어야 하는지 계산하시오.

1 '매크로 작업'시트에서 다음과 같은 기능을 수행하는 매크로를 현재 통합 문서에 작성하고 실행하시오. (각 5점)

① [F4:F10] 영역에 도서별 이익금을 계산하는 매크로를 생성하여 실행하시오.

▶ 매크로 이름 : 이익금

▶ 이익금 = 매출액 − (제작비용 X 판매량)

▶ [개발도구]−[삽입]−[양식 컨트롤]의 '단추(▭)'를 동일 시트의 [H3:I4] 영역에 생성한 후 텍스트를 '이익금'으로 입력하고, 단추를 클릭하면 '이익금' 매크로가 실행되도록 설정하시오.

② [E4:F10] 영역에 서식을 '쉼표 스타일'로 적용하는 매크로를 생성하여 실행하시오.

▶ 매크로 이름 : 서식

▶ [삽입]−[일러스트레이션]−[도형]−[기본도형]의 '하트(♡)'를 동일 시트의 [H6:I7] 영역에 생성한 후 텍스트를 '서식'으로 입력하고 '가로 세로 가운데 맞춤'을 지정한 후, 단추를 클릭하면 '서식' 매크로가 실행되도록 설정하시오.

※ 매크로는 도형과 연결되어야 하며, 셀 포인터의 위치에 관계없이 매크로가 실행되어야 정답으로 인정됨

2 '차트작업'시트에서 다음의 지시사항에 따라 차트를 수정하시오. (각 2점)

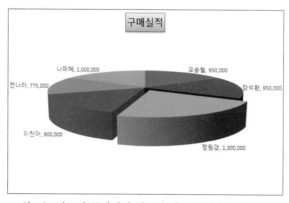

※ 차트는 반드시 문제에서 제공한 차트를 사용하여야 하며, 신규로 차트작성 시 0점 처리됨

① '거래횟수' 항목 값이 차트에 표시되지 않도록 차트 데이터 범위를 수정하시오.

② 차트 제목을 〈그림〉과 같이 설정하고, 도형 스타일은 '미세효과−빨강, 강조2'를 설정하시오.

③ 차트의 종류를 '3차원 원형'으로 변경하시오.

④ 범례 항목은 제거하고, 데이터 계열에 데이터 레이블 '값'과 '항목이름'이 '바깥쪽 끝에' 표시되도록 설정하시오.

⑤ '정원경' 계열의 차트 조각을 〈그림〉과 같이 분리시켜 표시하시오.

• 스프레드시트 •

실전모의고사 8회 **정답 및 해설**

정답 파일 : 컴활2급/모의고사/정답/실전모의고사8회(정답).xlsm

| 제1작업 | 기본작업

1 자료입력

'기본작업-1' 시트를 선택한 후 다음의 내용을 정확하게 입력한다.

	A	B	C	D	E	F
1	신입사원 공개채용 현황					
2						
3	지원자명	지원코드	성별	나이	인적성	면접
4	이소연	lsy-240301	여	28	98	88
5	박성민	psm-240302	남	30	91	89
6	이상철	lsc-240303	남	29	88	92
7	김주희	kjh-240304	여	26	96	94
8	한예진	hhj-240305	여	26	86	60
9	최기안	cga-240306	남	27	89	76
10	이혜정	lhj-240307	여	28	92	91
11	이석훈	lsh-240310	남	30	78	86
12						

2 서식 설정

① [A3:A4], [B3:B4], [C3:F3], [G3:G4], [H3:H4] 영역을 범위 지정한 후 [홈]탭-[맞춤] 영역의 '병합하고 가운데 맞춤'을 지정한다.

② [A3:H4] 영역을 범위 지정한 후 [홈]탭-[글꼴] 영역의 채우기 색을 '표준 색-노랑'으로 설정한다.

③ [A5:A13] 영역을 범위 지정한 후, [홈]탭-[표시 형식] 영역의 '화살표(↘)'를 클릭하여 [셀 서식] 대화상자를 호출한다. [표시 형식]탭의 '사용자 지정' 범주의 '형식'칸에 「"20"@」을/를 입력하고 [확인]을 클릭한다.

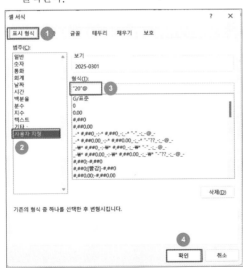

④ [H5] 셀을 선택한 후, 마우스 오른쪽 버튼을 클릭하여 [새 노트]를 선택한다. 메모가 삽입되면 「**성적우수자**」라 입력하고, 마우스 오른쪽 버튼을 클릭하여 [메모 표시/숨기기]를 선택한다.

⑤ 삽입 된 메모가 선택된 상태에서, 마우스 오른쪽 버튼을 클릭하여 [메모 서식]을 선택한다.

⑥ [메모 서식] 대화상자가 나타나면 [맞춤]탭의 '자동 크기'를 선택한 후 [확인]을 클릭한다.

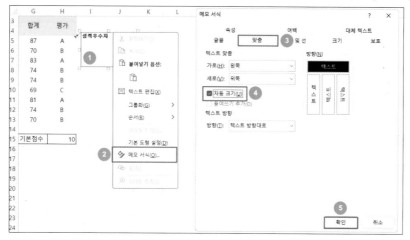

⑦ [H15] 셀의 값을 복사한 후 [G5:G13] 영역에서 마우스 오른쪽을 클릭하면 나타나는 목록에서 [선택하여 붙여넣기]를 선택한다.

⑧ [선택하여 붙여넣기] 대화상자가 나타나면 붙여넣기 항목에서 '값'을, 연산 항목에서 '더하기'를 선택한 후 [확인]을 클릭한다.

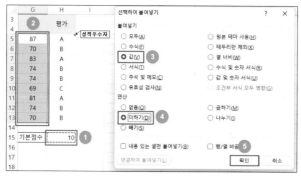

⑨ [A3:H13] 영역을 범위 지정한 후 [홈]탭-[글꼴] 영역에 '테두리'목록 중 '모든 테두리(⊞)'를 클릭하고, 연이어 '굵은 바깥쪽 테두리(⊞)'를 클릭하여 테두리를 적용한다.

⑩ 최종결과

학번	성명	성적				합계	평가
		중간	기말	출석	평소		
2025-0301	조권식	28	30	10	19	97	A
2025-0302	조이영	19	26	9	16	80	B
2025-0303	이상화	27	28	10	18	93	A
2025-0304	이세민	26	23	10	15	84	B
2025-0305	장예원	24	25	8	17	84	B
2025-0306	양우희	22	21	10	16	79	C
2025-0307	최두호	28	24	10	19	91	A
2025-0308	김주혁	22	24	10	18	84	B
2025-0309	이선경	23	21	8	18	80	B

♣인터넷정보검색 취득 현황♣

성적우수자

기본점수 10

3 외부데이터 가져오기

① [B2] 셀을 선택한 후 [데이터]탭-[데이터 가져오기 및 변환] 영역의 [데이터 가져오기] 목록에서 [레거시 마법사]-[텍스트에서]를 선택한다.

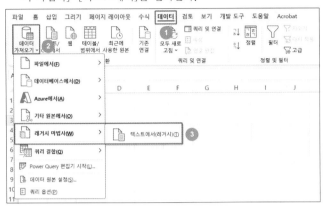

② [텍스트 파일 가져오기] 대화상자가 나타나면 외부데이터 폴더에서 '다원별판매현황.txt'파일을 선택하고 [가져오기]를 클릭한다.

③ [텍스트 마법사 - 3단계 중 1단계] 대화상자가 나타나면 원본 데이터의 파일 유형을 '구분 기호로 분리됨'으로 선택하고 [다음]을 클릭한다.

④ [텍스트 마법사 - 3단계 중 2단계]에서 구분 기호를 '쉼표'로 변경한 후 [다음]을 클릭한다.

⑤ [텍스트 마법사 - 3단계 중 3단계]에서 '용량' 열을 선택한 후, 열 데이터 서식 영역에서 '열 가져오지 않음(건너뜀)' 옵션을 선택하고 [마침]을 클릭한다.

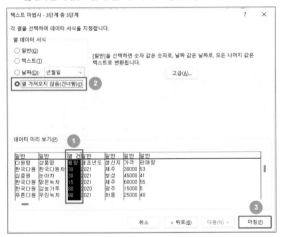

⑥ [데이터 가져오기] 대화상자가 나타나면 데이터가 들어갈 위치를 [B2] 셀로 지정한 후 [확인]을 클릭한다.

⑦ 최종결과

	다원명	상품명	제조년도	생산지	가격	판매량
1						
2	다원명	상품명	제조년도	생산지	가격	판매량
3	한국다원	한국다원차	2021	제주	30000	53
4	심중원	눈아차	2021	보성	45000	41
5	한국다원	맑은녹차	2021	제주	60000	55
6	한국다원	감농가루	2020	광주	15000	5
7	푸른다원	우린녹차	2021	하동	25000	40
8	심중원	몸중녹차	2021	보성	25000	39
9	한국다원	한국다원차	2020	제주	50000	40
10	한국다원	눈아차	2021	광주	65000	55
11	심중원	한국다원차	2020	보성	30000	25
12	한국다원	감농가루	2021	제주	28000	55
13	푸른다원	어린잎차	2020	하동	8990	24
14	백록다원	백록다원	2021	제주	75000	15
15	심중원	몸중녹차	2020	보성	38000	75
16	백록다원	고운발효차	2020	제주	33000	32
17	한국다원	한국다원차	2020	제주	21000	21
18	한국다원	눈아차	2020	광주	40000	15
19	한국다원	한국다원차	2020	제주	25000	35
20	푸른다원	발아차	2021	하동	9890	52
21	심중원	우린차	2021	보성	45000	20
22						

| 제2작업 | 계산작업

1 표준편차 - [C12:D12] 영역

=TRUNC(STDEV.S(C3:C11),2)

	A	B	C	D
1	[표1]	학생 성적표		
2	성명	학과	영어	수학
3	곽병찬	건축과	72	88
4	나미혜	전기과	82	70
5	장성원	건축과	98	80
6	오승철	전기과	76	94
7	장석환	건축과	68	74
8	정원경	건축과	84	90
9	성완민	전기과	58	64
10	전나라	건축과	78	82
11	이미현	전기과	82	91
12	표준편차		11.21	10.35

2 평가 - [I3:I12] 영역

=IF(OR(G3>AVERAGE($G$3:$G$12), H3>=5),"우수지점","")

	F	G	H	I
1	[표2]	지점별 매출실적		
2	지점명	매출액	거래기간	평가
3	서울	53,625	8	우수지점
4	인천	28,225	3	
5	수원	26,587	4	
6	용인	31,587	5	우수지점
7	이천	14,876	3	
8	여주	12,578	4	
9	파주	25,401	2	
10	대구	32,874	7	우수지점
11	여천	58,755	1	우수지점
12	홍천	15,825	3	

3 80점대 학생수 - [D24] 셀

=COUNTIF(D16:D23,">=80")-COUNTIF(D16:D23,">=90")&"명"

	A	B	C	D
14	[표3]	학생별 성적표		
15	성명	중간고사	기말고사	평균
16	염기영	75	86	81
17	이상화	46	72	59
18	오승민	92	89	91
19	유향기	78	85	82
20	이시현	86	88	87
21	김지혜	88	91	90
22	고강민	91	94	93
23	조승혁	76	80	78
24	80점대 학생수			4명

4 택배비 - [J25] 셀

=INDEX(G16:J19,HLOOKUP(H25,G21:J22,2,FALSE),HLOOKUP(I25,G21:J22,2,FALSE))

	F	G	H	I	J
14	[표4]	택배 배송 요금			
15		서울	인천	김포	분당
16	서울	1,800	2,200	2,500	3,000
17	인천	2,200	2,000	3,000	3,500
18	김포	2,500	3,000	1,800	4,000
19	분당	3,000	3,500	4,000	1,800
20	<지역번호표>				
21	지역	서울	인천	김포	분당
22	번호	1	2	3	4
23					
24			출발	도착	택배비
25			인천	분당	3,500

5 가입기간 - [E28:E35] 영역

=(2000+MID(A28,3,2))-YEAR(C28)

	A	B	C	D	E
26	[표5]	요가 센터 회원			
27	회원코드	회원명	가입일	성별	가입기간
28	g-21-h	장석환	2018-05-24	남	3
29	f-22-w	정원경	2020-12-18	여	2
30	n-25-v	성완민	2019-09-30	남	6
31	g-26-y	전나라	2025-01-15	여	1
32	k-23-e	조민오	2020-11-07	남	3
33	g-26-k	임진철	2024-06-30	남	2
34	c-25-s	이민아	2023-02-12	여	2
35	a-24-r	김성기	2019-08-25	남	5

| 제3작업 | 분석작업 |

1 피벗테이블

① [A18] 셀을 선택한 후 [삽입]탭-[표] 영역의 [피벗 테이블(📊)] 목록에서 [테이블/범위에서(📋)]를 선택한다.

② [표 또는 범위의 피벗 테이블] 대화상자가 나타나면 표/범위에 [A3:G13] 영역을 지정하고, 피벗 테이블을 배치할 위치에 '기존 워크시트'의 [A18] 셀을 지정한 후 [확인]을 클릭한다.

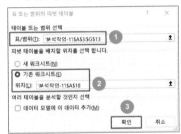

③ [피벗 테이블 필드] 화면이 나타나면 '이름'은 '필터', '부서명'은 '행', '직위'는 '열', '상여급'과 '실수령액'은 'Σ값'으로 드래그한다.

④ 작성된 피벗 테이블의 임의의 셀을 선택한 후 [디자인]탭-[레이아웃] 영역의 [보고서 레이아웃] 목록에서 '개요 형식으로 표시'를 선택한다.

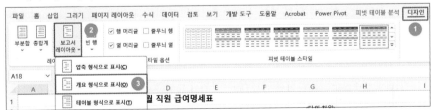

⑤ 피벗 테이블의 임의의 셀을 선택한 후 [피벗 테이블 분석]탭-[피벗 테이블] 영역에서 [옵션]을 선택한다. [레이아웃 및 서식]탭에서 '빈 셀 표시'에 「*」을 입력한다.

⑥ [요약 및 필터]탭에서 '행 총합계 표시'와 '열 총합계 표시'의 체크박스를 해제한 후 [확인]을 클릭한다.

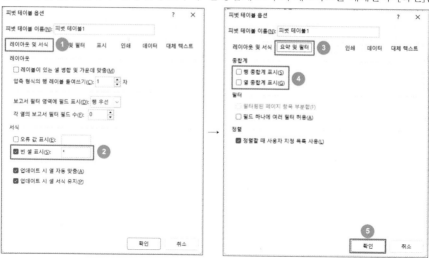

⑦ '상여급'의 합계가 표시된 임의의 셀을 선택한 후 [피벗 테이블 분석]탭-[활성 필드] 영역의 [필드 설정(🖬)]을 클릭한다.

⑧ [값 필드 설정] 대화상자가 나타나면 '상여급' 필드의 계산 유형을 '최대'로 변경한 후 대화상자 하단의 [표시 형식]을 클릭하여 [셀 서식] 대화상자를 표시한다.

⑨ [표시 형식]탭의 범주를 '숫자'로 설정하고, '1000단위 구분 기호(,) 사용'의 체크박스를 선택한 후 [확인]을 차례대로 클릭한다.

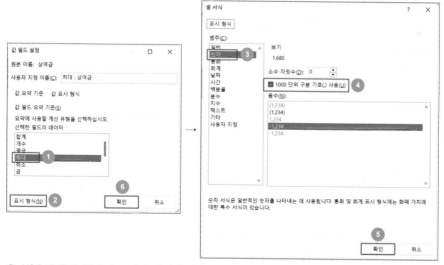

⑩ '실수령액'의 합계가 표시된 임의의 셀을 선택한 후 [피벗 테이블 분석]탭-[활성 필드] 영역의 [필드 설정(🖬)]을 클릭한다.

⑪ [값 필드 설정] 대화상자가 나타나면 '실수령액' 필드의 계산 유형을 '평균'으로 변경한 후 대화상자 하단의 [표시 형식]을 클릭하여 [셀 서식] 대화상자를 표시한다.

⑫ [표시 형식]탭의 범주를 '숫자'로 설정하고, '1000단위 구분 기호(,) 사용'의 체크박스를 선택한 후 [확인]을 차례대로 클릭한다.

⑬ 피벗 테이블의 임의의 셀을 선택한 후 [디자인]탭-[피벗 테이블 스타일] 영역에서 '피벗 스타일 보통6'을 선택한다.

⑭ 최종결과

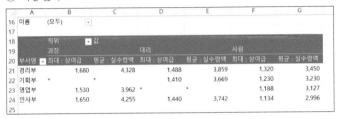

부서명	과장		대리		사원	
	최대 : 상여급	평균 : 실수령액	최대 : 상여급	평균 : 실수령액	최대 : 상여급	평균 : 실수령액
경리부	1,680	4,328	1,488	3,859	1,320	3,450
기획부	*		1,410	3,669	1,230	3,230
영업부	1,530	3,962 *	*		1,188	3,127
인사부	1,650	4,255	1,440	3,742	1,134	2,996

2 목표값 찾기

① 수식이 입력되어있는 [C6] 셀을 선택한 후 [데이터]탭-[예측] 영역의 [가상분석(🗗)] 목록에서 [목표 값 찾기]를 선택한다.

② [목표값 찾기] 대화상자가 나타나면 수식 셀에 기본적으로 [C6]이/가 설정되어 있을 것이다. 찾는 값 에 「**100000**」을 입력하고, 값을 바꿀 셀에 [C4]을/를 지정한 후 [확인]을 클릭한다.

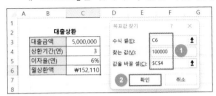

③ 최종결과

---

1 매크로

① [개발 도구]탭-[컨트롤] 영역의 [삽입]목록에서 양식 컨트롤의 [단추(□)]를 선택한 후, 마우스 포인 터가 '+'로 바뀌면 [Alt] 키를 누른 채 [H3:I4] 영역에 드래그하여 컨트롤을 그려준다.

② [매크로] 대화상자가 나타나면 매크로 이름을 「**이익금**」으로 입력하고 [기록]을 클릭한다.

③ [매크로 기록] 화면으로 전환되면 매크로 이름이 '이익금'인지 확인한 후 [확인]을 클릭한다.

④ [F4] 셀에 「**=E4-(B4*D4)**」와 같이 입력한 후 [F10] 셀까지 수식을 복사한다.

⑤ [개발 도구]탭-[코드] 영역의 [기록 중지]를 클릭한다.

⑥ 단추 컨트롤을 마우스 오른쪽으로 클릭하여 나타나는 바로 가기 메뉴에서 '텍스트 편집'을 선택한다. 텍스트 편집 상태가 되면 「**이익금**」으로 입력하고 임의의 셀을 클릭하여 편집을 마무리한다.

⑦ [삽입]탭-[일러스트레이션] 영역의 [도형] 목록에서 [기본도형]-[하트(♡)]을 선택한 후, 마우스 포인터가 '+'로 바뀌면 [Alt] 키를 누른 채 [H6:I7] 영역에 드래그하여 도형을 그려준다.

⑧ 도형이 선택된 상태에서 「**서식**」이라 입력한 후, [홈]탭-[맞춤] 영역에서 가로와 세로 맞춤을 가운데로 설정한다.

⑨ [개발 도구]탭-[코드] 영역의 [매크로 기록]을 선택한다. [매크로] 대화상자가 나타나면 매크로 이름을 「**서식**」으로 입력하고 [확인]을 클릭한다.

⑩ [E4:F10] 영역을 범위 지정한 후 [홈]탭-[표시 형식]영역의 '쉼표 스타일(❕)'을 클릭한다.

⑪ [개발 도구]탭-[코드] 영역의 [기록 중지]를 클릭한다.

⑫ 도형을 마우스 오른쪽으로 클릭하여 나타나는 바로 가기 메뉴에서 '매크로 지정'을 선택한다.

⑬ [매크로 지정] 대화상자가 나타나면 '서식'을 선택한 후 [확인]을 클릭한다.

⑭ 최종 결과

2 차트

① 차트 영역을 선택 한 후 [차트 디자인]탭-[데이터] 영역의 [데이터 선택(📊)]을 선택한다.

② [데이터 원본 선택] 대화상자가 나타나면 차트 데이터 범위를 「**=차트작업!$B$2:$C$8**」와 같이 설정한 후 [확인]을 클릭한다.

③ 차트 제목에 「**구매실적**」이라 입력하고, 차트 제목이 선택된 상태에서 [서식]탭-[도형 스타일] 목록에서 '미세효과-빨강, 강조2'를 선택한다.

④ 차트 영역을 선택한 후 [차트 디자인]탭-[종류] 영역의 [차트 종류 변경(📊)]을 선택한다.

⑤ [차트 종류 변경] 대화상자가 나타나면 [원형]탭의 '3차원 원형'을 선택한다.

⑥ 범례를 선택한 후 [Delete]를 눌러 제거하고, 차트 영역을 선택한 후 [차트 디자인]탭-[차트 레이아웃] 영역의 [차트 요소 추가( )] 목록에서 '데이터 레이블( )'-'바깥쪽 끝에( )'를 선택한다.

⑦ 데이터 레이블을 더블 클릭하여 [데이터 레이블 서식] 대화상자를 표시한 후 [레이블 옵션( )]탭-[레이블 옵션] 영역에서 '레이블 내용' 항목으로 '값'과 '항목이름'을 체크한다.

⑧ '정원경' 계열을 클릭한 후, 한 번 더 클릭하여 개별적으로 선택한다. 마우스 왼쪽을 클릭한 상태에서 〈그림〉을 참고하여 계열을 이동시킨다.

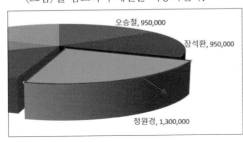

컴퓨터활용능력 2급 실기 실전모의고사 9회

프로그램명	제한시간
EXCEL 2021	40분

수험번호	
성 명	

2급	A형

< 유 의 사 항 >

■ 인적 사항 누락 및 잘못 작성으로 인한 불이익은 수험자 책임으로 합니다.

■ 화면에 암호 입력창이 나타나면 아래의 암호를 입력하여야 합니다.
  ○ 암호 : *******

■ 작성된 답안은 주어진 경로 및 파일명을 변경하지 마시고 그대로 저장해야 합니다.
  이를 준수하지 않으면 실격 처리됩니다.
  ○ 답안 파일명의 예 : C:\OA\수험번호8자리.xlsm

■ 외부데이터 위치 : C:\OA\파일명

■ 별도의 지시사항이 없는 경우, 다음과 같이 처리 시 실격 처리됩니다.
  ○ 제시된 시트 및 개체의 순서나 이름을 임의로 변경한 경우
  ○ 제시된 시트 및 개체를 임의로 추가 또는 삭제한 경우
  ○ 외부데이터를 시험 시작 전에 열어본 경우

■ 답안은 반드시 문제에서 지시 또는 요구한 셀에 입력하여야 하며 다음과 같이 처리 시 채점 대상에서 제외됩니다.

  ○ 제시된 함수가 있을 경우 제시된 함수만을 사용하여야 하며 그 외 함수 사용 시 채점 대상에서 제외

  ○ 수험자가 임의로 지시하지 않은 셀의 이동, 수정, 삭제, 변경 등으로 인해 셀의 위치 및 내용이 변경된 경우 해당 작업에 영향을 미치는 관련 문제 모두 채점 대상에서 제외

  ○ 도형 및 차트의 개체가 중첩되어 있거나 동일한 계산결과 시트가 복수로 존재할 경우 해당 개체나 시트는 채점 대상에서 제외

■ 수식 작성 시 제시된 문제 파일의 데이터는 변경 가능한(가변적) 데이터임을 감안하여 문제 풀이를 하시오.

■ 별도의 지시사항이 없는 경우, 주어진 각 시트 및 개체의 설정값 또는 기본 설정값(Default)으로 처리하시오.

■ 저장 시간은 별도로 주어지지 않으므로 제한된 시간 내에 저장을 완료해야 하며, 제한 시간 내에 저장이 되지 않은 경우에는 실격 처리됩니다.

■ 출제된 문제의 용어는 Microsoft Office 2021버전으로 작성되어 있습니다.

실전모의고사 9회 문제

작업 파일   : 컴활2급/모의고사/실전모의고사9회.xlsm
외부데이터 위치 : 컴활2급/외부데이터

| 제1작업 | **기본작업 (20점)**   각 시트에서 다음의 과정을 수행하고 저장하시오.

1 '기본작업-1' 시트에 다음의 자료를 주어진 대로 입력하시오. (5점)

	A	B	C	D	E	F	G
1	상공부동산 건물관리 대장						
2							단위 : 만원
3	번호	건물명	파일명	소재지	평수	계약자	계약금액
4	1001	영풍201호	YP-10001	서울시 마포구	21	곽병찬	18000
5	1002	영풍202호	YP-10002	서울시 성동구	21	나미혜	13000
6	1003	영풍203호	YP-10003	서울시 서초구	45	장성원	20000
7	1011	어울림101호	TG-10003	서울시 강남구	18	오승철	21000
8	1021	세화601호	SH-10011	서울시 종로구	31	장석환	18000
9	1022	세화602호	SH-10012	서울시 화곡동	31	정원경	15000
10							

2 '기본작업-2' 시트에 대하여 다음의 지시사항을 처리하시오. (각 2점)

① [A1:G1] 영역은 '병합하고 가운데 맞춤', 글꼴 크기 '16', 글꼴 스타일 '굵게'로 지정하시오.

② [B3] 셀의 입력된 문자열을 한자 '出席'으로 변환하고, [A3:G3] 영역은 채우기 색 '표준 색-노랑', 글꼴 색 '표준 색-녹색'으로 지정하시오.

③ [G4:G11] 영역은 사용자 지정 표시 형식을 이용하여 문자 뒤에 "등급"을 붙여 [표시 예]와 같이 표시하시오.

  ▶ 표시 예 : A → A등급

④ [A17:B21] 영역을 복사하여 [I3] 셀에 '그림' 형식으로 붙여넣기 하시오.

⑤ [A3:G14] 영역은 '가로 세로 가운데' 맞춤과 '모든 테두리(⊞)'를 적용하고, [F12:G14] 영역은 '병합하고 가운데 맞춤'을 적용한 후 대각선(X) 테두리를 적용하시오.

3 '기본작업-3' 시트에 대하여 다음의 지시사항을 처리하시오. (5점)

'상반기 신입사원 지원 현황' 표에서 필기 점수가 면접 점수를 초과하는 데이터 값의 '성명', '지원부서', '결과' 필드만을 고급 필터를 사용하여 검색하시오.

  ▶ 고급 필터 조건은 [A14:C16] 영역 내에 알맞게 입력하시오.

  ▶ 고급 필터 결과 복사 위치는 동일 시트의 [A18] 셀에서 시작하시오.

1 [표1]의 휴가시작일[B3:B11]로부터 육아휴직[C3:C11] 기간이 경과된 복직일[D3:D11]을 계산하시오. (8점)

▶ EDATE, WORKDAY, WEEKDAY 중 알맞은 함수 사용

2 [표2]에서 부서명[G3:G11]이 '관리부'인 조건을 만족하는 상여급[I3:I11]의 평균을 계산하시오. (8점)

▶ 조건은 [K7:K8] 영역에 입력하시오.
▶ 평균은 십의 자리에서 올림하여 백의 자리까지만 표시할 것
▶ 표기 예 : 45,183 → 45,200
▶ ROUNDUP, DAVERAGE 함수 사용

3 [표3]의 몸무게[C15:C21]가 480이상이면 "A++"로, 450이상이면 "A+"로, 450미만이면 "일반"으로 등급 [D15:D21]에 표시하시오. (8점)

▶ IFS 함수 사용

4 [표4]의 제품코드[F15:F21]와 판매량[H15:H21], 제품 코드표[K14:M19]를 이용하여 판매금액[I15:I21]을 계산하시오. (8점)

▶ 판매금액 = 판매량 X 판매단가
▶ 제품코드의 마지막 글자와 제품 코드표를 비교하여 판매단가를 추출할 것
▶ VLOOKUP, HLOOKUP, LEFT, RIGHT 중 알맞은 함수 사용

5 [표5]의 국가-도시[B25:B32]에서 '-' 기호 뒤의 문자열만 추출하여 도시명[D25:D32]을 표시하시오. (8점)

▶ 표시 예 : Korea-Seoul → Seoul
▶ SEARCH, LEN, RIGHT 함수 사용

1 '분석작업-1'시트에 대하여 다음의 지시사항을 처리하시오. (10점)

[시나리오 관리자] 기능을 이용하여 '단가표'에서 A제품의 단가[J4]와 B제품의 단가[J5]가 다음과 같이 변하는 경우 '연간매출액' 표의 매출액합계[G12]의 변동 시나리오를 작성하시오.
▶ 셀 이름 정의 : [J4] 셀은 'A단가', [J5] 셀은 'B단가', [G12] 셀은 '매출액합계'로 정의하시오.
▶ 시나리오1 : 시나리오 이름은 '단가인상'과 같이 지정하고 A단가는 3000, B단가는 4000으로 설정하시오.
▶ 시나리오2 : 시나리오 이름은 '단가인하'와 같이 지정하고 A단가는 2000, B단가는 3000으로 설정하시오.
▶ 시나리오 요약 시트는 '분석작업-1' 시트의 바로 왼쪽에 위치해야 함
※ 시나리오 요약 보고서 작성 시 정답과 일치하여야 하며, 오자로 인한 부분점수는 인정하지 않음

2 '분석작업-2'시트에 대하여 다음의 지시사항을 처리하시오. (10점)

[A2:F17] 영역은 데이터 도구 [중복된 항목 제거]를 이용하여 '사원명'과 '소속지점'을 기준으로 중복된 항목 값을 제거한 후, [통합] 기능을 이용하여 [표1]에 대한 소속지점별 기본급, 판매실적, 성과급의 평균을 [표2]의 [H2:K2] 영역에 계산하시오.

| 제4작업 | **기타작업 (20점)** 주어진 시트에서 다음의 과정을 수행하고 저장하시오.

1 '매크로 작업'시트에서 다음과 같은 기능을 수행하는 매크로를 현재 통합 문서에 작성하고 실행하시오. (각 5점)

① [I4:I13] 영역에 학생별 중간, 기말, 과제, 출석의 평균을 계산하는 매크로를 생성하여 실행하시오.
　▶ 매크로 이름 : 평균
　▶ AVERAGE 함수 사용
　▶ [개발도구]–[삽입]–[양식 컨트롤]의 '단추(▭)'를 동일 시트의 [K3:L4] 영역에 생성한 후 텍스트를 '평균'으로 입력하고, 단추를 클릭하면 '평균' 매크로가 실행되도록 설정하시오.

② [A3:I3] 영역에 셀 스타일을 '빨강, 강조색2'로 지정하는 매크로를 생성하여 실행하시오.
　▶ 매크로 이름 : 스타일
　▶ [삽입]–[일러스트레이션]–[도형]–[기본도형]의 '십자형(✚)'를 동일 시트의 [K6:L7] 영역에 생성한 후 텍스트를 '스타일'로 입력하고 '가로 세로 가운데 맞춤'을 지정한 후, 단추를 클릭하면 '스타일' 매크로가 실행되도록 설정하시오.
　　※ 매크로는 도형과 연결되어야 하며, 셀 포인터의 위치에 관계없이 매크로가 실행되어야 정답으로 인정됨

2 '차트작업'시트에서 다음의 지시사항에 따라 차트를 수정하시오. (각 2점)

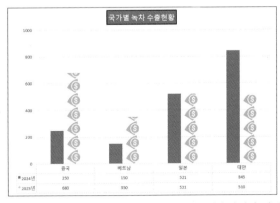

※ 차트는 반드시 문제에서 제공한 차트를 사용하여야 하며, 신규로 차트작성 시 0점 처리됨

① 차트 제목을 〈그림〉과 같이 지정하고 도형 스타일을 '색 채우기-파랑, 강조1'로 지정하시오.
② '스리랑카'와 '인도' 계열을 제거하고, 데이터의 행과 열을 전환하여 표시하시오.
③ '2024년' 계열의 겹치기를 '50', 간격 너비를 '150'으로 설정하시오.
④ 세로 (값) 축의 최대값은 '1,000', 주 단위는 '200'으로 설정하고, 〈그림〉과 같이 '데이터 테이블'을 설정하고, '범례'는 삭제하시오.
⑤ '2025년' 계열을 워크시트에 삽입된 클립아트 '그림1'을 이용하여 〈그림〉과 같이 '쌓기'로 설정하시오.

실전모의고사 9회 정답 및 해설

정답 파일 : 컴활2급/모의고사/정답/실전모의고사9회(정답).xlsm

1 자료입력

'기본작업-1' 시트를 선택한 후 다음의 내용을 정확하게 입력한다.

	A	B	C	D	E	F	G
1	상공부동산 건물관리 대장						
2							단위 : 만원
3	번호	건물명	파일명	소재지	평수	계약자	계약금액
4	1001	영풍201호	YP-10001	서울시 마포구	21	곽병찬	18000
5	1002	영풍202호	YP-10002	서울시 성동구	21	나미혜	13000
6	1003	영풍203호	YP-10003	서울시 서초구	45	장성원	20000
7	1011	어울림101호	TG-10003	서울시 강남구	18	오승철	21000
8	1021	세화601호	SH-10011	서울시 종로구	31	장석환	18000
9	1022	세화602호	SH-10012	서울시 화곡동	31	정원경	15000
10							

2 서식 설정

① [A1:G1] 영역을 범위 지정한 후 [홈]탭-[맞춤] 영역의 '병합하고 가운데 맞춤'을 지정하고, [글꼴] 영역의 글꼴 크기는 '16', 글꼴 스타일은 '굵게'로 설정한다.

② [B3] 셀을 더블 클릭하거나 [F2]를 눌러 편집 모드로 전환하여 입력 문자를 블록 설정한 후 [한자]를 누른다.

③ [한글/한자 변환] 대화상자에서 바꿀 한자를 선택한 후 [변환]을 클릭한다.

④ [A3:G3] 영역을 범위 지정한 후 [홈]탭-[글꼴] 영역의 채우기 색을 '표준 색-노랑', 글꼴 색은 '표준 색-녹색'으로 설정한다.

⑤ [G4:G11] 영역을 범위 지정한 후, [홈]탭-[표시 형식] 영역의 '화살표(↘)'를 클릭하여 [셀 서식] 대화상자를 호출한다. [표시 형식]탭의 '사용자 지정' 범주의 '형식'칸에 「@"등급"」을/를 입력하고 [확인]을 클릭한다.

⑥ [A17:B21] 영역을 선택한 후 Ctrl + C를 눌러 복사한다.

⑦ [I3] 셀을 선택한 후, [홈]탭−[클립보드] 영역의 [붙여넣기(⌄)]를 클릭하여 메뉴를 확장한다. 목록이 나타나면 '기타 붙여넣기 옵션' 범주에서 '그림'을 선택한다.

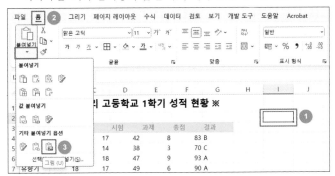

⑧ [A3:G14] 영역을 범위 지정한 후 [홈]탭−[맞춤] 영역에서 가로와 세로 '가운데 맞춤'을 설정하고, [글 꼴] 영역에서 '모든 테두리(⊞)'를 선택한다.

⑨ [F12:G14] 영역을 범위 지정한 후 [홈]탭−[맞춤] 영역에서 '병합하고 가운데 맞춤'을 설정한다.

⑩ Ctrl + 1을 눌러 [셀 서식] 대화상자를 표시하고 [테두리]탭에서 대각선을 지정한 후 [확인]을 클릭한 다.

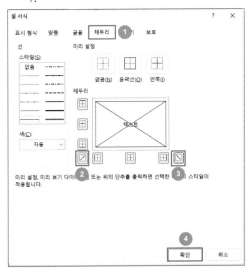

⑪ 최종결과

	A	B	C	D	E	F	G	H	I	J
1	※ 상공정보처리 고등학교 1학기 성적 현황 ※									
2										
3	이름	出席	실기	시험	과제	총점	결과		구간	결과
4	염기영	16	17	42	8	83	B등급		90~	A
5	이상화	15	14	38	3	70	C등급		80~	B
6	오송민	19	18	47	9	93	A등급		70~	C
7	유향기	18	17	49	6	90	A등급		60~	D
8	김지혜	14	15	32	2	63	D등급			
9	고강민	12	11	42	8	73	C등급			
10	조승혁	16	17	48	6	87	B등급			
11	김승우	17	18	46	10	91	A등급			
12	평균	15.44	15.44	42.44	6.11					
13	최고점수	19	18	49	10					
14	최저점수	12	11	32	2					
15										

3 고급 필터

① [A14] 셀에 「**조건**」, [A15] 셀에 「**=C4〉E4**」이라 입력하여 조건을 작성한다.

② [A18:C18] 영역에 해당 필드명을 복사하거나 직접 입력하여 다음과 같이 복사 위치를 작성한다.

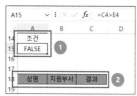

③ [A3:G12] 영역을 선택한 뒤, [데이터]탭-[정렬 및 필터] 영역의 [고급(🔽)]을 선택한다.

④ [고급 필터] 대화상자가 나타나면 목록 범위에 「**$A$3:$G$12**」, 조건 범위에 「**$A$14:$A$15**」, 복사 위치에 「**$A$18:$C$18**」을 지정하고 [확인]을 클릭한다.

⑤ 최종결과

| 제2작업 | 계산작업 |

1 복직일 - [D3:D11] 영역

=EDATE(B3,C3)

	A	B	C	D
1	[표1]	육아 휴직 신청자 목록		
2	고객명	휴가시작일	육아휴직	복직일
3	나영희	2024-04-02	12개월	2025-04-02
4	박시영	2024-11-26	10개월	2025-09-26
5	임영아	2024-05-17	10개월	2025-03-17
6	안효동	2024-10-31	12개월	2025-10-31
7	이신세	2024-06-15	18개월	2025-12-15
8	강진성	2024-09-12	10개월	2025-07-12
9	김철수	2024-10-31	12개월	2025-10-31
10	한지민	2024-11-26	18개월	2026-05-26
11	이영철	2024-05-17	10개월	2025-03-17

2 상여급 평균 - [K11] 셀

=ROUNDUP(DAVERAGE(F2:I11,I2,K7:K8),-2)

	F	G	H	I	J	K
1	[표2]	근무자료				
2	성명	부서명	본봉총액	상여급		
3	오승철	임원실	20,400	20,000		
4	장석환	기술부	12,000	10,400		
5	정원경	관리부	21,600	20,100		
6	성완민	관리부	14,400	12,000		<조건>
7	전나라	관리부	15,600	14,400		부서명
8	이미현	기술부	19,200	19,200		관리부
9	이지혜	기술부	13,200	11,200		
10	곽병찬	임원실	21,300	20,800		상여급 평균
11	나미혜	관리부	20,800	14,400		15,300

3 등급 - [D15:D21] 영역

=IFS(C15>=480,"A++",C15>=450,"A+",C15<450,"일반")

	A	B	C	D
13	[표3]	한우 농가 현황		
14	지역	소이름	몸무게	등급
15	안성	까망이	432	일반
16	홍천	마루	498	A++
17	대관령	영월	412	일반
18	홍성	참우	456	A+
19	영암	황우	493	A++
20	영주	봉돌이	438	일반
21	김해	망울이	441	일반

4 판매금액 - [I15:I21] 영역

=H15*VLOOKUP(RIGHT(F15,1),$K$15:$M$19,3,FALSE)

	F	G	H	I	J	K	L	M
13	[표4]	완구류 매출					<제품 코드표>	
14	제품코드	품명	판매량	판매금액		코드	품명	판매단가
15	Y201K	곰인형	45	135,000		K	곰인형	3,000
16	B450N	축구공	89	249,200		N	축구공	2,800
17	Y203D	스티커	230	172,500		D	스티커	750
18	Y012G	소꿉놀이	30	180,000		G	소꿉놀이	6,000
19	Y305K	곰인형	120	360,000		Y	물총	1,600
20	Y365Y	물총	120	192,000				
21	B304N	축구공	125	350,000				

5 국가명 - [D25:D32] 영역

=RIGHT(B25,LEN(B25)-SEARCH("-",B25))

	A	B	C	D
23	[표5]	비행기 일정표		
24	비행편명	국가-도시	출국시간	국가명
25	2408001	Korea-Seoul	10:15	Seoul
26	2409001	Greece-Athens	10:42	Athens
27	2410002	Japan-Tokyo	11:00	Tokyo
28	2411002	France-Paris	11:06	Paris
29	2412001	Brazil-Brasilia	11:23	Brasilia
30	2413002	Chile-Santiago	11:55	Santiago
31	2414003	Russia-Moskva	12:18	Moskva
32	2415001	Egypt-Cairo	12:21	Cairo

| 제3작업 | 분석작업

1 시나리오

① 셀의 이름을 정의하기 위해 [J4]셀을 선택한 후 [이름 상자]에 커서를 두고 「**A단가**」라 입력한 후 [Enter]을 누른다. 같은 방법으로 [J5] 셀은 「**B단가**」, [G12] 셀은 「**매출액합계**」라 정의한다.

② 변경 셀 [J4:J5]을/를 선택한 후 [데이터]탭-[예측] 영역의 [가상분석(🔧)] 목록에서 [시나리오 관리자]를 선택한다.

③ [시나리오 관리자] 대화상자가 나타나면 [추가]를 클릭한다.

④ [시나리오 추가] 대화상자가 나타나면 시나리오 이름을 「**단가인상**」이라 입력하고 [확인]을 클릭한다.

⑤ [시나리오 값] 대화상자에서 A단가는 「**3000**」, B단가는 「**4000**」을/를 입력한 후 [추가]를 클릭한다.

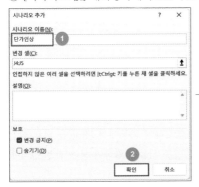
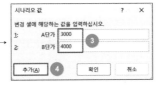

⑥ [시나리오 추가] 대화상자가 나타나면 시나리오 이름을 「**단가인하**」라고 입력하고 [확인]을 클릭한다.

⑦ [시나리오 값] 대화상자에서 A단가는 「**2000**」, B단가는 「**3000**」을/를 입력한 후 [추가]를 클릭한다.

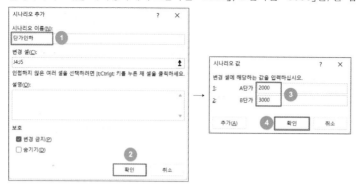

⑧ [시나리오 관리자] 대화상자에서 [요약]을 선택한다. [시나리오 요약] 대화상자가 나타나면 결과 셀에 [G12]을/를 지정한 후 [확인]을 클릭한다.

⑨ 최종결과

		현재 값:	단가인상	단가인하
시나리오 요약				
변경 셀:				
	A단가	2,500	3,000	2,000
	B단가	3,500	4,000	3,000
결과 셀:				
	매출액합계	5,541,500	6,489,000	4,594,000

참고: 현재 값 열은 시나리오 요약 보고서가 작성될 때의 변경 셀 값을 나타냅니다. 각 시나리오의 변경 셀들은 회색으로 표시됩니다.

2 중복된 항목 제거 + 통합

① [A2:F17] 영역을 범위 지정한 후 [데이터]탭-[데이터 도구] 영역의 [중복된 항목 제거( )]를 선택한다.

② [중복된 항목 제거] 대화상자가 나타나면 [모두 선택 취소]를 클릭하여 전체 열 항목의 체크를 해제한다. 열 항목에서 '사원명'과 '소속지점'의 체크박스를 선택한 후 [확인]을 클릭한다.

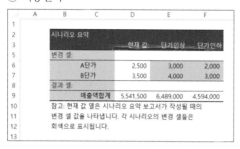

③ 평균을 표시할 [H2:K2] 영역을 범위 지정한 후 [데이터]탭-[데이터 도구] 영역의 [통합( )]을 선택한다.

④ [통합] 대화상자가 나타나면 함수 영역의 '화살표( )'를 클릭하여 목록에서 '평균'을 선택한다. 다음으로 참조에 커서를 넣은 뒤 [B2:F15] 영역을 드래그한 후 [추가]를 클릭하여 모든 참조 영역에 [표1] 범위를 추가한다.

⑤ 대화상자 하단의 사용할 레이블 항목인 '첫 행'과 '왼쪽 열'의 체크박스를 모두 체크한 후 [확인]을 클릭한다.

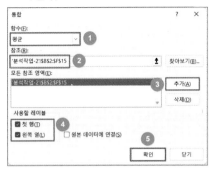

⑥ 최종결과

[표2]	지점별 평균		
소속지점	기본급	판매실적	성과급
서초	3,667	8,667	1,733
종로	2,750	12,250	2,450
강남	2,000	11,333	2,267
강북	2,333	19,333	3,867

| 제4작업 | 기타작업

1 매크로

① [개발 도구]탭-[컨트롤] 영역의 [삽입]목록에서 양식 컨트롤의 [단추(■)]를 선택한 후, 마우스 포인터가 '+'로 바뀌면 [Alt] 키를 누른 채 [K3:L4] 영역에 드래그하여 컨트롤을 그려준다.
② [매크로] 대화상자가 나타나면 매크로 이름을 「**평균**」으로 입력하고 [기록]을 클릭한다.
③ [매크로 기록] 화면으로 전환되면 매크로 이름이 '평균'인지 확인한 후 [확인]을 클릭한다.
④ [I4] 셀에 「=AVERAGE(E4:H4)」와 같이 입력한 후 [I13] 셀까지 수식을 복사한다.
⑤ [개발 도구]탭-[코드] 영역의 [기록 중지]를 클릭한다.
⑥ 단추 컨트롤을 마우스 오른쪽으로 클릭하여 나타나는 바로 가기 메뉴에서 '텍스트 편집'을 선택한다. 텍스트 편집 상태가 되면 「**평균**」으로 입력하고 임의의 셀을 클릭하여 편집을 마무리한다.

	A	B	C	D	E	F	G	H	I	J	K	L
1	상공대학교 공학관 성적 일람표											
2												
3	이름	학번	학과	성별	중간	기말	과제	출석	평균		평균	
4	염기영	A001	인공지능학과	F	89	93	81	91	88.5			
5	이상화	B001	전기전자공학과	F	76	86	89	93	86			
6	오승민	C001	정보보안과		46	77	56	97	69			
7	유향기	A004	인공지능학과	M	98	98	91	89	94			
8	이시현	C003	정보보안과	F	81	94	87	91	88.25			
9	김지혜	D001	컴퓨터공학과	M	53	24	16	96	47.25			
10	고강민	B002	전기전자공학과	M	81	76	87	86	82.5			
11	조승혁	D002	컴퓨터공학과	F	96	97	98	99	97.5			
12	박인숙	C002	정보보안과	F	76	59	96	93	81			
13	문철규	D003	컴퓨터공학과	M	65	86	51	91	73.25			
14												

⑦ [삽입]탭-[일러스트레이션] 영역의 [도형] 목록에서 [기본도형]-[십자형(✚)]을 선택한 후, 마우스 포인터가 '+'로 바뀌면 [Alt] 키를 누른 채 [K6:L7] 영역에 드래그하여 도형을 그려준다.
⑧ 도형이 선택된 상태에서 「**스타일**」이라 입력한 후, [홈]탭-[맞춤] 영역에서 가로와 세로 맞춤을 가운데로 설정한다.

⑨ [개발 도구]탭-[코드] 영역의 [매크로 기록]을 선택한다. [매크로] 대화상자가 나타나면 매크로 이름을 「**스타일**」로 입력하고 [확인]을 클릭한다.

⑩ [A3:I3] 영역을 범위 지정한 후 [홈]탭-[스타일] 영역의 '셀 스타일'을 클릭한다. 셀 스타일 영역이 확장되면 목록에서 '빨강, 강조색2'를 선택한다.

⑪ [개발 도구]탭-[코드] 영역의 [기록 중지]를 클릭한다.

⑫ 도형을 마우스 오른쪽으로 클릭하여 나타나는 바로 가기 메뉴에서 '매크로 지정'을 선택한다.

⑬ [매크로 지정] 대화상자가 나타나면 '스타일'을 선택한 후 [확인]을 클릭한다.

⑭ 최종 결과

	A	B	C	D	E	F	G	H	I	J	K	L
1			상공대학교 공학관 성적 일람표									
2												
3	이름	학번	학과	성별	중간	기말	과제	출석	평균		평균	
4	엄기영	A001	인공지능학과	F	89	93	81	91	88.5			
5	이상화	B001	전기전자공학과	F	76	86	89	93	86			
6	오승민	C001	정보보안과	F	46	77	56	97	69		스타일	
7	유향기	A004	인공지능학과	M	98	98	91	89	94			
8	이시현	C003	정보보안과	F	81	94	87	91	88.25			
9	김지혜	D001	컴퓨터공학과	F	53	24	16	96	47.25			
10	고강민	B002	전기전자공학과	M	81	76	87	86	82.5			
11	조승혁	D002	컴퓨터공학과	F	96	97	98	99	97.5			
12	박인숙	C002	정보보안과	F	76	59	96	93	81			
13	문철규	D003	컴퓨터공학과	M	65	86	51	91	73.25			
14												

2 차트

① 차트 영역을 선택한 후 [차트 디자인]탭-[차트 레이아웃] 영역의 [차트 요소 추가(📊)] 목록에서 '차트 제목(📊)'의 '차트 위(📊)'를 선택한다.

② 차트 제목에 「**국가별 녹차 수출현황**」이라 입력하고, 차트 제목이 선택된 상태에서 [서식]탭-[도형 스타일] 목록에서 '색 채우기-파랑, 강조1'을 선택한다.

③ 차트 영역을 선택 한 후 [차트 디자인]탭-[데이터] 영역의 [데이터 선택(📊)]을 선택한다.

④ [데이터 원본 선택] 대화상자가 나타나면 차트 데이터 범위를 「**차트작업!$B$2:$C$8**」와 같이 설정하고, [행/열 전환]을 클릭하여 축을 전환한 후 [확인]을 클릭한다.

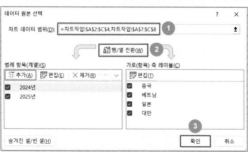

⑤ '2024년' 계열을 더블 클릭하여 [데이터 계열 서식] 대화상자를 표시한 후 [계열 옵션(📊)]탭-[계열 옵션] 영역에서 '계열 겹치기'에 「50」, '간격 너비'에 「150」을 입력한다.

⑥ 세로 (값) 축을 더블 클릭하여 [축 서식] 대화상자를 표시한 후 [축 옵션(📊)]탭-[축 옵션] 영역의 '최대값'에 「1000」, 단위 '기본'에 「200」이라 입력한다.

⑦ 차트 영역을 선택한 후 [차트 디자인]탭-[차트 레이아웃] 영역의 [차트 요소 추가(📊)]를 선택한다. 목록이 나타나면 '데이터 테이블'의 '범례 표지 포함'을 선택한다.

⑧ 범례 항목을 선택한 후 [Delete]를 눌러 제거한다.

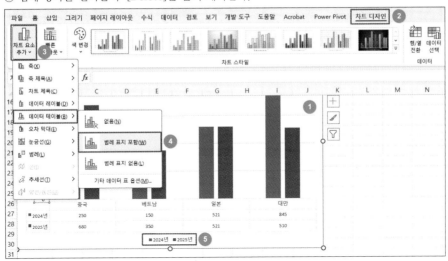

⑨ 클립아트 '그림1'을 선택하고 Ctrl + C를 눌러 복사한다.

⑩ '2025년' 계열을 더블 클릭하여 [데이터 계열 서식] 대화상자를 표시한 후 [채우기 및 색(◇)]탭-[채우기] 영역의 '그림 또는 질감 채우기'를 선택한다.

⑪ 그림 원본 영역에서 [클립보드]를 선택한 후 '쌓기'를 선택한다.

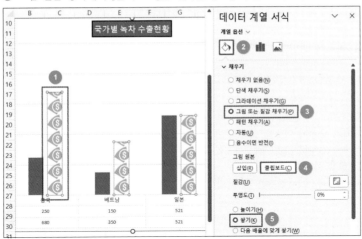

컴퓨터활용능력 2급 실기 실전모의고사 10회

프로그램명	제한시간		수험번호	
EXCEL 2021	40분		성 명	

2급	A형

<유 의 사 항 >

- 인적 사항 누락 및 잘못 작성으로 인한 불이익은 수험자 책임으로 합니다.
- 화면에 암호 입력창이 나타나면 아래의 암호를 입력하여야 합니다.
  - 암호 : *******
- 작성된 답안은 주어진 경로 및 파일명을 변경하지 마시고 그대로 저장해야 합니다.
  이를 준수하지 않으면 실격 처리됩니다.
  - 답안 파일명의 예 : C:₩OA₩수험번호8자리.xlsm
- 외부데이터 위치 : C:₩OA₩파일명
- 별도의 지시사항이 없는 경우, 다음과 같이 처리 시 실격 처리됩니다.
  - 제시된 시트 및 개체의 순서나 이름을 임의로 변경한 경우
  - 제시된 시트 및 개체를 임의로 추가 또는 삭제한 경우
  - 외부데이터를 시험 시작 전에 열어본 경우
- 답안은 반드시 문제에서 지시 또는 요구한 셀에 입력하여야 하며 다음과 같이 처리 시 채점 대상에서 제외됩니다.
  - 제시된 함수가 있을 경우 제시된 함수만을 사용하여야 하며 그 외 함수 사용 시 채점 대상에서 제외
  - 수험자가 임의로 지시하지 않은 셀의 이동, 수정, 삭제, 변경 등으로 인해 셀의 위치 및 내용이 변경된 경우 해당 작업에 영향을 미치는 관련 문제 모두 채점 대상에서 제외
  - 도형 및 차트의 개체가 중첩되어 있거나 동일한 계산결과 시트가 복수로 존재할 경우 해당 개체나 시트는 채점 대상에서 제외
- 수식 작성 시 제시된 문제 파일의 데이터는 변경 가능한(가변적) 데이터임을 감안하여 문제 풀이를 하시오.
- 별도의 지시사항이 없는 경우, 주어진 각 시트 및 개체의 설정값 또는 기본 설정값(Default)으로 처리하시오.
- 저장 시간은 별도로 주어지지 않으므로 제한된 시간 내에 저장을 완료해야 하며, 제한 시간 내에 저장이 되지 않은 경우에는 실격 처리됩니다.
- 출제된 문제의 용어는 Microsoft Office 2021버전으로 작성되어 있습니다.

작업 파일　　　: 컴활2급/모의고사/실전모의고사10회.xlsm
외부데이터 위치 : 컴활2급/외부데이터

| 제1작업 | **기본작업 (20점)**　각 시트에서 다음의 과정을 수행하고 저장하시오.

1 '기본작업-1' 시트에 다음의 자료를 주어진 대로 입력하시오. (5점)

	A	B	C	D	E	F
1	동호회 회원 현황					
2						
3	회원명	성별	별칭	지역	가입년도	연락처
4	김신예	F	Freedom	마포구	2023	010-2345-5467
5	박경숙	F	Applepie	관악구	2018	010-4567-7125
6	박찬욱	M	Tomato	서초구	2022	010-2344-1366
7	이민성	M	Milkyway	서대문구	2022	010-4533-1250
8	윤진아	F	Bookmark	종로구	2019	010-2034-4506
9	김은기	F	Superstar	용산구	2024	010-5539-4557
10	윤성철	M	White	성북구	2016	010-4051-4336
11	최철호	M	Flowerboy	노원구	2020	010-8911-1350
12						

2 '기본작업-2' 시트에 대하여 다음의 지시사항을 처리하시오. (각 2점)

① [A3:A4], [B3:B4], [C3:C4], [D3:D4], [E3:G3], [H3:H4] 영역은 '병합하고 가운데 맞춤'을 지정하고, [A3:H4] 영역은 글꼴 스타일 '굵게', 채우기 색 '표준 색−연한 파랑'으로 지정하시오.

② [H11] 셀에 "최고점수"라는 새 노트를 삽입한 후 항상 표시되도록 지정하고, 글꼴 '맑은 고딕', 크기 '11', 채우기 색 '표준 색−노랑'으로 지정하시오.

③ [E4:G4] 영역은 사용자 지정 표시 형식을 이용하여 문자 뒤에 "%"을 붙여 [표시 예]와 같이 표시하시오.
　▶ 표시 예 : 10~20 → 10~20%

④ [A5:A16] 영역의 이름을 "학번"으로 정의하고, [H3] 셀의 총점을 한자 "總點"으로 변환하시오.

⑤ [A3:H16] 영역에 '모든 테두리(⊞)'를 적용하고, 선 스타일 '실선', 테두리 색 '표준 색−파랑'을 적용하시오.

3 '기본작업-3' 시트에 대하여 다음의 지시사항을 처리하시오. (5점)

[A4:H20] 영역에서 상품종류가 '정기적금'이고 월불입액이 100,000이상인 행 전체에 대하여 글꼴 스타일은 '굵게', 채우기 색은 '표준 색−노랑'으로 지정하는 조건부 서식을 작성하시오.
　▶ AND 함수 사용
　▶ 단, 규칙 유형은 '수식을 사용하여 서식을 지정할 셀 결정'을 사용하고, 한 개의 규칙으로만 작성하시오.

1 [표1]의 면접일정[C3:C10]을 이용하여 요일[D3:D10]을 표시 예(월)와 같이 표시하시오. (8점)

▶ '월요일'이 '1'로 반환되는 옵션을 사용할 것
▶ CHOOSE, WEEKDAY 함수 사용

2 [표2]에서 영어[H3:H10] 또는 전산[I3:I10] 점수가 80점 이상이면서, 합계[J3:J10]가 150점 이상인 인원수를 [L10] 셀에 계산하시오. (8점)

▶ 조건은 [L2:N4] 영역에 입력하시오.
▶ 표시 예 : 2 → 2명
▶ DCOUNTA 함수와 & 연산자 사용

3 [표3]의 기록(분)[C14:C22]의 순위가 3위 이내라면 결승[D14:D22] 영역에 "진출" 아니라면 공란으로 표시하시오. (8점)

▶ 기록(분)의 값이 작을수록 높은 순위 임
▶ IF, RANK.EQ 함수 사용

4 [표4]의 구매금액[I14:I22]과 회원등급표[L13:N18]의 기준 범위를 이용하여 등급[J14:J22]을 계산하시오. (8점)

▶ 기준 = 구매금액 / 5000
▶ 기준이 750이라면 → ★★★★, 158이라면 → ★
▶ VLOOKUP, HLOOKUP, QUOTIENT, MOD 중 알맞은 함수 사용

5 [표5]에서 사번[B26:B32]의 첫 글자가 'K'이면 "대상", 'P'이면 "누락"으로 진급[E26:E32] 영역에 표시하시오. (8점)

▶ SWITCH 함수 사용

1 '분석작업-1'시트에 대하여 다음의 지시사항을 처리하시오. (10점)

[피벗 테이블] 기능을 이용하여 '2분기 납품 현황'에서 '주문방법'은 '필터', '판매일자'는 '행', '판매형태'는 '열'로 처리하고, '납품수량'과 '반품수량'의 합계는 '값'으로 처리하시오.
▶ 피벗 테이블 보고서는 동일 시트의 [A20] 셀에서 시작하시오.
▶ 보고서 레이아웃은 '개요 형식'으로 지정하시오.
▶ '판매일자' 필드는 '월'을 기준으로 그룹화를 설정하시오.
▶ 피벗 테이블 보고서에는 열의 총합계만 표시하시오.
▶ 납품수량과 반품수량의 표시 형식은 '값 필드 설정'의 '셀 서식' 대화상자에서 '숫자' 범주와 '1000단위 구분 기호 사용'을 이용하여 지정하시오.
▶ 피벗 테이블에 '피벗 스타일 보통9' 서식을 지정하시오.

2 '분석작업-2'시트에 대하여 다음의 지시사항을 처리하시오. (10점)

	사원명	부서	직위	결근일수	기본급	수당	상여금	세금	실수령액
					사원별 급여 현황				
3	사원명	부서	직위	결근일수	기본급	수당	상여금	세금	실수령액
4	김주희	영업부	사원	1	1,600,000	600,000	800,000	360,000	2,640,000
5	최기안	영업부	대리	3	2,000,000	700,000	1,000,000	444,000	3,256,000
6	강성훈	영업부	대리	0	2,000,000	800,000	1,000,000	456,000	3,344,000
7		**영업부 평균**							3,080,000
8		**영업부 요약**							9,240,000
9	박성민	자재부	대리	0	2,000,000	800,000	1,000,000	456,000	3,344,000
10	이혜정	자재부	사원	1	1,600,000	600,000	800,000	360,000	2,640,000
11	박신애	자재부	과장	1	2,500,000	900,000	1,250,000	558,000	4,092,000
12		**자재부 평균**							3,358,667
13		**자재부 요약**							10,076,000
14	이소연	홍보부	과장	1	2,500,000	900,000	1,250,000	558,000	4,092,000
15	이상철	홍보부	대리	1	2,000,000	750,000	1,000,000	450,000	3,300,000
16	한예진	홍보부	대리	0	2,000,000	800,000	1,000,000	456,000	3,344,000
17		**홍보부 평균**							3,578,667
18		**홍보부 요약**							10,736,000
19		**전체 평균**							3,339,111
20		**총합계**							30,052,000

[부분합] 기능을 이용하여 '사원별 급여 현황' 표에 〈그림〉과 같이 부서별 '실수령액'의 합계와 평균을 차례대로 계산하시오.

▶ 부서를 기준으로 오름차순 정렬하시오.

| 제4작업 | **기타작업 (20점)** 주어진 시트에서 다음의 과정을 수행하고 저장하시오.

---

1 '매크로 작업'시트에서 다음과 같은 기능을 수행하는 매크로를 현재 통합 문서에 작성하고 실행하시오. (각 5점)

① [F4:F12] 영역에 직원별 수령액을 계산하는 매크로를 생성하여 실행하시오.

  ▶ 매크로 이름 : 수령액

  ▶ 수령액 = 본봉 + 수당 − 세금

  ▶ [개발도구]-[삽입]-[양식 컨트롤]의 '단추(▭)'를 동일 시트의 [H3:I4] 영역에 생성한 후 텍스트를 '수령액 확인'으로 입력하고, 단추를 클릭하면 '수령액' 매크로가 실행되도록 설정하시오.

② [A3:F12] 영역에 '모든 테두리(⊞)'를 적용하는 매크로를 생성하여 실행하시오.

  ▶ 매크로 이름 : 테두리

  ▶ [삽입]-[일러스트레이션]-[도형]-[기본도형]의 '배지(◌)'를 동일 시트의 [H6:I7] 영역에 생성한 후 텍스트를 '테두리 적용'으로 입력하고 '가로 세로 가운데 맞춤'을 지정한 후, 단추를 클릭하면 '테두리' 매크로가 실행되도록 설정하시오.

    ※ 매크로는 도형과 연결되어야 하며, 셀 포인터의 위치에 관계없이 매크로가 실행되어야 정답으로 인정됨

2 '차트작업'시트에서 다음의 지시사항에 따라 차트를 수정하시오. (각 2점)

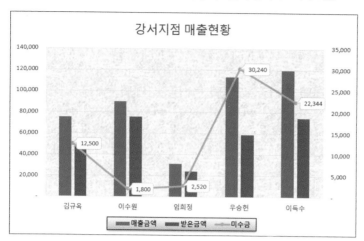

※ 차트는 반드시 문제에서 제공한 차트를 사용하여야 하며, 신규로 차트작성 시 0점 처리됨

① '미수금' 계열의 차트 종류를 '표식이 있는 꺾은선형'으로 변경한 후, 보조 축으로 지정하시오.
② 차트 제목을 〈그림〉과 같이 지정하고, 차트 제목의 글꼴 크기를 '16'으로 설정하시오.
③ '그림 영역'의 채우기는 '질감 파랑 박엽시'로 설정하고, '범례' 항목의 도형 스타일을 '미세효과−검정, 어둡게1'로 설정하시오.
④ '미수금' 계열에 데이터 레이블을 '데이터 설명선'으로 지정한 후 〈그림〉을 참고하여 데이터 레이블 도형을 '말풍선: 모서리가 둥근 사각형'으로 변경하시오.
⑤ 차트 영역의 테두리 스타일은 '둥근 모서리', 그림자는 '오프셋: 오른쪽'으로 지정하시오.

실전모의고사 10회 정답 및 해설

정답 파일 : 컴활2급/모의고사/정답/실전모의고사10회(정답).xlsm

| 제1작업 | 기본작업

1 자료입력

'기본작업-1' 시트를 선택한 후 다음의 내용을 정확하게 입력한다.

	A	B	C	D	E	F
1	동호회 회원 현황					
2						
3	회원명	성별	별칭	지역	가입년도	연락처
4	김신애	F	Freedom	마포구	2023	010-2345-5467
5	박경숙	F	Applepie	관악구	2018	010-4567-7125
6	박찬욱	M	Tomato	서초구	2022	010-2344-1366
7	이민성	M	Milkyway	서대문구	2022	010-4533-1250
8	윤진아	F	Bookmark	종로구	2019	010-2034-4506
9	김은기	F	Superstar	용산구	2024	010-5539-4557
10	윤성철	M	White	성북구	2016	010-4051-4336
11	최철호	M	Flowerboy	노원구	2020	010-8911-1350
12						

2 서식 설정

① [A3:A4], [B3:B4], [C3:C4], [D3:D4], [E3:G3], [H3:H4] 영역을 범위 지정한 후 [홈]탭-[맞춤] 영역의 '병합하고 가운데 맞춤'을 지정하고, [A3:H4] 영역은 [글꼴] 영역의 글꼴 스타일은 '굵게', 채우기 색은 '표준 색-연한 파랑'으로 설정한다.

② [H11] 셀을 선택한 후, 마우스 오른쪽 버튼을 클릭하여 [새 노트]를 선택한다. 메모가 삽입되면 **「최고 점수」**라 입력한다.

③ 삽입 된 메모가 선택된 상태에서, 마우스 오른쪽 버튼을 클릭하여 [메모 서식]을 선택한다.

④ [메모 서식] 대화상자가 나타나면 [글꼴]탭의 글꼴은 '맑은 고딕', 크기는 '11'로 설정하고, [색 및 선]탭의 채우기 색을 '표준 색-노랑'으로 선택한 후 [확인]을 클릭한다.

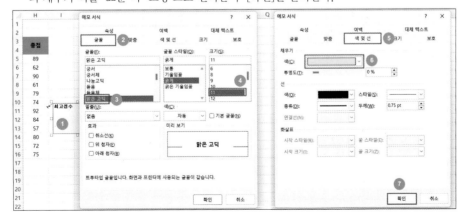

⑤ [E4:G4] 영역을 범위 지정한 후, [홈]탭–[표시 형식] 영역의 '화살표(◻)'를 클릭하여 [셀 서식] 대화
상자를 호출한다. [표시 형식]탭의 '사용자 지정' 범주의 '형식'칸에 「@"%"」을/를 입력하고 [확인]을
클릭한다.

⑥ [A5:A16] 영역을 범위 지정한 후, '이름상자'에 **「학번」**이라 입력하고 [Enter]를 눌러 마무리한다.

⑦ [H3] 셀을 더블 클릭하거나 [F2]를 눌러 편집 모드로 전환하여 입력 문자를 블록 설정한 후 [한자]를
누른다.

⑧ [한글/한자 변환] 대화상자에서 바꿀 한자를 선택한 후 [변환]을 클릭한다.

⑨ [A3:H16] 영역을 범위 지정한 후, Ctrl + 1을 눌러 [셀 서식] 대화상자를 호출한다. [테두리]탭에서
선 스타일은 '실선', 색은 '표준 색–파랑'으로 선택한 후, 미리 설정에서 '윤곽선'과 '안쪽'을 차례대로
설정한 후 [확인]을 클릭한다.

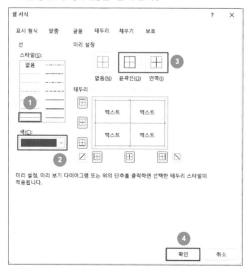

⑩ 최종결과

A	B	C	D	E	F	G	H
정보처리기사 풀이반 성적현황							
학번	성명	평가	프로젝트	출석률			總點
				0~60%	61~80%	81~100%	
2503001	권유식	45	24			20	89
2503002	고광명	38	19	5			62
2503003	김순식	46	29		15		90
2503004	도현명	23	18			20	61
2503005	박문수	35	24			20	79
2503006	이기자	33	21			20	74
2503007	진달호	48	29		15		92
2503008	하지만	41	23			20	84
2503009	한기철	30	17	10			57
2503010	이기훈	40	20			20	80
2503011	강기태	39	18		15		72
2503012	장철호	29	26			20	75

최고점수

3 조건부 서식

① [A4:H20] 영역을 범위 지정한 후 [홈]탭–[스타일] 영역의 [조건부 서식]을 선택한다. 조건부 서식 목
록이 나타나면 [새 규칙]을 선택한다.

② [새 서식 규칙] 대화상자가 나타나면 규칙 유형 선택을 '수식을 사용하여 서식을 지정할 셀 결정'을 선
택한다. 다음 수식이 참인 값의 서식 지정에 「=AND($C4="정기적금",$E4>=100000)」을/를 입력하
고 [서식]을 클릭한다.

③ [셀 서식] 대화상자의 [글꼴]탭에서 글꼴 스타일은 '굵게', 채우기 색은 '표준 색-노랑'으로 선택하고 [확인]을 차례대로 클릭한다.

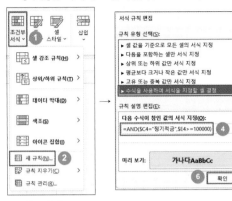

④ 최종결과

	A	B	C	D	E	F	G	H
1	상공은행 지점별 상품 판매 현황							
2								
3	가입자명	성별	상품종류	지점명	월불입액	납입시점	연이율	만기금액
4	송민규	남	청약예금	명동	120,000	월초	3.0%	₩ 16,811,000
5	김선재	남	정기적금	강남	150,000	월말	2.0%	₩ 19,908,000
6	이가영	여	정기적금	여의도	50,000	월초	2.0%	₩ 6,648,000
7	민태희	여	청약예금	여의도	80,000	월초	2.9%	₩ 11,149,000
8	김은창	남	청약저축	명동	100,000	월초	2.8%	₩ 13,863,000
9	전호식	남	정기적금	명동	90,000	월초	2.0%	₩ 11,965,000
10	오현주	여	정기적금	여의도	100,000	월초	2.0%	₩ 13,295,000
11	조애라	여	정기적금	합정	120,000	월말	2.0%	₩ 15,927,000
12	최규현	남	정기적금	여의도	250,000	월초	2.0%	₩ 33,236,000
13	장진구	남	청약저축	명동	10,000	월말	2.1%	₩ 1,335,000
14	김우석	남	정기적금	합정	120,000	월말	2.0%	₩ 15,927,000
15	진혜영	여	청약저축	명동	100,000	월초	2.8%	₩ 13,863,000
16	이윤희	여	청약예금	합정	50,000	월말	3.0%	₩ 6,988,000
17	정석현	남	청약예금	강남	150,000	월말	3.0%	₩ 20,962,000
18	함성민	남	청약예금	여의도	75,000	월말	2.9%	₩ 10,427,000
19	선주대	남	정기적금	강남	120,000	월말	2.0%	₩ 15,927,000
20	우연희	여	청약저축	강남	10,000	월말	2.3%	₩ 1,348,000
21								

| 제2작업 | 계산작업

1 요일 - [D3:D10] 영역

=CHOOSE(WEEKDAY(C3,2),"월","화","수","목","금","토","일")

	A	B	C	D
1	[표1]	면접 일정		
2	지원자명	지원부서	면접일자	요일
3	이소연	경리부	2024-03-03	일
4	박성민	관리부	2024-04-07	일
5	이상철	영업부	2024-05-07	화
6	김주희	경리부	2024-05-01	수
7	한예진	경리부	2024-03-16	토
8	최기안	관리부	2024-04-05	금
9	이혜정	관리부	2024-05-31	금
10	강성훈	영업부	2024-06-01	토

2 승진 인원수 - [L10] 셀

=DCOUNTA(F2:J10,F2,L2:N4)&"명"

	F	G	H	I	J	K	L	M	N
1	[표2]	직원 승진시험 현황					<조건>		
2	성명	소속	영어	전산	합계		영어	전산	합계
3	김주혁	경리부	89	68	157		>=80		>=150
4	박신애	관리부	64	73	137			>=80	>=150
5	이석훈	영업부	75	63	138				
6	조권식	경리부	78	69	147				
7	조이영	경리부	86	86	172				
8	이상화	관리부	75	88	163				
9	이세민	관리부	72	94	166		승진 인원수		
10	장예원	영업부	69	73	142		4명		

3 결승 - [D14:D22] 영역

=IF(RANK.EQ(C14,$C$14:$C$22,1)<=3,
"진출","")

	A	B	C	D
12	[표]		400m 달리기 기록	
13	성명	반	기록(분)	결승
14	곽병찬	1	71.8	
15	나미혜	1	67.8	진출
16	장성원	1	69.7	
17	오승철	2	67.4	진출
18	장석환	2	72.3	
19	정원경	2	71.0	
20	성완민	3	67.7	진출
21	전나라	3	72.9	
22	김희철	3	70.6	

4 등급 - [J14:J22] 영역

=VLOOKUP(QUOTIENT(I14,5000),$L$14:$N$18,3,TRUE)

	F	G	H	I	J	K	L	M	N
12	[표4]	고객별 구매등급					<회원등급표>		
13	고객번호	고객명	지점명	구매금액	등급		이상	미만	등급
14	A-001	김재덕	중부	3,729,443	★★★★		0	200	★
15	A-002	신애라	남부	1,021,054	★★		200	400	★★
16	A-003	김새연	북부	4,088,543	★★★★★		400	600	★★★
17	A-004	이학범	남부	3,106,427	★★★★		600	800	★★★★
18	A-005	유예소	중부	968,558	★		800	1,000	★★★★★
19	A-006	조재호	중부	1,427,745	★★				
20	A-007	김서하	남부	2,669,451	★★★				
21	A-008	안창림	북부	3,293,045	★★★★				
22	A-009	박은빈	남부	2,522,350	★★★				

5 진급 - [E26:E32] 영역

=SWITCH(LEFT(B26,1),"K","대상","P","누락")

	A	B	C	D	E
24	[표5]	사원별 영업성적			
25	이름	사번	상반기	하반기	진급
26	최규현	K-001	35,200	35,000	대상
27	장진구	P-001	12,500	21,000	누락
28	김우석	K-002	62,500	65,000	대상
29	진혜영	P-002	62,533	61,890	누락
30	이윤희	K-001	32,560	33,000	대상
31	정석현	P-002	64,250	56,000	누락
32	함성민	K-001	45,850	43,650	대상

| 제3작업 | 분석작업

1 피벗테이블

① [A3] 셀을 선택한 후 [삽입]탭-[표] 영역의 [피벗 테이블(📊)] 목록에서 [테이블/범위에서(📋)]를 선택한다.

② [표 또는 범위의 피벗 테이블] 대화상자가 나타나면 표/범위가 [A3:G15] 영역인지 확인하고, 피벗 테이블을 배치할 위치를 '기존 워크시트'로 선택한다. 위치가 활성화 되면 커서를 삽입한 후 [A20] 셀을 지정하고 [확인]을 클릭한다.

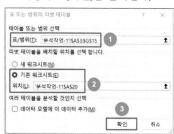

③ [피벗 테이블 필드] 화면이 나타나면 '주문방법'은 '필터', '판매일자'는 '행', '판매형태'는 '열', '납품 수량'과 '반품수량'은 'Σ값'으로 드래그한다.

④ 작성된 피벗 테이블의 임의의 셀을 선택한 후 [디자인]탭-[레이아웃] 영역의 [보고서 레이아웃(▤)] 목록에서 '개요 형식으로 표시(▤)'를 선택한다.

⑤ 임의의 '판매일자' 필드를 선택한 후 [피벗 테이블 분석]탭-[그룹] 영역의 [선택 항목 그룹화]를 선택한다.

⑥ [그룹화] 대화상자가 나타나면 단위를 '월'로 설정한 후 [확인]을 클릭한다.

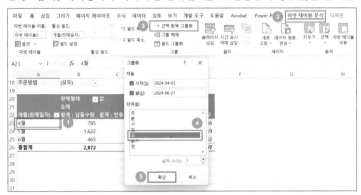

⑦ 피벗 테이블의 임의의 셀을 선택한 후 [디자인]탭-[피벗 테이블] 영역에서 [옵션(▦)]을 선택한다. [요약 및 필터]탭에서 '행 총합계 표시'의 체크박스를 해제한 후 [확인]을 클릭한다.

⑧ '납품수량'의 합계가 표시된 임의의 셀을 선택한 후 [피벗 테이블 분석]탭-[활성 필드] 영역의 [필드 설정(▦)]을 클릭한다.

⑨ [값 필드 설정] 대화상자가 나타나면 [표시 형식]을 클릭하여 [셀 서식] 대화상자를 표시한다. [표시 형식]탭의 범주를 '숫자'로 설정하고, '1000단위 구분 기호(,) 사용'의 체크박스를 선택한 후 [확인]을 순차대로 클릭한다.

⑩ '반품수량'의 합계가 표시된 임의의 셀을 선택한 후 [피벗 테이블 분석]탭-[활성 필드] 영역의 [필드 설정(▦)]을 클릭한다.

⑪ [값 필드 설정] 대화상자가 나타나면 [표시 형식]을 클릭하여 [셀 서식] 대화상자를 표시한다. [표시 형식]탭의 범주를 '숫자'로 설정하고, '1000단위 구분 기호(,) 사용'의 체크박스를 선택한 후 [확인]을 순차대로 클릭한다.

⑫ 피벗 테이블의 임의의 셀을 선택한 후 [디자인]탭-[피벗 테이블 스타일] 영역에서 '피벗 스타일 보통9' 을 선택한다.

⑬ 최종결과

2 정렬 + 부분합

① 정렬을 수행하기 위해 [A3] 셀을 선택한 후 [데이터]탭−[정렬 및 필터] 영역의 [정렬(🔲)]을 클릭한다.

② [정렬] 대화상자가 나타나면 첫 번째 정렬 기준 열은 '부서', 정렬 기준은 '셀 값', 정렬은 '오름차순'으로 선택한다.

③ [A3] 셀이 선택이 되어져 있는 상태에서 [데이터]탭−[개요] 영역의 [부분합(▦)]을 클릭한다.

④ [부분합] 대화상자가 나타나면 그룹화할 항목은 '부서', 사용할 함수는 '합계', 부분합 계산 항목은 '실수령액'만 체크하고 [확인]을 클릭한다.

⑤ 다시 한 번 [데이터]탭−[개요] 영역의 [부분합(▦)]을 클릭한다.

⑥ [부분합] 대화상자가 나타나면 사용할 함수는 '평균'으로 변경하고, 대화상자 하단의 '새로운 값으로 대치' 항목의 체크박스를 해제한 후 [확인]을 클릭한다.

1 매크로

① [개발 도구]탭-[컨트롤] 영역의 [삽입]목록에서 양식 컨트롤의 [단추(□)]를 선택한 후, 마우스 포인 터가 '+'로 바뀌면 [Alt] 키를 누른 채 [H3:I4] 영역에 드래그하여 컨트롤을 그려준다.

② [매크로] 대화상자가 나타나면 매크로 이름을 「**수령액**」으로 입력하고 [기록]을 클릭한다.

③ [매크로 기록] 화면으로 전환되면 매크로 이름이 '수령액'인지 확인한 후 [확인]을 클릭한다.

④ [F4] 셀에 「=C4+D4-E4」와 같이 입력한 후 [F12] 셀까지 수식을 복사한다.

⑤ [개발 도구]탭-[코드] 영역의 [기록 중지]를 클릭한다.

⑥ 단추 컨트롤을 마우스 오른쪽으로 클릭하여 나타나는 바로 가기 메뉴에서 '텍스트 편집'을 선택한다. 텍스트 편집 상태가 되면 「**수령액 확인**」으로 입력하고 임의의 셀을 클릭하여 편집을 마무리한다.

⑦ [삽입]탭-[일러스트레이션] 영역의 [도형] 목록에서 [기본도형]-[배지(◇)]을 선택한 후, 마우스 포인 터가 '+'로 바뀌면 [Alt] 키를 누른 채 [H6:I7] 영역에 드래그하여 도형을 그려준다.

⑧ 도형이 선택된 상태에서 「**테두리 적용**」이라 입력한 후, [홈]탭-[맞춤] 영역에서 가로와 세로 맞춤을 가운데로 설정한다.

⑨ [개발 도구]탭-[코드] 영역의 [매크로 기록]을 선택한다. [매크로] 대화상자가 나타나면 매크로 이름을 「**테두리**」로 입력하고 [확인]을 클릭한다.

⑩ [A3:F12] 영역을 범위 지정한 후 [홈]탭-[글꼴]영역의 테두리 목록에서 '모든 테두리(⊞)'를 선택한다.

⑪ [개발 도구]탭-[코드] 영역의 [기록 중지]를 클릭한다.

⑫ 도형을 마우스 오른쪽으로 클릭하여 나타나는 바로 가기 메뉴에서 '매크로 지정'을 선택한다.

⑬ [매크로 지정] 대화상자가 나타나면 '테두리'를 선택한 후 [확인]을 클릭한다.

⑭ 최종 결과

2 차트

① 차트에서 임의의 데이터 계열을 선택한 후 [차트 디자인]탭-[종류] 영역의 [차트 종류 변경(📊)]을 선택한다.

② [차트 종류 변경] 대화상자가 나타나면 [혼합]탭에서 '미수금' 계열의 차트 종류(⌄) 목록에서 '표식이 있는 꺾은선형'을 선택하고, '보조 축'의 체크박스를 선택한 뒤 [확인]을 클릭한다.

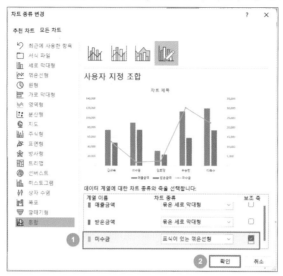

③ 차트 제목을 선택한 후 **강서지점 매출현황**」이라 입력하고, [홈]탭-[글꼴] 영역에서 글꼴 크기를 '16' 으로 설정한다.

④ 그림 영역을 더블 클릭하여 [그림 영역 서식] 대화상자를 표시한 후 [채우기 및 색(◇)]탭에서 채우기 를 '그림 또는 질감 채우기'로 변경한 후 '질감' 목록에서 '파랑 박엽지'를 선택한다.

⑤ 범례가 선택 된 상태에서 [서식]탭-[도형 스타일] 목록에서 '미세효과-검정, 어둡게1'를 선택한다.

⑥ '미수금' 계열을 선택한 후 [차트 디자인]탭-[차트 레이아웃] 영역의 [차트 요소 추가(⬛)] 목록에서 '데이터 레이블'의 '데이터 설명선'을 선택한다.

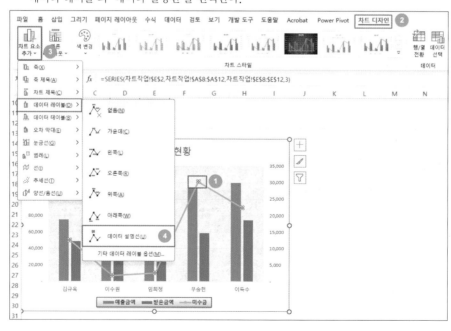

⑦ 데이터 레이블을 더블 클릭하여 [데이터 레이블 서식] 대화상자를 표시한 후 [레이블 옵션(▮▮)]탭의 '레이블 내용' 영역에서 '값'만 선택한다.

⑧ 데이터 레이블이 선택된 상태에서 [서식]탭−[도형 삽입] 영역의 [도형 모양 변경]−[설명선] 목록에서 '말풍선: 모서리가 둥근 사각형'을 선택한다.

⑨ 차트 영역을 더블 클릭하여 [차트 영역 서식] 대화상자를 표시한 후 [채우기 및 색(◇)]탭−[테두리] 영역에서 '둥근 모서리'를 체크한다.

⑩ [효과(⬠)]탭−[그림자]에서 '미리 설정(▾)'을 클릭하여 목록을 표시한 후, '바깥쪽' 영역의 '오프셋: 오른쪽'을 선택한다.

Spread
sheet

부록

● 함수사전

▶ 날짜/시간 함수

① TODAY : 시스템에 설정된 오늘 날짜를 표시

형식	예제	결과
=TODAY( )	=TODAY( )	2024-01-05

② NOW : 시스템에 설정된 오늘 날짜와 현재 시간을 표시

형식	예제	결과
=NOW( )	=NOW( )	2024-01-05 18:30

③ YEAR/MONTH/DAY : 날짜 인수에서 년/월/일을 추출하여 표시

형식	예제	결과
=YEAR(날짜)	=YEAR("2024-1-5")	2024
=MONTH(날짜)	=MONTH("2024-1-5")	1
=DAY(날짜)	=DAY("2024-1-5")	5

④ HOUR/MINUTE/SECOND : 시간 인수에서 시/분/초를 추출하여 표시

형식	예제	결과
=HOUR(시간)	=HOUR("18:30:46")	18
=MINUTE(시간)	=MINUTE("18:30:46")	30
=SECOND(시간)	=SECOND("18:30:46")	46

⑤ DATE : 인수로 입력된 값을 날짜로 변환하여 표시

형식	예제	결과
=DATE(년,월,일)	=DATE(2024,1,5)	2024-1-5

⑥ TIME : 인수로 입력된 값을 시간으로 변환하여 표시

형식	예제	결과
=TIME(시,분,초)	=TIME(18,30,46)	06:30 PM

⑦ DAYS : 끝날짜와 시작날짜 사이의 차이 값을 일(day) 수로 계산하여 표시

형식	예제	결과
=DAYS(끝날짜,시작날짜)	=DAYS("2024-4-21","2024-4-1")	20

⑧ EDATE : 시작날짜로부터 '개월 수'만큼이 지난 날짜의 일련번호를 표시

형식	예제	결과
=EDATE(시작날짜,개월 수)	=EDATE("2024-4-1",2)	45444(2024-6-1의 일련번호)

⑨ EOMONTH : 시작날짜로부터 '개월 수'만큼이 지난 달(month)의 마지막 날짜의 일련번호를 표시

형식	예제	결과
=EOMONTH(시작날짜,개월 수)	=EOMONTH("2024-4-1",2)	45473(2024-6-30의 일련번호)

⑩ WORKDAY : 시작날짜로부터 주말과 휴일 그리고 '평일 수'만큼이 지난 날짜의 일련번호를 표시

형식	예제	결과
=WORKDAY(시작날짜,평일 수,[휴일])	=WORKDAY("2024-4-1",10)	45397(2024-4-15의 일련번호)

⑪ WEEKDAY : 날짜의 요일을 일련번호로 표시
　　[옵션1] 일요일이 1로 시작, [옵션2] 월요일이 1로 시작, [옵션3] 월요일이 0으로 시작

형식	예제	결과
=WEEKDAY(날짜,[옵션]) 　月火水木金土日 0: 0 1 2 3 4 5 6 1: 2 3 4 5 6 7 1 2: 1 2 3 4 5 6 7	=WEEKDAY("2024-4-1",1)	2(월요일)

● 수학/삼각 함수

① SUM : 인수들의 합계를 표시

형식	예제	결과
=SUM(숫자 혹은 범위)	=SUM(10,20,30)	60

② SUMIF : 조건을 만족하는 데이터의 합계를 표시

형식	=SUMIF(조건범위,조건,합계범위)
예제	=SUMIF(부서범위,"총무부",매출범위) =SUMIF(A1:A10,"총무부",C1:C10)
결과	부서(A1:A10)가 "총무부"인 사원의 매출(C1:C10) 합계

③ SUMIFS : 조건들을 만족하는 데이터의 합계를 표시

형식	=SUMIFS(합계범위,조건범위1,조건1,조건범위2,조건2,…)
예제	=SUMIFS(매출범위,부서범위,"총무부",호봉범위,">=5") =SUMIFS(C1:C10,A1:A10,"총무부",D1:D10,">=5")
결과	부서(A1:A10)가 "총무부"이면서 호봉(D1:D10)이 5이상인 사원의 매출(C1:C10) 합계

④ INT/TRUNC : 실수를 정수로 내려서/버려서 표시

형식	예제	결과
=INT(숫자)	=INT(12.34) / INT(-12.34)	12 / -13
=TRUNC(숫자,[자릿수])	=TRUNC(12.34) / TRUNC(-12.34)	12 / -12

⑤ ROUND/ROUNDUP/ROUNDDOWN : 숫자 인수에서 자릿수까지 반올림/올림/내림하여 표시

형식	예제	결과
=ROUND(숫자,자릿수)	=ROUND(26.132,2)	26.13
=ROUNDUP(숫자,자릿수)	=ROUNDUP(26.132,2)	26.14
=ROUNDDOWN(숫자,자릿수)	=ROUNDDOWN(26.132,2)	26.13

⑥ 자릿수 지정하기 (실수 246,563.13684 반올림 하는 경우)

백의 자리	십의 자리	일의 자리	.	소수 첫째자리	소수 둘째자리	소수 셋째자리
-3	-2	-1	0	1	2	3
247,000	246,600	246,560	246,563	246,563.1	246,563,14	246,563,137

⑦ ABS : 숫자의 절대값을 표시

형식	예제	결과
=ABS(숫자)	=ABS(-123)	123

⑧ SQRT/FACT/POWER : 숫자 인수의 제곱근/계승/거듭제곱 값을 표시

형식	예제	결과
=SQRT(숫자)	=SQRT(9)	$3(\sqrt{9})$
=FACT(숫자)	=FACT(4)	24(1×2×3×4)
=POWER(숫자1,숫자2)	=POWER(2,3)	8(2×2×2)

⑨ QUOTIENT/MOD : 숫자1을 숫자2로 나눈 몫/나머지 표시

형식	예제	결과
=QUOTIENT(숫자1,숫자2)	=QUOTIENT(20,3)	6
=MOD(숫자1,숫자2)	=MOD(20,3)	2

⑩ PRODUCT : 숫자 인수들의 곱을 표시

형식	예제	결과
=PRODUCT(숫자 또는 범위)	=PRODUCT(1,2,3)	6(1×2×3)

◐ 통계 함수

① AVERAGE : 인수들의 평균을 표시

형식	예제	결과
=AVERAGE(숫자 혹은 범위)	=AVERAGE(10,20,30)	20

② AVERAGEIF : 조건을 만족하는 데이터의 평균을 표시

형식	=AVERAGEIF(조건범위,조건,평균범위)
예제	=AVERAGEIF(부서범위,"총무부",매출범위) =AVERAGEIF(A1:A10,"총무부",C1:C10)
결과	부서(A1:A10)가 "총무부"인 사원의 매출(C1:C10) 평균

③ AVERAGEIFS : 조건들을 만족하는 데이터의 평균을 표시

형식	=AVERAGEIFS(평균범위,조건범위1,조건1,조건범위2,조건2,...)
예제	=AVERAGEIFS(매출범위,부서범위,"총무부",호봉범위,">=5") =AVERAGEIFS(C1:C10,A1:A10,"총무부",D1:D10,">=5")
결과	부서(A1:A10)가 "총무부"이면서 호봉(D1:D10)이 5이상인 사원의 매출(C1:C10) 평균

④ MEDIAN : 인수들의 중간값을 표시

형식	예제	결과
=MEDIAN(숫자 혹은 범위)	=MEDIAN(10,20,30)	20

⑤ MAX/MAXA : 인수들 중 최대값을 표시

형식	예제	결과
=MAX(숫자 혹은 범위)	=MAX(10,20,30)	30
=MAXA(숫자 혹은 범위)	=MAXA(0,0.5,TRUE)	1(TRUE)

⑥ MIN/MINA : 인수들 중 최소값을 표시

형식	예제	결과
=MIN(숫자 혹은 범위)	=MIN(10,20,30)	10
=MINA(숫자 혹은 범위)	=MINA(1,0.5,FALSE)	0(FALSE)

⑦ LARGE/SMALL : 범위 내에서 지정한 '번째 수'만큼 큰/작은 값을 표시

형식	예제	결과
=LARGE(범위,번째 수)	=LARGE({10,20,30},1)	30
=SMALL(범위,번째 수)	=SMALL({10,20,30},1)	10

⑧ STDEV.S/VAR.S : 표본 범위의 표준편차/분산 값을 표시

형식	예제	결과
=STDEV.S(숫자 혹은 범위)	=STDEV.S(10,30,50)	20
=VAR.S(숫자 혹은 범위)	=VAR.S(10,30,50)	400

⑨ MODE.MULT/MODE.SNGL : 범위 내의 최대 빈도값을 표시
[MODE.MULT] 빈도값이 2개 이상이면 모두 표시, [MODE.SNGL] 빈도값이 2개 이상이면 하나만 표시

형식	예제	결과
=MODE.SNGL(숫자 혹은 범위)	=MODE.SNGL(10,20,10,10,30,20,40)	10

⑩ RANK.EQ/RANK.AVG : 범위 내에서 기준의 순위를 구하여 표시
[옵션0] 내림차순(큰 숫자가 상위), [옵션1] 오름차순(작은 숫자가 상위)
[RANK.EQ] 동률이면 높은 순위가 반환, [RANK.AVG] 동률이면 평균 순위가 반환

형식	예제	결과
=RANK.EQ(기준,열/행범위,[옵션])	=RANK.EQ(10,{10,20,30},0)	3

⑪ COUNT/COUNTA/COUNTBLANK : 범위 내에서 숫자 값/공백이 아닌 값/공백 값인 셀의 개수를 표시

형식	예제	결과
=COUNT(범위)	=COUNT(10,20,"","A","나")	2
=COUNTA(범위)	=COUNTA(10,20,"","A","나")	4
=COUNTBLANK(범위)	=COUNTBLANK(10,20,"","A","나")	1

⑫ COUNTIF : 조건을 만족하는 값의 개수를 표시

형식	=COUNTIF(조건범위,조건)
예제	=COUNTIF(부서범위,"총무부") =COUNTIF(A1:A10,"총무부")
결과	부서(A1:A10)가 "총무부"인 사원의 인원수

⑬ COUNTIFS : 조건들을 만족하는 값의 개수를 표시

형식	=COUNTIFS(조건범위1,조건1,조건범위2,조건2,…)
예제	=COUNTIFS(부서범위,"총무부",호봉범위,">=5") =COUNTIFS(A1:A10,"총무부",D1:D10,">=5")
결과	부서(A1:A10)가 "총무부"이면서 호봉(D1:D10)이 5이상인 사원의 인원수

◉ 논리 함수

① IF : 조건을 만족하면 참 값을 아니라면 거짓 값을 표시

형식	예제	결과
=IF(조건,참,거짓)	=IF(평균>=70,"합격","불합격") =IF(B3>=70,"합격","불합격")	평균(B3)값이 70이상이면 "합격", 아니라면 "불합격" 표시

② AND : 모든 조건이 참이면 TRUE, 아니면 FALSE를 표시

형식	예제	결과
=AND(조건1,조건2,....)	=AND(10>5,10>20)	FALSE

③ OR : 한 조건이라도 참이면 TRUE, 아니면 FALSE를 표시

형식	예제	결과
=OR(조건1,조건2,....)	=OR(10>5,10>20)	TRUE

④ NOT : 논리식의 결과를 반대로 표시

형식	예제	결과
=NOT(조건)	=NOT(10>5)	FALSE

⑤ TRUE/FALSE : 논리값을 TRUE/FALSE로 표시

형식	예제	결과
=TRUE( )	=TRUE( )	TRUE
=FALSE( )	=FALSE( )	FALSE

⑥ IFERROR : 수식에 오류가 있으면 '오류 시 표시될 값'을 반환하여 표시

형식	예제	결과
=IFERROR(수식,오류 시 표시될 값)	=IFERROR(#VALUE,"입력오류")	입력오류

⑦ IFS : 하나 이상의 조건이 충족되는지 확인하고 n번째 조건에 해당하는 n번째 참값을 반환하여 표시

형식	예제	결과
=IFS(조건1,참1,조건2,참2,...)	=IFS(평균>=70,"합격",평균<70,"불합격") =IFS(B3>=70,"합격",B3<70,"불합격")	평균(B3)값이 70이상이면 "합격", 70 미만이면 "불합격" 표시

⑧ SWITCH : 평가값이 비교값과 일치하는 결과값을 반환하여 표시하고, 모든 비교값과 불일치하는 경우 기본값을 반환하여 표시

형식	예제	결과
=SWITCH(평가값,비교값1,결과값1,비교값2,결과값2,...,기본값)	=SWITCH(등급,"A","우수","B","보통","부적합") =SWITCH(B3,"A","우수","B","보통","부적합")	등급(B3)값이 "A"면 "우수", "B"면 "보통" 나머지는 "부적합"으로 표시

● 문자열 함수

① LEFT/RIGHT/MID : 문자열의 왼쪽/오른쪽/중간의 일부를 지정한 '추출개수'만큼 추출

형식	예제	결과
=LEFT(문자열,추출개수)	=LEFT("컴퓨터활용능력",3)	컴퓨터
=RIGHT(문자열,추출개수)	=RIGHT("컴퓨터활용능력",2)	능력
=MID(문자열,시작위치,추출개수)	=MID("컴퓨터활용능력",4,2)	활용

② LOWER/UPPER/PROPER : 문자열을 소문자/대문자/첫 글자만 대문자로 표시

형식	예제	결과
=LOWER(문자열)	=LOWER("TextBook")	textbook
=UPPER(문자열)	=UPPER("TextBook")	TEXTBOOK
=PROPER(문자열)	=PROPER("TextBook")	Textbook

③ TRIM : 문자열 사이의 공백 한 칸을 제외하고 모두 삭제하여 표시

형식	예제	결과
=TRIM(문자열)	=TRIM("apple pie")	apple pie

④ LEN : 문자열의 길이(글자 수)를 표시

형식	예제	결과
=LEN(문자열)	=LEN("apple")	5

⑤ SEARCH : '원본 문자열'에서 '찾는 문자열'을 찾아 위치 번호를 표시(대소문자 구분X)

형식	=SEARCH("찾는 문자열","원본 문자열",[시작위치])
예제	=SEARCH("O","TeXtBoOk")
결과	6(대/소문자를 구분하지 않고 알파벳 'O'의 위치 번호를 반환)

⑥ FIND : '원본 문자열'에서 '찾는 문자열'을 찾아 위치 번호를 표시(대소문자 구분O)

형식	=FIND("찾는 문자열","원본 문자열",[시작위치])
예제	=FIND("O","TeXtBoOk")
결과	7(대/소문자를 구분하여 대문자 'O'의 위치 번호를 반환)

◎ 데이터 베이스 함수

① D*** : 범위 내에서 조건을 만족하는 데이터를 찾아 계산

형식	설명
=DSUM(전체범위,열제목(또는 열번호),조건범위)	조건을 만족하는 데이터의 합계를 표시
=DAVERAGE(전체범위,열제목(또는 열번호),조건범위)	조건을 만족하는 데이터의 평균을 표시
=DCOUNT(전체범위,열제목(또는 열번호),조건범위)	조건을 만족하는 숫자 데이터의 개수를 표시
=DCOUNTA(전체범위,열제목(또는 열번호),조건범위)	조건을 만족하는 공백이 아닌 데이터의 개수를 표시
=DMAX(전체범위,열제목(또는 열번호),조건범위)	조건을 만족하는 데이터 중 최대값을 표시
=DMIN(전체범위,열제목(또는 열번호),조건범위)	조건을 만족하는 데이터 중 최소값을 표시
=DGET(전체범위,열제목(또는 열번호),조건범위)	조건을 만족하는 고유 데이터를 찾아 표시

◎ 찾기/참조 함수

① ROW/ROWS/COLUMN/COLUMNS : 참조값의 행 번호/행의 수/열 번호/열의 수를 표시

형식	예제	결과
=ROW(셀 또는 생략)	=ROW(B4)	4(참조 셀의 행 번호)
=ROWS(범위)	=ROWS(B4:B8)	5(참조 범위의 행 개수)
=COLUMN(셀 또는 생략)	=COLUMN(B4)	2(참조 셀의 열 번호)
=COLUMNS(범위)	=COLUMNS(B4:D4)	3(참조 범위의 열 개수)

② MATCH : '열/행범위' 내에서 '기준'의 상대적 위치 번호를 표시

   [참조유형 1] 기준보다 작거나 같은 값 중에서 최대값을 찾음(단, '열/행범위'가 오름차순 정렬 상태)
   [참조유형 0] 기준과 정확하게 일치하는 첫 번째 값을 찾음
   [참조유형 -1] 기준보다 크거나 같은 값 중에서 최소값을 찾음(단, '열/행범위'가 내림차순 정렬 상태)

형식	=MATCH(기준,열/행범위,참조유형)
예제	=MATCH("배",{"사과","배","감"},0)
결과	2

③ INDEX : '범위' 내에서 '행번호'와 '열번호'가 교차되는 지점의 값을 표시

형식	=INDEX(범위,행번호,열번호)	
예제	=INDEX(A1:C3,2,3) 		A	B	C
---	---	---	---
1	사과	복숭아	오렌지
2	감	배	참외
3	포도	딸기	수박		'범위(A1:C3)'에서 '2번째' 행과 '3번째' 열이 교차되는 지점의 값이 표시
결과	참외	

④ CHOOSE : '숫자'에 해당하는 위치의 값을 두 번째 인수부터 참조하여 표시

형식	=CHOOSE(숫자,값1,값2,값3,...)
예제	=CHOOSE(2,"배","감","사과","복숭아")
결과	감

⑤ VLOOKUP : '기준'에 맞는 '열 번호'값을 '범위'에서 찾아 표시
  [참조유형 TRUE 또는 생략] 유사 일치, [참조유형 FALSE 또는 0] 정확하게 일치

형식	=VLOOKUP(기준,범위,열번호,참조유형)	
예제	=VLOOKUP(A2,A1:B3,2,FALSE) | A | B 1 | 국어 | 75 2 | 영어 | 82 3 | 수학 | 86	'영어(A2)'에 맞는 값을 '범위(A1:B3)' 중 '2'번째 열에서 찾아 표시
결과	82	

⑥ HLOOKUP : '기준'에 맞는 '행 번호'값을 '범위'에서 찾아 표시
  [참조유형 TRUE 또는 생략] 유사 일치, [참조유형 FALSE 또는 0] 정확하게 일치

형식	=HLOOKUP(기준,범위,행번호,참조유형)	
예제	=HLOOKUP(B1,A1:C2,2,FALSE) | A | B | C 1 | 국어 | 영어 | 수학 2 | 75 | 82 | 86	'영어(B1)'에 맞는 값을 '범위(A1:C2)' 중 '2'번째 행에서 찾아 표시
결과	82	